EXAMPRESS®

施工管理技術検定学習書

出るとこだけ!

建築土木
教 科 書

吉井和子・
池本幸一・
速水洋志
共著

1級
建築施工
管理技士 第一次検定

SE
SHOEISHA

本書内容に関するお問い合わせについて

このたびは翔泳社の書籍をお買い上げいただき、誠にありがとうございます。弊社では、読者の皆様からのお問い合わせに適切に対応させていただくため、以下のガイドラインへのご協力をお願い致しております。下記項目をお読みいただき、手順に従ってお問い合わせください。

●ご質問される前に

弊社 Web サイトの「正誤表」をご参照ください。これまでに判明した正誤や追加情報を掲載しています。

正誤表　https://www.shoeisha.co.jp/book/errata/

●ご質問方法

弊社 Web サイトの「書籍に関するお問い合わせ」をご利用ください。

書籍に関するお問い合わせ　https://www.shoeisha.co.jp/book/qa/

インターネットをご利用でない場合は、FAX または郵便にて、下記"翔泳社 愛読者サービスセンター"までお問い合わせください。
電話でのご質問は、お受けしておりません。

●回答について

回答は、ご質問いただいた手段によってご返事申し上げます。ご質問の内容によっては、回答に数日ないしはそれ以上の期間を要する場合があります。

●ご質問に際してのご注意

本書の対象を越えるもの、記述個所を特定されないもの、また読者固有の環境に起因するご質問等にはお答えできませんので、予めご了承ください。

●郵便物送付先および FAX 番号

送付先住所　〒160-0006　東京都新宿区舟町5
FAX 番号　　03-5362-3818
宛先　　　　（株）翔泳社 愛読者サービスセンター

はじめに

　1級建築施工管理技術検定は、建設業法第27条に基づく国家試験です。合格者は、特定建設業の「営業所に置く専任の技術者」「工事現場における監理技術者」として、建物の計画から完成までの一連の工事を管理監督することができます。大規模なものづくりの醍醐味を味わえるやりがいのある仕事です。

　令和3年度から第一次検定の合格者は「技士補」の称号を取得することできるようになり、活躍の場が広がりました。

　試験は、年1回行われる第一次検定（学科試験）と第二次検定（実地試験）があり、本書は第一次検定合格を目指す方々のためのテキストです。試験時間は午前が2時間30分、午後が2時間、マークシートによる四肢一択式（一部、五肢二択式）で72問出題され、選択問題と必須問題をあわせて60問に解答します。正答率6割が合格基準ですので、36問の正答が必要です。特に五肢二択式の応用能力問題は、選んだ肢の番号が2つとも正しい場合のみ正答となり、6問中4問の正答が合格基準となっているので注意しましょう。この4問の他に32問の正答が必要ということになります。合格率が36～46%と比較的難易度の高い試験といえるでしょう。

　しかしながら、過去数年の問題を分析すると、同じ設問肢が繰り返し出題されていることに気付きます。本書では、出題率の高い問題を重点的に学ぶことで正答率6割以上を実現する内容となっています。

　忙しい仕事や勉学の合間に本書を手に取られ、少ない時間で効率よく勉強され、検定試験に合格されることを祈念いたします。

2022年7月

著者一同

試験について

　1級建築施工管理技術検定試験とは、国土交通大臣指定機関による国家試験であり、建設業法第27条第1項に基づきます。合格者には「1級 建築施工管理技士」の称号が付与され、建設業法で定められた専任技術者（建設業許可）主任技術者としての資格を得ることができます。

　なお、令和3年度の制度改正から新たに「施工管理技士補」の称号が追加され、第一次検定に合格すると「1級技士補」の称号が付与されるようになりました。

●試験の概要

受験資格	最終学歴および卒業した学科によって、必要な実務経験年数が異なる。また、規程の職業訓練を修了している場合、必要な実務経験年数に算入することができる
試験申込期間	第一次検定・第二次検定ともに1月下旬〜2月上旬
受験票送付	第一次検定：5月下旬 第二次検定：9月下旬
試験日	第一次検定：6月の第2日曜日 第二次検定：10月の第3日曜日
合格発表	第一次検定：7月中旬 第二次検定：1月下旬
受験料	第一次検定、第二次検定それぞれにつき10,800円 （消費税非課税）
受験地	札幌・仙台・東京・新潟・名古屋・大阪・広島・高松・福岡・沖縄

●第一次検定の試験内容

検定科目と出題形式	解答はすべてマークシート方式 建築学等：四肢一択（知識） 施工管理法：四肢一択（知識）、五肢二択（能力） 法規：四肢一択（知識）
試験時間	入室時刻　9:45 まで 試験問題配布説明　10:00 ～ 10:15 試験時間　10:15 ～ 12:45、14:15 ～ 16:15
問題数	72 問出題し、そのうち 60 問を解答。各問題 1 点、60 点満点 ※過去問より
合格基準	60 問中 36 問以上正解 ※過去問より

●第二次検定の試験内容

検定科目と出題形式	検定科目は施工管理法。マークシート方式（五肢一択）と記述式の両方。知識に関する出題はマークシート、能力に関する出題は記述
試験時間	入室時刻　12：30 まで 試験問題配布説明　12：45 ～ 13：00 試験時間　13:00 ～ 16:00
問題数	6 問。このうち問題 5・6 は五肢一択問題 ※過去問より
合格基準	得点が 60% 以上 ※過去問より

●問合せ先

　以上の情報は、本書執筆時のものです。検定に関する詳細・最新情報は、下記の試験運営団体のホームページを必ず確認するようにしてください。

一般財団法人　建設業振興基金

https://www.fcip-shiken.jp/index.html
03-5473-1581

本書の使い方

●パパっとまとめ
学習内容が一目でわかるので、各項目の概要をサラッと把握できます。

●節番号・見出し
試験によく出るテーマを選んで構成しています。

●日付記入欄
学習日をメモできます。

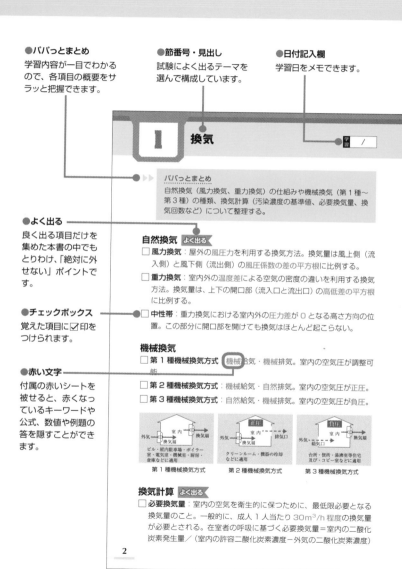

1 換気

学習 /

▶▶ パパっとまとめ
自然換気（風力換気、重力換気）の仕組みや機械換気（第1種～第3種）の種類、換気計算（汚染濃度の基準値、必要換気量、換気回数など）について整理する。

●よく出る
良く出る項目だけを集めた本書の中でもとりわけ、「絶対に外せない」ポイントです。

●チェックボックス
覚えた項目に☑印をつけられます。

●赤い文字
付属の赤いシートを被せると、赤くなっているキーワードや公式、数値や例題の答を隠すことができます。

自然換気 よく出る

□ **風力換気**：屋外の風圧力を利用する換気方法。換気量は風上側（流入側）と風下側（流出側）の風圧係数の差の平方根に比例する。

□ **重力換気**：室内外の温度差による空気の密度の違いを利用する換気方法。換気量は、上下の開口部（流入口と流出口）の高低差の平方根に比例する。

□ **中性帯**：重力換気における室内外の圧力差が0となる高さ方向の位置。この部分に開口部を開けても換気はほとんど起こらない。

機械換気

□ **第1種機械換気方式**：機械給気・機械排気。室内の空気圧が調整可能

□ **第2種機械換気方式**：機械給気・自然排気。室内の空気圧が正圧。

□ **第3種機械換気方式**：自然給気・機械排気。室内の空気圧が負圧。

第1種機械換気方式	第2種機械換気方式	第3種機械換気方式
ビル・屋内駐車場・ボイラー室・電気室・機械室・厨房・倉庫などに適用	クリーンルーム・機器の冷却などに適用	台所・便所・湯沸室等住宅及び・コピー室などに適用

換気計算 よく出る

□ **必要換気量**：室内の空気を衛生的に保つために、最低限必要となる換気量のこと。一般的に、成人1人当たり30m³/h程度の換気量が必要とされる。在室者の呼吸に基づく必要換気量＝室内の二酸化炭素発生量／（室内の許容二酸化炭素濃度－外気の二酸化炭素濃度）

2

● **例題**

過去の試験問題から、テーマに添った問題を掲載しています。内容に変更を加えた場合は「改題」と記載しています。

※例題は一部表現を変更している場合があります。

● **章タイトル**

学習分野が一目でわかります。

□ **換気回数**：室内の空気が1時間に入れ替わる回数。換気量が一定の場合、室容積が小さいほど換気回数は多くなる。

換気回数（回／h）＝換気量（m³／h）／室容積（m³）

□ **室内の汚染濃度・汚染量などの基準値**

室内の一酸化炭素の濃度	10ppm（0.001%）以下
室内の二酸化炭素の濃度	1000ppm（0.1%）以下
室内の浮遊粉塵の量	0.15mg/mm³ 以下
室内の相対湿度	40%以上 70%以下
室内の気流	0.5m/s 以下

1

環境工学

換気経路 よく出る

□ 給気口から排気口に至る換気経路を長くする方が室内の換気効率はよくなる。

全般換気と置換換気

□ **全般換気**：室内全体の空気を換気する24時間換気システムなど。

□ **置換換気**：床面近くから低速で外気を取り入れ、暖まった汚染空気を上部天井付近から排出する換気方式。効率的な換気が可能となる。

● **例題**

令和2年 午前 No.1

換気に関する記述として、**最も不適当なもの**はどれか。
1. 換気量が一定の場合、室容積が小さいほど換気回数は多くなる。
2. 給気口から排気口に至る換気経路を短くするほうが、室内の換気効率はよくなる。
3. 全熱交換器を用いると、冷暖房時に換気による熱損失や熱取得を軽減できる。
4. 換気量が同じ場合、置換換気は全般換気に比べて、換気効率に優れている。

解答 2

解説 換気経路が短いと取り入れた外気が十分拡散されず、換気効率は悪くなる。
3.全熱交換器は換気の際、給気・排気間で熱と湿気を同時に交換するため換気による熱のロスが小さく熱損失などを軽減できる。

3

目 次

1

第 1 章

環境工学

▶▶ **パパっとまとめ**

自然換気（風力換気、重力換気）の仕組みや機械換気（第1種〜第3種）の種類、換気計算（汚染濃度の基準値、必要換気量、換気回数など）について整理する。

自然換気 よく出る

☐ **風力換気**：屋外の風圧力を利用する換気方法。換気量は風上側（流入側）と風下側（流出側）の風圧係数の差の平方根に比例する。

☐ **重力換気**：室内外の温度差による空気の密度の違いを利用する換気方法。換気量は、上下の開口部（流入口と流出口）の高低差の平方根に比例する。

☐ **中性帯**：重力換気における室内外の圧力差が0となる高さ方向の位置。この部分に開口部を開けても換気はほとんど起こらない。

機械換気

☐ **第1種機械換気方式**：機械給気・機械排気。室内の空気圧が調整可能。

☐ **第2種機械換気方式**：機械給気・自然排気。室内の空気圧が正圧。

☐ **第3種機械換気方式**：自然給気・機械排気。室内の空気圧が負圧。

ビル・屋内駐車場・ボイラー室・電気室・機械室・厨房・倉庫などに適用

第1種機械換気方式

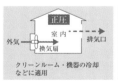

クリーンルーム・機器の冷却などに適用

第2種機械換気方式

台所・便所・湯沸室等住宅及び・コピー室などに適用

第3種機械換気方式

換気計算 よく出る

☐ **必要換気量**：室内の空気を衛生的に保つために、最低限必要となる換気量のこと。一般的に、成人1人当たり30m³/h程度の換気量が必要とされる。在室者の呼吸に基づく必要換気量＝室内の二酸化炭素発生量／（室内の許容二酸化炭素濃度−外気の二酸化炭素濃度）

□ **換気回数**：室内の空気が 1 時間に入れ替わる回数。換気量が一定の場合、室容積が小さいほど換気回数は多くなる。

換気回数（回／h）＝換気量（m³／h）／室容積（m³）

□ **室内の汚染濃度・汚染量などの基準値**

室内の一酸化炭素の濃度	10ppm（0.001%）以下
室内の二酸化炭素の濃度	1000ppm（0.1%）以下
室内の浮遊粉塵の量	0.15mg/mm³ 以下
室内の相対湿度	40% 以上 70% 以下
室内の気流	0.5m/s 以下

換気経路 よく出る

□ 給気口から排気口に至る換気経路を長くする方が室内の換気効率はよくなる。

全般換気と置換換気

□ **全般換気**：室内全体の空気を換気する 24 時間換気システムなど。

□ **置換換気**：床面近くから低速で外気を取り入れ、暖まった汚染空気を上部天井付近から排出する換気方式。効率的な換気が可能となる。

例題

令和2年　午前　No.1

換気に関する記述として、**最も不適当なもの**はどれか。

1. 換気量が一定の場合、室容積が小さいほど換気回数は多くなる。
2. 給気口から排気口に至る換気経路を短くするほうが、室内の換気効率はよくなる。
3. 全熱交換器を用いると、冷暖房時に換気による熱損失や熱取得を軽減できる。
4. 換気量が同じ場合、置換換気は全般換気に比べて、換気効率に優れている。

解答 2

解説 換気経路が短いと取り入れた外気が十分拡散されず、換気効率は悪くなる。

3. 全熱交換器は換気の際、給気・排気間で熱と湿気を同時に交換するため換気による熱のロスが小さく熱損失などを軽減できる。

2 | 伝熱と結露

学習 /

▶▶ パパっとまとめ

伝熱（熱移動）の3形態（熱伝導、熱対流、熱放射）のしくみを理解し、さらに壁体の熱移動について整理する。また、最近の出題頻度は少ないが、結露については基本事項として整理しておく。

伝熱の3形態（熱伝導、熱対流、熱放射）

☐ **熱伝導（伝導）**：固体や静止した流体（空気や液体など）内部での伝熱のこと。

☐ **熱伝導率と熱伝導抵抗**：熱移動の起こりやすさを熱伝導率と呼び、材質等により固有の値をもつ。材質の厚さを熱伝導率で除したものが熱伝導抵抗であり、多層壁での熱伝導抵抗は、材料ごとの熱伝導抵抗の合計値となる。

☐ **熱対流（対流）**：流体（気体や液体）の循環や移動による伝熱のこと。

☐ **熱放射** よく出る ：物体からの電磁波（遠赤外線等）による熱移動のこと。真空中でも放射による熱移動は生じる。

壁体の伝熱 よく出る

☐ **熱伝達**：壁面と空気といった固体と気体など別の物質間での熱移動のこと。

☐ **熱伝達率と熱伝達抵抗**：熱伝達のしやすさは熱伝達率で表され、熱伝導率の逆数を熱伝達抵抗という。対流による対流熱伝達率と放射による放射熱伝達率の合計を総合熱伝達率という。

☐ **熱貫流**：壁体などを貫通して高温側から低温側へ熱が移動する一連の現象。通常、熱伝達→熱伝導→熱伝達の流れとなる。

☐ **熱貫流抵抗**：熱伝達抵抗と熱伝導抵抗の和を熱貫流抵抗という。

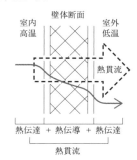

- □ **熱損失係数**：建物の断熱性能評価の指標であり、値が小さいほど断熱性能が高くなる。
- □ **壁体の中空層（空気層）**：中空層の熱抵抗は、厚さ20～30mmまでは厚さに比例するが、それを超えるとほぼ一定となる（断熱効果は中空層の厚さに比例しない）。

結露

- □ **結露**：壁面、窓、天井、配管などの表面又は内部の温度が周辺空気の露点温度（水蒸気を含む空気を冷却したとき、凝結が始まる温度）以下になると、水蒸気が水滴となる現象。
- □ **表面結露**：水蒸気を多く含む空気が冷やされ、窓や壁などの表面で水滴となる結露。
- □ **内部結露**：壁体内や天井裏などに生じる結露。外気から侵入する水蒸気が要因のひとつとなる。

結露の防止対策

- □ **断熱**：壁体に断熱材を使用し、断熱性を高める（熱貫流を小さくする）。
- □ **換気（冬季暖房時）**：室内の水蒸気量を減らすため換気する。
- □ **除湿（通年）**：除湿器などにより室内の水蒸気量を減らす。
- □ **室内側の空気の流動**：室内側表面に近い空気を流動させる。

例題
令和元年　午前　No.2

伝熱に関する記述として、**最も不適当なもの**はどれか。
1. 壁体内の中空層の片面にアルミ箔を貼り付けると、壁体全体の熱抵抗は大きくなる。
2. 熱放射は、電磁波による熱移動現象であり、真空中でも生じる。
3. 壁体内にある密閉された中空層の熱抵抗は、中空層の厚さに比例する。
4. 総合熱伝達率は、対流熱伝達率と放射熱伝達率を合計したものをいう。

解答 3
解説 中空層の熱抵抗は、厚さ20～30mmまでは厚さに比例するが、それを超えるとほぼ一定となる。

5

3 日照と日射

▶▶ パパっとまとめ

日照は、直射日光が地表に届いている状態であり、日射は太陽光からの放射エネルギーを表す。日照は日光の明るさなどの効果、日射は熱的効果を考慮するときに用いられる。

日照、日影

☐ **日照時間**：1日のうちで実際に日照のあった時間。雨天や曇天などでは少なくなる。

☐ **可照時間**：季節やその場所の経度により、本来日照があるべき時間（日の出から日没までの時間）のこと。水平面では、夏至＞春分・秋分＞冬至となり、南面の垂直壁面では、春分・秋分＞冬至＞夏至となる。

☐ **隣棟間隔**：南北方向の隣棟間隔は、建物の高さと緯度が関係する。同じ日照時間を確保するためには、緯度が高くなるほど南北の隣棟間隔を大きくとる必要がある。

☐ **日影曲線**：地面に垂直に立てた棒でできる太陽の影の先端の軌跡を描いた曲線。緯度により異なった線となる。

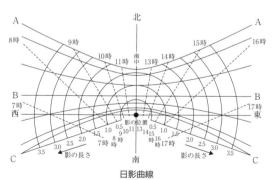

日影曲線

☐ **終日日影・永久日影**：建物などに遮蔽され、一日中、日照がない部分を終日日影という。また、1年のうち、最も日照条件のよい夏至において、終日日影となる部分を永久日影という。

□ 等時間日影線：建物により日影になる時間が等しい点を結んだ線。建物の高さが同じ場合、東西に幅が広い建物ほど日影の影響範囲が大きくなる。

日射 よく出る

□ **直達日射、天空日射**：太陽から直接地上に到達する日射を直達日射、大気中で散乱・反射して天空の全方向から届く日を天空日射という。

□ **全天日射**：全天空からの日射であり、全天日射量は、水平面における直達日射量と天空日射量の合計となる。

□ **終日直達日量**

夏至の水平面	大
春分・秋分の水平面	
冬至の南鉛直面	
春分・秋分の南鉛直面	
夏至の東西鉛直面	
春分・秋分の東西鉛直面	↓
冬至の水平面	
夏至の南鉛直面	
冬至の東西鉛直面	
夏至の北鉛直面	小

季節・方位別の終日直達日量

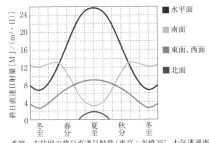

季節・方位別の終日直達日量（東京：北緯35°、大気透過率0.7）

凡例：
- ■ 水平面
- 南面
- 東面、西面
- ■ 北面

例題

日照、日射及び日影に関する記述として、**最も不適当なもの**はどれか。

1. 水平ルーバーは西日を遮るのに効果があり、縦ルーバーは夏季の南面の日射を防ぐのに効果がある。
2. 北緯 35 度における南面の垂直壁面の可照時間は、春分より夏至の方が短い。
3. 同じ日照時間を確保するためには、緯度が高くなるほど南北の隣棟間隔を大きくとる必要がある。
4. 建物の高さが同じである場合、東西に幅が広い建物ほど日影の影響の範囲が大きくなる。

解答 1

解説 水平ルーバーは太陽の高度が高い夏季の南面の日射を防ぐ効果がある。縦ルーバーは、太陽の高度が低い西日などによる日射を防ぐ効果がある。

▶▶
パパっとまとめ

採光とは、外部から自然光を取り入れ、室内等を明るくすることをいう。照明とは、一般的には人工照明によって室内等を明るくすることをいう。広義的には、採光も照明の一部であり、昼光照明とも呼ばれる。

明るさの定義と単位 よく出る

☐ **光束**：光のエネルギー量。単位波長当たりの放射束（単位時間当たりの光のエネルギー量）を標準比視感度（人が感じる明るさ）で重みづけした量。単位は［lm（ルーメン）］

☐ **光度**：点光源からの単位立体角当たりの発散光束。単位は［cd（カンデラ）］

☐ **照度**：ある受照面の単位面積当たりの入射光束を照度という。照度は点光源からの距離の 2 乗に反比例する。単位は［lx（ルクス）］

☐ **輝度**：光束発散面（光源面）からある方向への単位投影面積当たりの光度。単位は、［cd／㎡］。また、高輝度な部分や輝度の差が大きい場合などに感じられるまぶしさをグレアという。

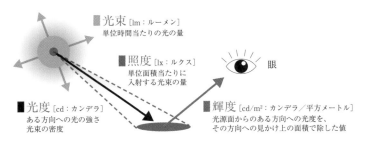

■光束 [lm：ルーメン]
単位時間当たりの光の量

■照度 [lx：ルクス]
単位面積当たりに入射する光束の量

■光度 [cd：カンデラ]
ある方向への光の強さ
光束の密度

■輝度 [cd/m²：カンデラ／平方メートル]
光源面からのある方向への光度を、
その方向への見かけ上の面積で除した値

眼

採光

☐ **全天空照度** よく出る ：周囲に障害物のない場所での、直射日光による照度を除いた天空光（拡散・反射されて地面に到達する直射日光以外の光）による水平面照度を全天空照度という。快晴の日よりも薄曇りの日の方が大きな値となる。

□ **昼光率** よく出る ：昼光率とは全天空照度に対する室内のある点における水平面照度の比率である。

昼光率＝室内のある点の水平面照度／全天空照度×100[%]

昼光率は、全天空照度の室内での利用率であり、時刻や天候により全天空照度が変化しても昼光率は変化しない。

□ **基準昼光率**：普通教室、事務室などで要求される基準昼光率は2%程度あればよく、住宅の居室ではこれらより小さく0.7%程度である。

□ **直射日光と天空光**：直射日光では安定した採光が得られないため、一般的には直射日光を遮蔽し、天空光を用いる。

□ 均斉度：照度分布の均一さの度合い。照明の明るさのむらを示す指標で、均斉度が大きいほど明るさが均一であることを示す。

□ **天窓と側窓**：天窓による採光は、同じ面積の側窓の3倍の採光効果がある。側窓の位置が高いほど均斉度は大きくなる。

照明

□ 演色性 よく出る ：照明光による物体色の見え方についての光源の性質（物体色の再現力）。

□ **直接照明と間接照明**：光源からの光の9割以上が下方向のものを直接照明、1割以下のものを間接照明という。

例題

採光及び照明に関する記述として、**最も不適当なもの**はどれか。
1. 均等拡散面上における輝度は、照度と反射率との積に比例する。
2. 演色性とは、光がもつ物体の色の再現能力のことで、光の分光分布によって決まる。
3. 昼光率とは、全天空照度に対する室内のある点の天空光による照度の比をいう。
4. 設計用全天空照度は、快晴の青空のときが薄曇りの日よりも大きな値となる。

解答 4
解説 設計用全天空照度は、一般に薄曇りの日で50,000lx、快晴で10,000lxが用いられ、薄曇りの日の方が大きな値となる。

9

パパっとまとめ

音は、建築物の快適性を確保する上で考慮しなければならない要素のひとつである。音の基本的な性質や建築物と音との関係（吸音、遮音、音響など）について整理する。

音の基本的な性質 よく出る

☐ **人間の聴覚**：人が知覚する主観的な音の大小をラウドネスといい、音圧が同じ場合、周波数の高い音（高音）の方が大きく聞こえる。また、人の聞き取れる音の周波数は、20Hz〜20kHz といわれる。

☐ **音の強さ**：音の強さは、音圧レベル［dB（デシベル）］で表される。同じ音圧レベルの音が重なると約 3dB 大きくなる。また、点音源の場合、音の強さは音源からの距離の二乗に反比例し、音圧レベルは距離が 2 倍になると約 6dB 減少する。

☐ **固体音**：床や壁など固体が振動して伝わる音。固体伝播音ともいう。

☐ **空気音**：空気を介して伝わる音。空気伝播音ともいう。

☐ **マスキング効果**：ある音が別の音により聞き取りにくくなる現象。両者の音の周波数が近いほど影響が大きくなる。

☐ **カクテルパーティー効果**：騒がしい状況の中でも、自分に必要な特定の音を聞き取れる現象。

☐ **回折**：音が障害物の背後に回り込む現象。周波数が小さい音（低音）の方が回折しやすい。

☐ **屈折**：空気の温度の境界面において、音速の違いにより音の進行方向が変わる現象。冬の夜など地表の温度が下がり、上空に進むはずだった音が地表方向に屈折して遠くまで届くようになる。

吸音、遮音

☐ **吸音、吸音率**：壁体などに届いた入射音
は、反射音と吸音と透過音の３つに分
かれる。「入射音のエネルギー」に対す
る「反射音以外（吸音と透過音）のエネ
ルギー」の割合を吸音率という。

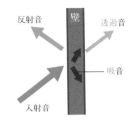

☐ **吸音材の種類と特徴** よく出る

材料	特徴
多孔質吸音材 （グラスウール、 ウレタン等）	・吸音材が厚いほど吸音率は大きくなる。 ・吸音率は、一般に高音域の方が低音域より大きい。 ・吸音材を厚くしたり、吸音材と壁体の間に空気層を設けると、高音域に比べて中低音域での吸音率が増大する。
共鳴型吸音材 （穿孔板等）	・共鳴により吸音する。 ・吸音材と壁体の間の空気層が厚いほど低音域での吸音率が増大する。 ・吸音材と壁体の間に多孔質材料を挿入すると全周波数帯域の吸音率が増大する。
板振動型吸音材 （合板、カンバス等）	・共振により吸音する。 ・一般に低音域を吸音し、中高音域の吸音率は小さい。 ・吸音材と壁体の間に多孔質材料を挿入すると低音域の吸音率が増大する。

☐ **遮音、透過損失** よく出る ：壁体などへの入射音と透過音の音圧レ
ベルの差を透過損失と呼び、透過損失が大きいほど遮音性が高い。
単層壁（コンクリート間仕切壁等）の透過損失は、一般に面密度が高
いほど、また高音域の方が大きくなる。

☐ **コインシデンス効果**：入射音と壁体が共振し遮音性能が低下する現
象。中高音域で生じやすい。

☐ **床衝撃音**：室内で人が歩くことなどで床が振動して下階に伝わる音。
衝撃源の重さや硬さの違いによる軽量衝撃音と重量衝撃音がある。

☐ **遮音等級**

種類	指標	特徴
床衝撃音レベルの 遮音等級	Lr 値（L 値）	・上下階などで、床への固体音を遮断する性能。 ・数値が小さいほど遮音性能が高い。
室間音圧レベル差の 遮音等級	Dr 値（D 値）	・隣室などの音源からの空気音を遮断する性能。 ・数値が大きいほど遮音性能が高い。
サッシやドアの遮音性能	T 値	・数値が大きいほど遮音性能が高い。

室内音響 よく出る

☐ 残響：室内で発せられた音が、床・壁・天井などで反復反射し、音源が停止後も、しばらく音が響いている現象。

☐ 残響時間：音源が停止してから音圧レベルが60dB減衰するのに要する時間。残響時間は、室容量が大きいほど長くなり、室内の吸音率が大きいほど短くなる。（音の大きさには関係しない。）

☐ フラッターエコー：向き合う平行な壁などで音が多重反射し2つ以上の音がずれて聞こえる現象。壁などの吸音性が低いと生じやすい。

☐ ロングパスエコー：発生した音が反射によって遅れて聞こえてくる現象。

例題1
令和2年　午前　No.3　改題

音に関する記述として、**最も不適当なもの**はどれか。
1. 室内の向かい合う平行な壁の吸音率が低いと、フラッターエコーが発生しやすい。
2. 無指向性の点音源から10m離れた位置の音圧レベルが63dBのとき、20m離れた位置の音圧レベルは57dBになる。
3. 音波が障害物の背後に回り込む現象を回折といい、低い周波数よりも高い周波数の音のほうが回折しやすい。

解答 3
解説 周波数が小さい音（低音）の方が回折しやすい。

例題2
平成30年　午前　No.3　改題

吸音及び遮音に関する記述として、**最も不適当なもの**はどれか。
1. グラスウールなどの多孔質材料は、厚さが増すと高音域に比べて中低音域の吸音率が増大する。
2. 共鳴により吸音する穿孔板は、背後に多孔質材料を挿入すると全周波数帯域の吸音率が増大する。
3. コンクリート壁の音響透過損失は、高音域より低音域の方が大きい。

解答 3
解説 単層壁の音響透過損失は、一般に高音域の方が大きい。

6　色

学習 /

建築分野で一般に用いられるマンセル表色系による、色の三要素（色相・明度・彩度）や、色彩のもつ心理的効果（暖色・寒色、膨張色・収縮色など）について整理する。

マンセル表色系

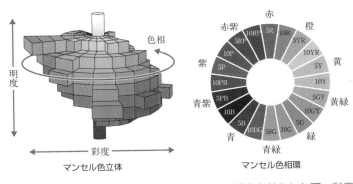

色相

明度

彩度

マンセル色立体

マンセル色相環

赤　橙
赤紫
紫
青紫
青
青緑
緑
黄緑
黄

10RP 5R 10R
5RP 5YR
10P 10YR
5P 5Y
10PB 10Y
5PB 5GY
10B 10GY
5B 5G
10BG 5BG 10G

- □ **マンセル色立体**：明度を垂直方向、色相を明度を軸とした環、彩度を明度の軸から色相環の外周までの距離で表した立体図。
- □ **マンセル色相環**：色相を環状に並べ体系化したもの。
- □ **色相**：赤、黄、緑、青、紫といった色合いのこと。マンセル色立体では、明度を軸とした環で表される。
- □ **明度**：黒、灰色、白などを基準に決められた色の明るさの度合い。純黒を 0、純白を 10 とした 10 段階で表す。マンセル色立体では垂直方向が明度を表している。
- □ **彩度**：色の鮮やかさの度合いのこと。色のない無彩を 0 とする。各色相で、最も彩度が高い色を純色という。マンセル色立体では無彩色軸からの距離で表される。
- □ **マンセル記号**：マンセル表色系において色を表す記号。例えば、「5YR3/8」のように示され、「5YR」は色相（この場合は橙）、次の「3」は明度、最後の「8」は彩度を表している。

☐ 色味（色相、彩度）をもたない明度だけをもつ色を無彩色（白、黒、灰色）、色の三要素をもつ色を有彩色という。

☐ 補色：2つの色を混ぜ合わせたとき、白色又は灰色になる色。色相環の相対する位置にある色である。

色彩の心理効果

☐ 赤等の暖かく感じる色を暖色、青等の涼しく感じる色を寒色という。

☐ **膨張色（進出色）・収縮色（後退色）**：一般に、暖色や明度の高い色は膨張色（進出色）、寒色や明度の低い色は収縮色（後退色）となる。

☐ 重量感覚：明度が低く暗い色は重く感じ、明度が高く明るい色は軽く感じる。

☐ **色彩の面積効果**：同じ色でも、その面積が大きいほど、明度と彩度が増して見える。

☐ 対比効果：色の対比により、実際とは異なる見え方となる現象。

対比の種類	特徴
色相対比	色相の異なる色を同時に見ると、背景色の補色に近づいて見える。
明度対比	明度の異なる色を同時に見ると、より明度差が強調されて見える。
彩度対比	彩度の異なる色を同時に見ると、より彩度差が強調されて見える。
補色対比	補色を対比すると、鮮やかさが増して見える。

例題

平成25年　午前　No.3　改題

マンセル表色系に関する記述として、**最も不適当なもの**はどれか。
1. マンセル記号で表示された「5 RP 3/8」のうち、「3」は彩度を表す。
2. マンセル色相環の相対する位置にある色相は、互いに補色の関係にある。
3. 明度は、理想的な白を10、理想的な黒を0として、10段階に分割している。
4. 彩度は、色の鮮やかさの程度を表し、マンセル色立体では、無彩色軸からの距離で示す。

解答 1
解説 「5RP」は色相（この場合は赤紫）、次の「3」は明度、最後の「8」は彩度を表している。

2

第2章

一般構造

RC 構造 （鉄筋コンクリート造）

▶▶ **パパっとまとめ**

RC 構造は、圧縮に強く引張りに弱いコンクリートを、引張りに強い鉄筋で補強した複合材料の建築構造物である。また、火に強いコンクリートで鉄筋を被覆し、火災時の高温から鉄筋を保護する耐火構造となる。

鉄筋コンクリートの設計 よく出る

☐ コンクリートの長期許容圧縮応力度は、設計基準強度の 1/3 とする。

☐ コンクリートの短期許容圧縮応力度は、長期許容圧縮応力度の 2 倍とする。

☐ 鉄筋コンクリート構造の設計においては、コンクリートの引張強度は無視できる。

柱 よく出る

☐ 柱の主筋の断面積の和はコンクリート断面積の 0.8% 以上とし、柱のせん断補強筋（帯筋、フープ）を用い、帯筋量のコンクリート断面に対する比（帯筋比）は 0.2% 以上とする。

☐ 主筋は D13 以上とし、4 本以上とする。

☐ 帯筋（フープ）の間隔は 100mm 以下とすること。ただし柱の上下端以外では、150mm 以下とすることができる。

☐ 柱のじん性を確保するため、短期軸方向力を柱のコンクリート全断面積で除した値は、コンクリートの設計基準強度の 1/3 以下とする。

☐ 普通コンクリートを使用した場合の柱の最小径は、原則としてその構造耐力上主要な支点間の距離の 1/15 以上とする。

梁 よく出る

☐ 構造耐力上主要な梁は、引張側、圧縮側ともに鉄筋を配する複筋梁とする。

☐ 主筋は D13 以上とする。

□ 梁のひび割れ防止、せん断補強として、あばら筋（スターラップ）を用いる。

□ あばら筋（スターラップ）の間隔は、D13以上を使うときは梁せいの1/2以下、かつ45cm以下とし、それ以下の径の鉄筋を用いるときは、梁せいの1/2以下、かつ250mm以下とする。

□ 梁に貫通孔を設けると、構造耐力が低下する。このため、梁端部への配置を避け、孔径は梁せいの1/3以下とする。

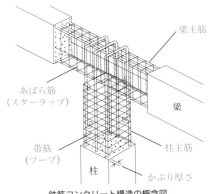

鉄筋コンクリート構造の概念図

床スラブ

□ 床スラブとは、垂直な平面の荷重を支える床構造のことであり、コンクリート造の場合はコンクリートスラブ、基礎となる部分であれば基礎スラブと呼ぶ。また、梁に四辺を囲まれて一緒に打設される床スラブを四辺固定スラブと呼ぶ。

□ 鉄筋コンクリート造では大梁や小梁と一体化してつくられるため、内部に碁盤の目状に鉄筋を入れて強度を確保する。

□ 床スラブの厚さは、短辺方向の長さの1/30〜1/35で、かつ80mm以上とする。

□ 床スラブの配筋は、収縮応力や温度応力に対応する配筋として、各方向の全幅について、鉄筋全断面積のコンクリート全断面積に対する割合を0.2%以上とする。

壁 よく出る

☐ 建築物において、地震や風などの水平荷重に抵抗する壁を耐力壁（耐震壁）という。

☐ 耐震壁の壁厚が 20cm 以上ある場合、壁筋を複配筋とする。

☐ 壁板のせん断補強筋比は、直交する各方向に関して、それぞれ 0.25% 以上とする。

例題 1

令和 3 年　午前　No.5

　鉄筋コンクリート構造に関する記述として、**最も不適当なもの**はどれか。

1. 柱の主筋は D13 以上の異形鉄筋とし、その断面積の和は、柱のコンクリート全断面積の 0.8% 以上とする。

2. 柱のせん断補強筋の間隔は、柱の上下端から柱の最大径の 1.5 倍又は最小径の 2 倍のいずれか大きい方の範囲内を 150mm 以下とする。

3. 梁の主筋は D13 以上の異形鉄筋とし、その配置は、特別な場合を除き 2 段以下とする。

4. 梁のせん断補強筋に D10 の異形鉄筋を用いる場合、その間隔は梁せいの 1/2 以下、かつ、250mm 以下とする。

解答 2

解説 柱のせん断補強筋の間隔は、柱の上下端から柱の最大径の 1.5 倍又は最小径の 2 倍のいずれか大きい範囲内を 100mm 以下とする。

例題2

令和2年 午前 No.5

鉄筋コンクリート構造に関する記述として、**最も不適当なもの**はどれか。

1. 床スラブは、地震力に対し同一階の水平変位を等しく保つ役割を有する。
2. 柱のじん性を確保するため、短期軸方向力を柱のコンクリート全断面積で除した値は、コンクリートの設計基準強度の1/2以下とする。
3. 壁板のせん断補強筋比は、直交する各方向に関して、それぞれ0.25%以上とする。
4. 梁に貫通孔を設けた場合、構造耐力の低下は、曲げ耐力よりせん断耐力のほうが著しい。

解答 2

解説 柱のじん性を確保するため、短期軸方向力を柱のコンクリート全断面積で除した値は、コンクリートの設計基準強度の1/3以下とする。

例題3

平成29年 午前 No.5

鉄筋コンクリート構造に関する記述として、**最も不適当なもの**はどれか。

1. 壁板のせん断補強筋比は、直交する各方向に関して、それぞれ0.25%以上とする。
2. 柱の主筋の断面積の和は、コンクリートの断面積の0.8%以上とする。
3. 床スラブの配筋は、各方向の全幅について、鉄筋全断面積のコンクリート全断面積に対する割合を0.1%以上とする。
4. 柱梁接合部内の帯筋間隔は、原則として150mm以下とし、かつ、隣接する柱の帯筋間隔の1.5倍以下とする。

解答 3

解説 床スラブの配筋は、収縮応力や温度応力に対応する配筋として、各方向の全幅について、鉄筋全断面積のコンクリート全断面積に対する割合を0.2%以上とする。

2 鉄骨構造（1）部材と構造形式

▶▶ パパっとまとめ

鉄骨構造（S造）で使用される主部材であるH形鋼や座屈防止、接合部等に用いられる補助部材について整理する。また、柱脚、構造形式の概要についても理解しておきたい。

鉄骨構造の特徴

☐ **大スパン**：RC構造に比べ、大スパンの建築物が可能である。

☐ **変形能力**：鋼材は強く粘りがあり、RC構造に比べ変形能力が大きい。

☐ **耐火性能に劣る**：鋼材は不燃材料であるが、高温で強度が失われるため耐火性能に優れているとは言えず、耐火被覆を施す必要がある。

H形鋼 よく出る

☐ **フランジ**：主に曲げモーメントに抵抗する。

☐ **ウェブ**：主にせん断力に抵抗する。

☐ **幅厚比**：厚さに対する幅の比。幅厚比が大きいということは幅に比べて薄い部材であるということである。

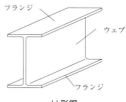

H形鋼

☐ **幅厚比と局部座屈**：フランジ及びウェブの幅厚比が大きくなると、局部座屈が生じやすくなる。このため、幅厚比の制限（局部座屈の影響を考慮しなくてよい幅厚比）を設ける。このとき、柱のウェブプレートと梁のウェブプレートでは、梁の幅厚比の制限の方が大きくなる。

補助部材 よく出る

☐ **スチフナー**：H形鋼の座屈を防ぐためウェブに取り付ける鋼板。

☐ **中間スチフナー**：材軸に垂直に取り付けるスチフナー。主にウェブのせん断座屈を補強する。

☐ **水平スチフナー**：材軸に平行に取り付けるスチフナー。主に曲げ座屈・圧縮座屈を補強する。

中間スチフナー

中間スチフナー

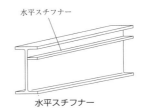

水平スチフナー

水平スチフナー

☐ **ダイアフラム**：柱と梁の接合部において、仕口の剛性を高める鋼板。
　ダイアフラムは梁のフランジ厚さよりも厚いものを用いる。

☐ **通しダイアフラム**：角形鋼管柱を切断して取り付けるダイアフラム。
　一般的に用いられる。

☐ **内ダイアフラム**：角形鋼管柱の内側に取り付けるダイアフラム。せ
　いの異なるH形鋼梁を1本の角形鋼管柱に取り付ける場合に用い
　られる。

☐ **外ダイアフラム**：角形鋼管柱の外側に取り付けるダイアフラム。

角型鋼管
の柱

通しダイアフラム

角型鋼管
の柱

内ダイアフラム

角型鋼管
の柱

外ダイアフラム

構造形式

☐ **ブレース構造**：柱、梁、ブレース（斜め方向の部材で主に引張力に働
　く）による構造。

☐ **ラーメン構造**：柱と梁を剛接合した構造。節点の水平移動が拘束さ
　れる。

☐ **トラス構造**：部材を三角形に組み合わせた構造。大スパンの構成が
　可能。トラス構造の節点は、構造計算上、すべてピン接合として扱う。

柱脚の形式

☐ **露出形式**：鉄骨柱が基礎から露出している柱脚。

☐ **根巻き形式**：露出柱脚をコンクリートで根巻きした柱脚。

☐ **埋込み形式**：基礎梁などに鉄骨柱が埋め込まれた柱脚。

☐ **回転拘束力**：回転拘束力とは、柱脚の固定度であり、その大きさは埋込み形式＞根巻き形式＞露出形式となる。

露出形式

根巻き形式

埋込み形式

その他の特徴

☐ **梁のたわみ**：部材断面と荷重条件が同一ならば、材質を変え鋼材の強度が高くなっても梁のたわみは同一である。

☐ **有効細長比**：部材の最小断面2次半径に対する、座屈長さの比を有効細長比という。有効細長比が大きいほど座屈しやすく、部材により有効細長比の上限が定められている。

例題   令和2年　午前　No.6

鉄骨構造に関する記述として、**最も不適当なもの**はどれか。

1. 梁の材質をSN400AからSN490Bに変えても、部材断面と荷重条件が同一ならば、梁のたわみは同一である。

2. トラス構造は、部材を三角形に組み合わせた骨組で、比較的細い部材で大スパンを構成することができる。

3. 節点の水平移動が拘束されているラーメン構造では、柱の座屈長さは、設計上、節点間の距離に等しくとることができる。

4. 構造耐力上主要な部分である圧縮材については、細長比の下限値が定められている。

解答 4

解説 細長比が大きいほど座屈しやすく、部材により有効細長比の上限が定められている。鉄骨の圧縮材の場合、柱で200以下、柱以外で250以下とされる。

3 鉄骨構造（2）接合方法

> **パパっとまとめ**
> 鉄骨構造の接合方法には、大きく分けて、ボルトによる接合方法（高力ボルト接合、普通ボルト接合）と溶接による接合方法がある。

高力ボルト接合

☐ **高力ボルト接合** よく出る ：高力ボルトを用いた接合方法で、「摩擦接合」「引張接合」「支圧接合」があるが、一般的には摩擦接合が用いられる。このとき、鋼材の摩擦面は赤さびの発生などにより、一定の値以上の滑り係数を確保することが重要である。

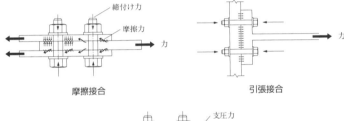

摩擦接合　　　　　　　　　　引張接合

支圧接合

☐ **摩擦接合** よく出る ：継手部材を高力ボルトで締め付け、材間圧縮力により得られる部材間に生じる摩擦力で応力を伝達する接合方法である。以下のような留意点がある。

高力ボルト摩擦接合における留意点
☐ ボルト相互間の中心距離は、公称軸系の2.5倍以上とする。
☐ すべり耐力以下の繰返し応力であれば、繰返し応力による高力ボルトの許容応力度の低減を考慮する必要はない。
☐ 引張力とせん断力を同時に受ける場合、摩擦力が低減するため、高力ボルトの軸断面に対する許容せん断応力度は、引張力を受けないときの許容値より低減させる。
☐ 引張材を接合する場合、母材のボルト孔による欠損を考慮した有効断面積を用いて、引張り応力度を計算する。

23

- [ ] **引張接合**：摩擦接合と同様に、高力ボルトの締付けによる材間圧縮力を利用し、高力ボルトの軸の方向に応力を伝達する接合方法。
- [ ] **支圧接合**：高力ボルトで継手部材を締め付け、ボルト軸部のせん断抵抗と部材の支圧力によって応力を伝える接合方法。高力ボルトを用いた支圧接合を行う場合は、建築基準法施行令で応力度等が定められておらず、国土交通大臣の認定を受ける必要がある。

普通ボルト接合

- [ ] **普通ボルト接合**：普通ボルトを用いた接合方法で、基本的には支圧接合となる。部材の引張力によりボルト孔周辺に生じる応力集中の度合いは、高力ボルト摩擦接合より普通ボルト接合の方が大きい。
- [ ] **使用上の制限** よく出る ：構造耐力上主要な部分に用いる場合には、述べ面積 3,000㎡以下、軒高 9m 以下、梁間 13m 以下の規模等の制限がある。また、ナットの溶接、ナットを二重にするなど、戻り止めの措置が必要となる。

溶接接合

- [ ] **完全溶込み溶接**：接合する母材の端部を適当な角度に切り取り（開先という）、全断面を完全に溶け込ませる溶接。溶接部の強度（許容応力度）は母材と同等とすることができる。T 継手の余盛は、溶接部近傍の応力集中を緩和する上で重要であり、部材厚の 1/4 以上とする。
- [ ] **部分溶込み溶接**：接合する母材の端部の一部を切り取り、一部の断面を溶け込ませる溶接。せん断力のみを受ける部分に使用し、曲げなどによって生じる引張応力が作用する部分には使用できない。
- [ ] **隅肉溶接**：T 継手や重ね継手において、母材の隅部を溶接する方法。母材間の交角は 60°〜120°の範囲とする。

完全溶込み溶接　　　　　部分溶込み溶接　　　　　隅肉溶接

□ **隅肉溶接の断面の大きさ**：溶接の断面の大きさは、のど厚（a）、脚長、サイズ（s）で表される。

□ **のど厚（a）**：溶接の厚みのこと。

$a = (1/\sqrt{2})S \fallingdotseq 0.7S$

で計算される。

a：のど厚　S：サイズ

□ **脚長**：溶接断面における長さ。縦と横で異なる場合もある。

□ **サイズ（S）**：短い方の脚長とするため、縦横で同じ長さとなる。また、溶接の有効長さは、溶接の全長から始終端のサイズ（S）を除いた長さである。　**有効長さ＝溶接の全長 -2S**

併用継手

□ **高力ボルト接合と溶接接合の併用**：高力ボルト摩擦接合と溶接接合とを併用する場合、高力ボルトの締付けを先に行う場合は、両者の許容耐力を加算してよい。

例題

鉄骨構造に関する記述として、**最も不適当なもの**はどれか。
1. 溶接継目ののど断面に対する長期許容せん断応力度は、溶接継目の形式にかかわらず同じである。
2. 片面溶接による部分溶込み溶接は、継目のルート部に、曲げ又は荷重の偏心による付加曲げによって生じる引張応力が作用する箇所に使用してはならない。
3. 引張材の接合を高力ボルト摩擦接合とする場合は、母材のボルト孔による欠損を無視して、引張応力度を計算する。
4. 引張力を負担する筋かいの接合部の破断耐力は、筋かい軸部の降伏耐力以上になるように設計する。

解答　3
解説　母材のボルト孔による欠損を考慮した有効断面積を用いて、引張り応力度を計算しなければならない。

▶▶ <u>パパっとまとめ</u>

建築物の地震対策として、「耐震構造」「制震（制振）構造」「免震構造」がある。最近の出題傾向としては、「免震構造」についての問題が頻出している。

☐ **耐震構造**：柱や梁など建物の構造自体の強度を高め、地震に耐えるよう設計された構造。筋かいを設けたり、耐力壁を効率よく配置したりすることで耐震性を高める。建築基準法により耐震基準が定められている。

☐ **制震構造**：ダンパーなどの制震（制振）装置を設置し、地震エネルギーを吸収し建物の揺れを抑える構造。

☐ **免震構造**：建築物と基礎の間に、積層ゴムなどの免震装置を設置した免震層を設け、地盤からの振動を直接建物に伝わらないようにした構造。地震によって地盤が激しく揺れても、建築物は地盤の揺れに追随せずゆっくり揺れる（固有周期が長くなる）ため、被害を抑えることができる。

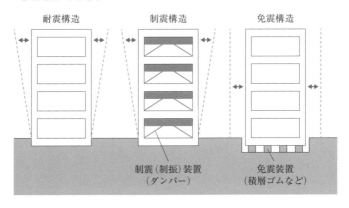

免震構造の特徴 よく出る

☐ **アイソレーターとダンパー**：免震構造は、建築物を鉛直方向に支える
アイソレーターと、水平方向に復元力を発揮したり建築物に作用
するエネルギーを吸収するダンパーによって構成される。

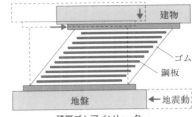

積層ゴムアイソレーター

☐ **積層ゴム**：一般的に用いられるアイソレーター。ゴムと鋼板を交互
に積層したもの。建物の中間層に設置する場合は、火災に対して保
護する必要がある。

☐ **応答加速度**：地震時の建築物の揺れの強さを加速度で表したものを
応答加速度という。免震構造は、水平方向の応答加速度を大きく低
減させる構造であるといえる。

☐ **ねじれ応答**：質量や剛性に偏りが生じている建築物の場合、地震時
にねじれ応答（建物全体がねじれるような挙動）が起きる可能性が
ある。免震部材の配置を調整し、上部構造の重心と免震層の剛心を
合わせることで、ねじれ応答を軽減できる。

☐ **軟弱地盤と免震構造**：軟弱地盤では、地面の揺れる周期が長くなる
ため、免震構造による応答加速度を低減する効果は小さくなる。

免震層の変形による留意点

☐ **周囲地盤とのクリアランス**：地下部に免震層を設ける場合、上部構
造と周囲の地盤が干渉しないようにクリアランスが必要である。

☐ **設備配管等**：設備配管等が免震層の変形に追随できるようにする必
要がある。

積層ゴムを用いた免震構造の建築物に関する記述として、**最も不適当なもの**はどれか。

1. 免震構造とした建築物は、免震構造としない場合に比べ、固有周期が短くなる。
2. 免震部材の配置を調整し、上部構造の重心と免震層の剛心を合せることで、ねじれ応答を低減できる。
3. 免震層を中間階に設置する場合、火災に対して積層ゴムを保護する必要がある。
4. 免震構造は、建築物を鉛直方向に支える機構、水平方向に復元力を発揮する機構及び建築物に作用するエネルギーを吸収する機構から構成される。

解答 1

解説 免震構造とした建築物は、免震構造としない場合に比べ、固有周期が長くなる（ゆっくり揺れる）。

5 基礎構造（直接基礎・杭基礎）

> **パパっとまとめ**
> 基礎の構造は直接基礎と杭基礎に分類され、直接基礎は建物の荷重を地盤で支え、べた基礎とフーチング基礎に、また、杭基礎は直接基礎で支えられない場合で、支持杭基礎と摩擦杭基礎にそれぞれ分類される。

2 一般構造

直接基礎の種類 よく出る

☐ べた基礎：建物の底面全てに基礎スラブを構築したもので、柱にかかる荷重及び柱の自重による荷重を基礎底面全体で支える。

☐ フーチング基礎：上部建物の荷重を地盤に伝えるために、フーチングと呼ばれる下部を広くした部分をもつ基礎をいう。基礎梁の剛性を大きくすることにより、基礎フーチングの沈下量を平均化できる。

　フーチング基礎には柱ごとに支える独立フーチング、2〜3本の柱を1つのフーチングで支える複合フーチング及びフーチング相互を連結する連続フーチング（布基礎）の3つがある。

べた基礎

フーチング基礎

直接基礎の許容応力度

☐ 直接基礎の地盤の許容応力度は、底面積が同じであっても底面形状の違いにより異なった値となる。

杭基礎の種類 よく出る

☐ 支持杭基礎：建物の荷重を、強固な支持地盤へ杭をとおして直接伝える形式である。

☐ 摩擦杭基礎：支持地盤が深い場合に、杭周面と土との摩擦力により支持する形式である。

支持杭

摩擦杭

29

□ 杭と杭との中心間隔：埋込み杭の場合は杭径の 2 倍以上とする。打込み杭の場合は杭径の 2.5 倍以上かつ 75cm 以上とする。

杭基礎の許容支持力

□ 杭が上部の荷重を支える力を許容支持力といい、支持力の計算には基礎スラブ底面の地盤の支持力は加算しない。

その他の留意事項

□ フローティング基礎：建物の重量と地盤からの排土重量をつり合わせ、地盤中の応力が増加しないようにする基礎形式である。主に軟弱地盤等に用いられる。

□ 地盤の液状化：地震時に、地下水位の高い砂地盤が液体状になる現象。地下水面下の緩い砂地盤が地震時に繰り返しせん断力を受けることにより間隙水圧が上昇し水中の砂粒子が浮遊状態となる。

□ 直接基礎下の圧密沈下：直接基礎下の粘性土地盤において、地中の応力が増加し土中の水分が絞り出され、間隙が減少することにより地盤が沈下すること。圧密による許容沈下量は独立基礎のほうがべた基礎に比べて小さくなる。

例題 1   令和 2 年　午前　No.7

　地盤及び基礎構造に関する記述として、**最も不適当なもの**はどれか。
1.　直接基礎における地盤の許容応力度は、基礎荷重面の面積が同一ならば、その形状が異なっても同じ値となる。
2.　直接基礎下における粘性土地盤の圧密沈下は、地中の応力の増加により長時間かかって土中の水が絞り出され、間隙が減少するために生じる。
3.　圧密による許容沈下量は、独立基礎のほうがべた基礎に比べて小さい。
4.　基礎梁の剛性を大きくすることにより、基礎の沈下量を平均化できる。

解答 1

解説 地盤の許容応力度は、基礎の形状係数が関係するため、基礎底面の面積が同一であっても、形状が正方形や長方形により異なるため、許容応力度は異なってくる。

例題2

令和元年　午前　No.7

杭基礎に関する記述として、**最も不適当なもの**はどれか。

1. 基礎杭の周辺地盤に沈下が生じたときに杭に作用する負の摩擦力は、一般に摩擦杭の場合より支持杭の方が大きい。
2. 杭と杭との中心間隔の最小値は、埋込み杭の場合、杭径の 1.5 倍とする。
3. 基礎杭の先端の地盤の許容応力度は、アースドリル工法による場所打ちコンクリート杭の場合よりセメントミルク工法による埋込み杭の方が大きい。
4. 外殻鋼管付きコンクリート杭の鋼管の腐食代(しろ)は、有効な防錆措置を行わない場合、1mm 以上とする。

解答 2

解説 杭と杭との中心間隔の最小値は、埋込み杭の場合、杭径の 2.0 倍以上とし、打込み杭の場合は、2.5 倍以上でかつ、75cm 以上とする。

例題3

平成 30 年　午前　No.7　改題

基礎構造に関する記述として、**最も不適当なもの**はどれか。

1. 直接基礎の底面の面積が同じであっても、底面形状が正方形や長方形のように異なっていれば、地盤の許容支持力は同じ値とならない。
2. フローティング基礎は、建物重量と基礎等の構築による排土重量をつり合わせ、地盤中の応力が減少しないようにする基礎形式である。
3. 基礎梁の剛性を大きくすることにより、基礎フーチングの沈下を平均化できる。
4. 地盤の液状化は、地下水面下の緩い砂地盤が地震時に繰り返しせん断を受けることにより間隙水圧が上昇し、水中に砂粒子が浮遊状態となる現象である。

解答 2

解説 フローティング基礎は、船が水に浮かぶのと同様の原理を利用したものである。地盤中の応力が増加しないようにする基礎形式である。

例題4

基礎構造に関する記述として、**最も不適当なもの**はどれか。

1. 直接基礎の地盤の許容応力度は、基礎スラブの底面積が同じであっても、その底面形状が正方形の場合と長方形の場合とでは異なる値となる。
2. フローティング基礎は、建物重量と基礎等の構築による排土重量をつり合わせ、地盤中の応力が増加しないようにする基礎形式である。
3. 直接基礎下における粘性土地盤の圧密沈下は、地中の応力の増加により長時間かかって土中の水が絞り出され、間隙が減少するために生じる。
4. 地盤の液状化は、地下水面下の緩い砂地盤が地震時に繰り返しせん断を受けることにより間隙水圧が減少し、水中に砂粒子が浮遊状態となる現象である。

解答 4

解説 地下水面下の緩い砂地盤が地震時に繰り返しせん断を受けることにより、地震動によって振動を受けると流動化し、地耐力を失ってしまう。このような現象を液状化という。これは、地震の振動によって土中の間隙水圧が高くなり、土粒間に働く有効応力が0になると、せん断抵抗がほとんどなくなるため、地盤は液体状になり、重い構造物は沈み、軽い構造物は浮遊状態となる現象である。

3

第3章

構造力学

▶▶▶
パパっとまとめ
建築物に働く力を、荷重あるいは外力とされ、これを基に構造計算が行われる。荷重及び外力の種類、内容は主に「建築基準法施行令第83条〜88条」により定められている。

荷重・外力の種類 よく出る

☐ 固定加重：建築物自体の重さで、屋根、天井、壁、柱、床、梁等の部位と木造、RC造、鉄骨造の種類により異なる。

☐ 積載荷重：人間、家具、物などの重さによる床の積載荷重で、建物の種類、用途により異なる。

☐ 建築物の各部の積載荷重は、当該建築物の実況に応じて計算しなければならない。ただし、次の表に掲げる室の床の積載荷重については、それぞれ同表の（い）、（ろ）又は（は）の欄に定める数値に床面積を乗じて計算することができる。

構造計算の対象		（い）	（ろ）	（は）
室の種類		床の構造計算をする場合（単位 N/m²）	大ばり、柱又は基礎の構造計算をする場合（単位 N/m²）	地震力を計算する場合（単位 N/m²）
（一）	住宅の居室、住宅以外の建築物における寝室又は病室	1,800	1,300	600
（二）	事務室	2,900	1,800	800
（三）	教室	2,300	2,100	1,100
（四）	百貨店又は店舗の売場	2,900	2,400	1,300
（五） 劇場、映画館、演芸場、観覧場、公会堂、集会場その他これらに類する用途に供する建築物の客席又は集会室	固定席の場合	2,900	2,600	1,600
	その他の場合	3,500	3,200	2,100

□ 積雪加重：雪の重さで、屋根の水平投影面積及び多雪区域とそれ以
外の区域、雪下ろしの慣習のある地域で異なる。

□ 風圧力：速度圧に風力係数を乗じて算定するもので、過去の記録に
基づいて地域により風力係数が定められている。

□ 地震力：地震による水平動と垂直動で、固定荷重と積載荷重の和に
係数を乗じて求める。地域により地震層せん断力係数が定められて
いる。

□ その他の外力：法令にはないが実情を考慮し、地下室等に作用する、
土圧、水圧、振動及び衝撃による外力がある。

固定荷重
建物の自重

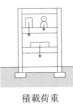

積載荷重
人、家具等

地震力・風圧力

建築物に作用する力

例題 1

令和 2 年　午前　No.8　改題

　床の構造計算をする場合の積載荷重として、**最も不適当なもの**はど
れか。

1.　店舗の売り場の積載荷重は、2,300N/m² とすることができる。

2.　集会場の客席が固定席である集会室の積載荷重は、2,900N/m²
とすることができる

3.　事務室の積載荷重は、2,900N/m² とすることができる。

4.　百貨店の屋上広場の積載荷重は、2,900N/m² とすることができ
る。

解答　1

解説　「建築基準法施行令第 85 条」により、1. 店舗売り場、2. 集会場の客
席が固定席である集会室、3. 事務室及び 4. 百貨店の屋上広場の積載
荷重は、それぞれ 2,900N/m² と定められている。2,300N/m² と
することができるのは教室である。

例題2

荷重及び外力に関する記述として、**最も不適当なもの**はどれか。

1. 教室に連絡する廊下と階段の床の構造計算用の積載荷重は、実況に応じて計算しない場合、教室と同じ積載荷重の $2,300N/m^2$ とすることができる。

2. 保有水平耐力計算において、多雪区域の積雪時における長期応力度計算に用いる荷重は、固定荷重と積載荷重の和に、積雪荷重に 0.7 を乗じた値を加えたものとする。

3. 必要保有水平耐力の計算に用いる標準せん断力係数は、1.0 以上としなければならない。

4. 速度圧の計算に用いる基準風速 V_0 は、その地方の再現期間50年の10分間平均風速値に相当する。

解答 1

解説 「建築基準法施工令第85条」により、教室に連絡する廊下の積載荷重は、集会室等のその他の場合の床の積載荷重として、$3,500N/m^2$ とする。

例題3

建築物に作用する荷重及び外力に関する記述として、**最も不適当なもの**はどれか。

1. 劇場、映画館等の客席の積載荷重は、固定席の方が固定されていない場合より小さくすることができる。

2. 雪止めがない屋根の積雪荷重は、屋根勾配が60度を超える場合には0とすることができる。

3. 倉庫業を営む倉庫の床の積載荷重は、実況に応じて計算する場合、$2,900N/m^2$ とすることができる。

4. 防風林などにより風を有効に遮ることができる場合は、風圧力の算定に用いる速度圧を低減することができる。

解答 3

解説 「建築基準法施工令第85条」により、倉庫業を営む倉庫の床の積載荷重は、実況によって計算した値が、$3,900N/m^2$ 未満であっても、$3,900N/m^2$ としなければならない。

2 梁、ラーメンの曲げモーメント

学習 /

▶▶ **パパっとまとめ**

部材に荷重・外力が作用すると、それぞれの部材に応力として、曲げモーメントとせん断力が生じ、支点には反力が生じる。

発生応力 よく出る

□ **モーメント（M）**：部材を、ある点 O のまわりに回転させる力で、M ＝ 力(P) × 距離(l) で表し、右回りを（＋）、左回りを（−）とする。

□ **せん断力（Q）**：部材に対して直角方向に作用する、部材を切断しようとする力で、下向きを（＋）、上向きを（−）とする。

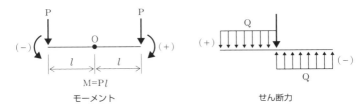

モーメント　　　　　　　　　せん断力

□ **支点と反力**：支点には、ローラー、ヒンジ及び固定の 3 つがあり、それぞれに図のような鉛直反力（V）、水平反力（H）及びモーメント（M）が生じる。

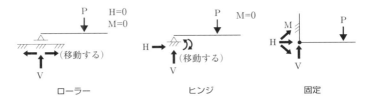

ローラー　　　　　　　　ヒンジ　　　　　　　　固定

□ **力の釣合い**：構造物が静止して安定状態のときは、どの点においても、水平方向、鉛直方向及び回転力の総和は 0 となる。

3

構造力学

37

単純梁の応力計算 よく出る

図の単純梁における応力計算を行う。

☐ 反力の計算

鉛直方向の力の釣合いより

$$\Sigma V = V_A + V_B - 2P + P = 0$$
$$V_A + V_B = P$$

点 B に関するモーメントの釣合いより

$$\Sigma M_B = V_A \cdot 4l - 2P \cdot 3l + P \cdot l = 0$$
$$V_A = \frac{6P}{4} - \frac{P}{4} = \frac{5P}{4}$$
$$V_B = P - \frac{5P}{4} = -\frac{P}{4}$$

☐ 曲げモーメントの計算

曲げモーメントは、求める点までの回転力の総和として求める。

A 点の曲げモーメント $M_A = 0$ (ヒンジ支点)

C 点の曲げモーメント $M_C = V_A \cdot l = \frac{5P}{4} \cdot l = \frac{5Pl}{4}$

D 点の曲げモーメント $M_D = V_A \cdot 3l - \cdot 2l = \frac{15Pl}{4} - 4Pl$
$$= -\frac{Pl}{4}$$

B 点の曲げモーメント $M_B = 0$ (ローラー支点)

☐ せん断力の計算

せん断力は求める点までの外力の総和として求める。

$$Q_{A \sim C} = V_A = \frac{5P}{4}$$
$$Q_{C \sim D} = V_A - 2P = \frac{5P}{4} - 2P = -\frac{3P}{4}$$
$$Q_{D \sim B} = V_A - 2P + P = \frac{5P}{4} - 2P + P = -\frac{P}{4}$$

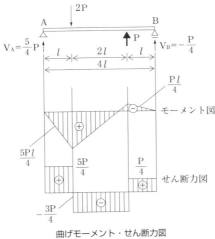

曲げモーメント・せん断力図

梁の種類と応力図 よく出る

梁	荷重図	モーメント図	せん断力図
単純梁			
単純梁			
両端固定梁			
両端固定梁			
片持ち梁			
片持ち梁			

各種モーメント よく出る

□ **許容曲げモーメント（Ma）**：許容曲げ応力度（f_b）と断面係数（Z）で求める。

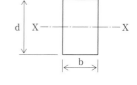

$$Ma = f_b \times Z$$

X軸に対する断面係数Zは、長方形断面部材の幅をb、高さをdとすると、$Z = \frac{bd^2}{6}$で表す。

□ **断面一次モーメント（M）**：断面一次モーメントは、一般に断面の図心（重心）を求めるために必要な係数である。ある図形の断面積をAとしたとき、その図心（重心）から、与えられた軸までの距離をyとすると、その断面一次モーメントSは次の式で求める。

$$S = A \cdot y$$

□ **断面二次モーメント（M）**：曲げモーメントに対する梁の部材の変形のしにくさを表した量である。物体の断面（大きさや形状）を変えると、**断面二次モーメント**の値も変化するので、設計上の指標として用いられる。

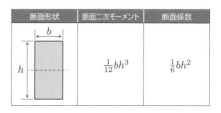

断面形状	断面二次モーメント	断面係数
	$\frac{1}{12}bh^3$	$\frac{1}{6}bh^2$

断面形状	断面二次モーメント	断面係数
$s = \frac{d-h}{2}$	$\frac{bd^3 - h^3(b-t)}{12}$	$\frac{bd^3 - h^3(b-t)}{6d}$

□ **曲げモーメント図**：曲げモーメントとは、外力を受けて部材が曲げられようとするときに、その部材の最も外力を受ける点の近くに、部材を扇形状にひし曲げて抵抗しようとする力が働く。この部材を曲げようとする力のことを「曲げモーメント」といい、外力と曲げモーメントを図に表したものが、曲げモーメント図である。

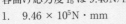

例題 1

令和元年　午前　No.8

図に示す長方形断面部材の図心軸（X軸）に対する許容曲げモーメントの値として、**正しいもの**はどれか。ただし、許容曲げ応力度 f_b は 9.46N/mm^2 とする。

1. $9.46 \times 10^5 \text{N} \cdot \text{mm}$
2. $5.68 \times 10^5 \text{N} \cdot \text{mm}$
3. $4.73 \times 10^5 \text{N} \cdot \text{mm}$
4. $2.84 \times 10^5 \text{N} \cdot \text{mm}$

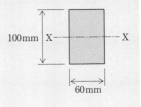

解答 1

解説 許容曲げ応力度　$f_b = 9.46\text{N/mm}^2$ より

曲げ応力度の式　$\sigma = \dfrac{M}{Z}$　　断面係数の式　$Z = \dfrac{BH^2}{6}$

$$M = \sigma \times Z = (9.46\text{N/mm}^2) \times \frac{(60 \times 100^2)}{6}\text{mm}^3$$
$$= 9.46 \times 10^5 \text{N} \cdot \text{mm}$$

例題 2

令和 3 年　午前　No.8

図に示す断面の X－X 軸に対する断面二次モーメントの値として、**正しいもの**はどれか。

1. $56a^3$
2. $56a^4$
3. $72a^3$
4. $72a^4$

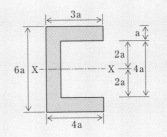

解答 2

解説 断面二次モーメントは $I = \dfrac{bh^3}{12}(\text{cm}^4)$ で表される。

ここで　b：梁幅、h：梁せい

断面二次モーメントは、その断面の図心を通る軸が同一で複断面の場合

大きい断面形状（4a × 6a）から

小さい断面形状（3a × 4a）を引くものとする。

$I = \dfrac{BH^3}{12} - \dfrac{bh^3}{12}$

よって $I = \dfrac{\{4a \times (6a)^3 - 3a \times (4a)^3\}}{12} = \dfrac{(864a^4 - 192a^4)}{12} = 56a^4$ となる。

3

構造力学

例題3

図に示す3ヒンジラーメン架構の AD 間に等分布荷重が、CE 間に集中荷重が同時に作用したとき、支点 A 及び B に生じる水平反力（H_A、H_B）、鉛直反力（V_A、V_B）の値として、**正しいもの**はどれか。ただし、反力は右向き及び上向きを「＋」、左向き及び下向きを「－」とする。

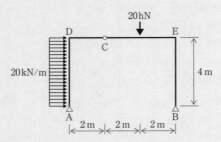

1. $H_A = -40kN$
2. $H_B = +40kN$
3. $V_A = -20kN$
4. $V_B = +20kN$

解答 3

解説 等分布荷重を Px と想定すると

$Px = 20kN/m \times 4m = 80kN$

点 A におけるモーメントは MA＝0 より

$MA = -Px \times 2m - 20kN \times 4m + V_B \times 6m = 0$

$V_B = 40kN$（4 は誤り）

点 B におけるモーメントは MB＝0 より

$MB = -Px \times 2m + 20kN \times 2m - V_A \times 6m = 0$

$\quad = -80kN \times 2m - 20kN \times 4m + V_B \times 6m = 0$

$VA = -20kN$（3 は正しい）

$MC 右 = -20kN \times 2m + V_B \times 4m + H_B \times 4m = 0$

$\quad V_B + H_B = 10kN$

$\quad H_B = 10 - 40 = -30kN$（2 は誤り）

$H_A + H_B + Px = 0$ より　$H_A = -50kN$（1 は誤り）

以上より、3 が正しい。

例題4

図に示す3ヒンジラーメン架構の AD 間に等分布荷重が作用した
とき、支点 A に生じる水平反力 H_A 及び鉛直反力 V_A の値の大きさの
組合せとして、**正しいもの**はどれか。

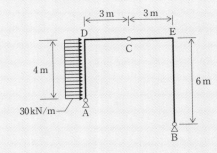

1. $H_A = 60kN$、$V_A = 40kN$
2. $H_A = 60kN$、$V_A = 48kN$
3. $H_A = 96kN$、$V_A = 40kN$
4. $H_A = 96kN$、$V_A = 48kN$

解答 4

解説 外力の合力を求める。(外力) $P = 30kN/m × 4m = 120kN$
作用位置は A 点から2mの位置、B 点でのモーメントは $M_B = 0$ より、

$M_B = - H_A × 2m - V_A × 6m + P × 4m = 0$
$M_B = - H_A × 2 - V_A × 6 + 120 × 4 = 0$ …… ①

C 点でのモーメント $M_C = 0$ より、

$M_C = + H_A × 4m - V_A × 3m - P × 2m = 0$
$M_C = + H_A × 4 - V_A × 3 - 120 × 2 = 0$ …… ②

①式-②式×2より、

$H_A × (- 2 - 8) + 480 + 480 = 0$
$H_A = \frac{960}{10} = 96kN$ (3と4が正しい)

$H_A = 96kN$ を①式に代入すると、$- 96 × 2 - V_A × 6 + 480 = 0$

$V_A = \frac{(480-192)}{6} = 48kN$ (2と4が正しい)

従って4が正しい。

3
構造力学

図に示す架構に等分布荷重が作用したときの支点 A 及び B に生じる水平反力（H_A、H_B）及び鉛直反力（V_A、V_B）の値として、**正しいものはどれか**。ただし、反力は右向き及び上向きを「+」、左向き及び下向きを「−」とする。

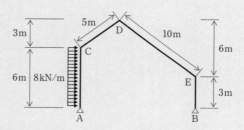

1. $H_A = -32\text{kN}$
2. $H_B = -16\text{kN}$
3. $V_A = -12\text{kN}$
4. $V_B = +48\text{kN}$

解答 3

解説 B はローラー端なので水平力 H_B は発生しない。

$H_B = 0$（2 は誤り）

A − C 間に発生する応力は A より中間 3m の位置に $6 \times 8 = 48\text{kN}$ が右方向に発生する。

これに対抗して、H_A 端で左方向に − 48kN が発生する。

$H_A = -48\text{kN}$（1 は誤り）

A − B 間の距離 L は、三角関数より 12m

（CD 間 5m、h = 3m より水平が 4m。DE 間は同様に 8m となる。）

$V_A = -V_B = \dfrac{Ph}{L} = 48 \times 3 \div 12 = 12\text{kN}$ となり、

$V_A = -12\text{kN}$（浮上り）（3 は正しい）、$V_B = 12\text{kN}$（4 は誤り）

3 が正しい。

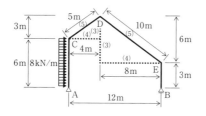

直角三角形の比

図に示す梁の AB 間に等分布荷重 w が、点 C に集中荷重 P が同時に作用したときの曲げモーメント図として、**正しいもの**はどれか。ただし、曲げモーメントは材の引張り側に描くものとする。

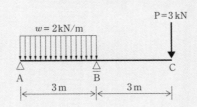

1.
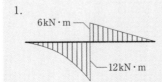

2.
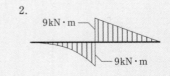

3.
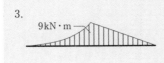

4.
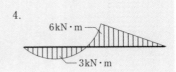

解答 3

解説 等分布荷重 w と集中荷重 P を分けて考える。

等分布荷重 w による両端ピンの AB 間のモーメントは

中央部で $M = \dfrac{\omega L^2}{8} = \dfrac{2 \times 3^2}{8} = 2.25 \mathrm{kN \cdot m}$

支点 B で $M = \dfrac{\omega L^2}{2} = \dfrac{2 \times 3^2}{2} = 9.00 \mathrm{kN \cdot m}$

AB 間の中央部分のモーメント荷重が $2.25 \mathrm{kN \cdot m}$、支点 B でのモーメント荷重が $9.00 \mathrm{kN \cdot m}$ の下向きの放物線を描いたモーメント図となる。

集中荷重 P により、支点 B には

$MB(P) = 3\mathrm{m} \times 3\mathrm{kN} = 9\mathrm{kN \cdot m}$ の直線のモーメント図となる。

正解は 3 のモーメント図となる。

図に示すラーメン架
構に集中荷重3P及び
2P が同時に作用したと
きの曲げモーメント図
として、**正しいもの**はど
れか。ただし、曲げモー
メントは材の引張り側
に描くものとする。

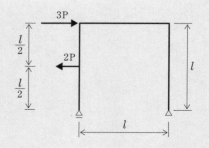

1.
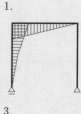

2.
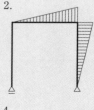

3.
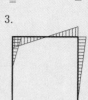

4.
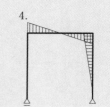

解答 3

解説

左側柱の柱脚はローラー支点であるから、力の合計の作用は右側柱の柱脚に、
右側に P（= 3P − 2P）が作用する（1 と 4 は誤り）。

右側柱は、ピン支点であるので、柱脚にはモーメントは発生せず、梁と剛接合
である柱頭部にモーメントが発生する。

梁の左端も剛接合であるのでモーメントは伝わる。

左側柱はローラー支柱なので 2P 作用点までは曲げモーメントが発生しない
（2 は誤り）。

2P～3P 作用点間は P = 3P − 2P より 3P 作用点が最大曲げモーメントと
なる。

よって、3 が正解となる。

例題8

図に示す3ヒンジラーメン架構に集中荷重Pが作用したときの曲げモーメント図として、**正しいもの**はどれか。ただし、曲げモーメントは材の引張り側に描くものとする。

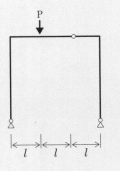

1. 2.

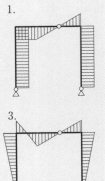

3. 4.

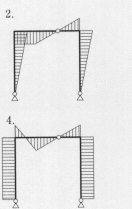

解答 3

解説 両側の柱脚部がヒンジとなっているので、モーメントは0となる（1と4は誤り）。

外力がPしか作用していないので、X方向のつり合い式より、向かって左側の柱脚部 H_A と、向かって右側の柱脚部 H_B は同じ値で向きが逆方向となる（2は誤り）。

柱の曲げモーメントは左右対称となる（3が正しい）。

4

第4章

建築材料

▶▶ パパっとまとめ

鋼材についての基本的な性質や、その種類と特徴について整理する。また、ステンレス・アルミニウムなどその他の金属材料についても把握しておきたい。

□ **ヤング係数**：弾性限界内における、同軸方向のひずみと応力の比例定数であり、鋼材のヤング係数は、約 $2.05 \times 10^5 (N/mm^2)$ である。

□ **炭素含有量**：炭素含有量が多くなると、引張強さ・硬さ等が増すが、破断までの伸びが減少し、また溶接性も落ちる。

□ **熱処理**：焼入れ、焼戻し、焼ならしなどの熱処理を施すことにより、鋼材の性質を変えることができる。

□ **弾性変形**：弾性限度内で引張荷重を取り除くと、すぐに元の状態に戻りやすいという性質をもつ。

□ **鋼材の種類** よく出る

主な鋼材の特徴		
一般構造用圧延鋼材 SS400(490)：広く用いられるが、溶接性が悪い。		
溶接構造用圧延鋼材 SM400(490)：溶接性に優れる。		
建築構造用圧延鋼材	SN400A：主要構造部以外の補助材としての使用が主となる。	
	SN400(490)B：炭素当量（Ceq）などの上限を規定し、A材に比べ溶接性や塑性変形性能が改善されている。主要構造材に使用。	
	SN400(490)C：B材に加え、板厚方向の強度が保証される。主にダイアフラムやベースプレートに使用される。	
TMCP鋼：熱加工制御により製造された鋼材。高じん性（強さと延性が共に大きい）で溶接性に優れる。		
FR鋼：モリブデン等を添加した、高温時の強度が高い耐火鋼である。		
低降伏点鋼：添加元素を極力低減した純鉄に近い鋼。強度が低く、延性が高い。		
耐候性鋼：銅、クロム、ニッケルなどの合金元素を添加し、表面に緻密なさびを形成させ、耐候性・耐食性を向上させた鋼材。		

☐ その他金属材料 よく出る

種類	特徴
アルミニウム	展延性（素材が破断せずに柔軟に変形する限界）に富み加工しやすい。空気中では表面に酸化皮膜を生じ耐食性が増す。鋼材と比べ、密度、ヤング係数は約 1/3 であるが、線膨張係数は約 2 倍である。
ステンレス鋼	ニッケルやクロムを含み、炭素量が少ないものほど軟質で耐食性に優れる。また、熱伝導率は鉄の 1/3 程度であり耐燃性にも優れる。SUS430 は磁性が強く SUS304 は磁性がほぼない。
鉛	比重が大きく加工しやすい金属である。鋼材に比べ、熱伝導率が低く、線膨張係数は大きい。酸などに対する抵抗性や X 線遮断効果は大きいが、耐アルカリ性は低い。
銅	熱・電気の伝導率が鋼に比べて著しく高い。湿気中では緑青を生じ耐食性が増すが、耐アルカリ性や耐アンモニア性に劣る。展延性に優れ加工性はよい。
黄銅	銅と亜鉛の合金で、一般に亜鉛が 30～40％ のものである。真鍮とも呼ばれる。展延性に優れ加工性はよい。
青銅	銅と錫を主成分とする合金である。黄銅に比べ耐食性に優れる。展延性に優れ加工性はよい。
チタン	鋼に比べ密度が小さく、耐食性に優れている。

4

建築材料

例題

令和 3 年　午前　No.11

金属材料に関する一般的な記述として、**最も不適当なもの**はどれか。

1. 黄銅（真ちゅう）は、銅と亜鉛の合金であり、亜鉛が 30～40％ のものである。
2. 鉛は、鋼材に比べ熱伝導率が低く、線膨張係数は大きい。
3. ステンレス鋼の SUS430 は、SUS304 に比べ磁性が弱い。
4. アルミニウムは、鋼材に比べ密度及びヤング係数が約 1/3 である。

解答 3

解説 SUS430 は磁性が強く SUS304 は磁性がほぼない。

2 | 石材・セラミックタイル

学習 /

> ▶▶ バパっとまとめ
>
> 石材の種類と特徴・用途などについて整理する。石材は隔年程度
> の割合で出題されている。また、近年出題はないが、セラミック
> タイルについても基本事項は確認しておきたい。

□ 石材の種類と特徴・用途など **よく出る**

種類	優位な点	劣位な点
花崗岩	強度・耐久性に優れる。 耐摩耗性に優れる。 吸水性が小さい。 磨くと美しい光沢が得られる。	耐火性に劣る。
安山岩	強度・耐久性に優れる。 耐火性に優れる。 吸水性が小さい。	磨いても光沢が得られない。 大材を得にくい。
凝灰岩	耐火性に優れる。 軽量・軟質で加工性に優れる。	強度、耐久性に劣る。 風化しやすい。 吸水性が大きい。
砂岩	耐火性に優れる。	吸水性が大きく耐凍害性に劣る。 強度・耐久性に劣る。 耐摩耗性に劣る。
大理石	吸水性が小さい。 緻密で磨くと美しい光沢が得られる。	耐久性に劣る。 耐火性に劣る。 耐酸性に劣る。 風化しやすい。
粘板岩 （スレート）	硬度が高く耐久性に優れる。 耐火性に優れる。 吸水性が小さい。	―
石灰岩	柔らかく加工性に優れる。	耐水性に劣る。

セラミックタイル

□ **平物・役物**：平面に用いる平物と隅角部等に用いる役物があり、それぞれ定型タイルと不定形タイルに区分される。

□ **裏あし**：モルタルなどとの接着をよくするため、タイルの裏面に付けたリブや凹凸のこと。通常、外壁用タイルの裏あしはあり状とする。

裏あし（あり状）

□ **素地**：タイルの主体をなす部分をいう。施ゆうタイルの場合は、うわぐすりを除いた部分となる。

□ **ユニットタイル**：施工しやすいように、多数個のタイルを並べて連結したもの。表張りユニットタイルと裏連結ユニットタイルがある。

□ **表張りユニットタイル**：タイルの表面に表張り紙を張り付けて連結したもの。表張り紙は、施工時に剥がす。

□ **裏連結ユニットタイル**：タイルの裏面や側面を裏連結材で連結したもの。裏連結材は、施工時にそのまま埋め込む。

□ **成形方法による種類**：押出成形とプレス成形がある。

□ **吸水率による種類**：Ⅰ類（3.0％以下）、Ⅱ（10.0％以下）、Ⅲ類（50.0％以下）（一般的には、Ⅰ類は磁器質タイル、Ⅱ類はせっき質タイル、Ⅲ類は陶器質タイルに相当する）。

□ **うわぐすりの有無による種類**：施ゆう（表面にうわぐすりを施す）、無ゆう（うわぐすりを施さない）。

4 建築材料

例題

令和元年　午前　No.12

石材に関する一般的な記述として、**最も不適当なもの**はどれか。
1. 花こう岩は、耐摩耗性、耐久性に優れるが、耐火性に劣る。
2. 大理石は、ち密であり、磨くと光沢が出るが、耐酸性、耐火性に劣る。
3. 石灰岩は、耐水性に優れるが、柔らかく、曲げ強度は低い。
4. 砂岩は、耐火性に優れるが、吸水率の高いものは耐凍害性に劣る。

解答 3
解説 石灰岩は、柔らかく、曲げ強度は低く、耐水性も劣る。加工性は優れている。

学習 /

▶▶ **パパっとまとめ**
....
代表的な左官材料の特徴を整理する。同じ設問肢が繰り返し出題
されているので覚えてしまおう。

□ セメントモルタルの混和材として消石灰を用いると、こて伸びがよく、平滑な面が得られる。

□ **セルフレベリング材**：せっこう組成物やセメント組成物に骨材や流動化剤等を添加した材料である。

□ **せっこうプラスター**：乾燥が困難な場所や乾湿の繰返しを受ける部位では硬化不良となりやすい。

□ しっくい用ののり剤には、海草又はその加工品と、水溶性高分子がある。

□ **ドロマイトプラスター**：それ自体に粘りがあるためのりを必要としない。

例題

平成 30 年　午前　No.12

左官材料に関する記述として、**最も不適当なもの**はどれか。
1. せっこうプラスターは、乾燥が困難な場所や乾湿の繰返しを受ける部位では硬化不良となりやすい。
2. セルフレベリング材は、せっこう組成物やセメント組成物に骨材や流動化剤等を添加した材料である。
3. セメントモルタルの混和材として消石灰を用いると、こて伸びがよく、平滑な面が得られる。
4. ドロマイトプラスターは、それ自体に粘りがないためのりを必要とする。

解答 4
解説 ドロマイトプラスターは、マグネシウムを含んでいるため粘り気があり、糊材を必要とせず、混練りが容易で作業性が良い。

4 # 日本産業規格（JIS）の ドアセット

 学習 ／

▶▶ パパっとまとめ

日本産業規格（JIS）のドアセットに規定されている性能項目で、スライディングドアに適用されていない項目は4項目である。

日本産業規格（JIS）に規定されている 性能項目の適用の有無

性能項目	スイングドアセット	スライディングドアセット
□ ねじり強さ	○	×
□ 鉛直荷重強さ	○	×
□ 開閉力	○	○
□ 開閉繰返し	○	○
□ 耐衝撃性	○	×
□ 遮音性	○	○
□ 断熱性	○	○
□ 内面変形追随性	○	×
□ 耐風圧性	○	○
□ 気密性	○	○
□ 水密性	○	○

 4 建築材料

例題 令和元年　午前　No.13

　日本工業規格（JIS）のドアセットに規定されている性能項目に関する記述として、**不適当なもの**はどれか。

注）日本工業規格（JIS、現：日本産業規格）

1. スイングドアセットでは、「気密性」が規定されている。
2. スイングドアセットでは、「開閉力」が規定されている。
3. スライディングドアセットでは、「鉛直荷重強さ」が規定されている。
4. スライディングドアセットでは、「遮音性」が規定されている。

解答 3
解説 スライディングドアの性能項目に鉛直荷重強さは適用されない。

▶▶ パパっとまとめ
建築物の主な防水工法であるアスファルト防水、シート防水、塗膜防水などの材料について整理する。特にアスファルト防水の出題頻度が高い。

アスファルト防水

☐ **アスファルト** よく出る：防水工事用のアスファルトは、フラースぜい化点（冷却したときぜい化（脆さ）が始まる温度）の温度が低いものほど低温特性のよいものといえる。また、針入度指数（高温時における硬化、低温時における軟化などの起こる度合い）が大きいほど、広い温度範囲において、軟化又は硬化が起こりにくいといえる。

☐ **アスファルトプライマー** よく出る：下地と防水層の接着性を向上させるため、下塗りとして使用される乳液。アスファルトを水中に乳化分散させたエマルションタイプとブローンアスファルトなどを揮発性溶剤に溶解した有機溶剤タイプがある。

☐ **アスファルトフェルト**：有機天然繊維を主原料とした原紙にアスファルトを浸透させた防水紙。主に外壁に使用。

☐ **アスファルトルーフィング** よく出る：有機天然繊維を主原料とした原紙にアスファルトを浸透、被覆し、表裏全面に鉱物質粉末を付着した防水材。アスファルトルーフィング 1500 などと示され、数値は製品の単位面積あたりの質量を表している。

☐ **砂付きあなあきルーフィング**：ルーフィングの片面に 1mm 前後の鉱物質の粒子（砂）を付着した砂付きルーフィングに一定間隔で直径 3cm 以下の穴が開けられたもの。下地の挙動による防水層の破断を防止するなど、絶縁工法に用いられる。

☐ **ストレッチルーフィング** よく出る：有機合成繊維を主原料とした不織布原反にアスファルトを浸透、被覆し、表裏全面に鉱物質粉末を付着させたもの。引伸ばしに強く破断しにくい。ストレッチルーフィング 1000 などと示され、数値は製品の抗張積（引張強さと最大荷重時の伸び率との積）を表している。

□ 砂付き**ストレッチルーフィング** よく出る ：ストレッチルーフィングの片面に1mm前後の鉱物質の粒子（砂）を付着したもの。非歩行屋根の防水層の最終仕上げ層等に使用される。

□ **改質アスファルトルーフィングシート**：合成ゴムやプラスチックを加えて、対流動性・耐摩耗性・耐剥離性・付着性・たわみ追従性などを向上させた改質アスファルトを用いた防水シート。トーチ工法のほか、常温粘着施工にも用いられる。温度特性による区分でⅠ類とⅡ類があり、Ⅱ類の方が低温時の耐折り曲げ性がよい。

シート防水：加硫ゴム系、塩化ビニル樹脂系などのシートを用いた防水材。総称して合成高分子系ルーフィングシートという。

材料	概要
□ 塩化ビニル樹脂系	塩化ビニル樹脂に可塑剤、充填剤などを添加して成型。シート同士は熱で溶かして一体化させる。
□ 加硫ゴム系	加硫ゴムを使用。シート同士の接着は接着剤による。
□ 非加硫ゴム系	非加硫ゴムを使用。シート同士の接着は接着剤による。

塗膜防水：コンクリート下地にウレタンゴム系、ゴムアスファルト系、FRP（繊維強化プラスチック）などの塗膜防水材を用いる防水工法。

材料名	特徴
□ ウレタンゴム系	（1成分形）材料を塗布した後、空気中の水分を利用し常温で硬化反応させる。 （2成分形）主剤と硬化剤の2成分を現場で混合撹拌して硬化反応させる。必要に応じ硬化促進剤などを混合する。
□ ゴムアスファルト系	アスファルトと合成ゴムを主原料とした防水材で、塗布型と吹き付け型がある。土木分野での用途が多い。
□ アクリルエマルション系	ストレートアスファルトのエマルション（乳剤）と合成ゴムのラテックス混合液を材料とした防水材。
□ FRP（繊維強化プラスチック）系	液状の樹脂にガラス繊維などの補強材を混入した防水材。

4
建築材料

　　アスファルト防水材料に関する記述として、**最も不適当なもの**はどれか。

1.　改質アスファルトシートは、合成ゴム又はプラスチックを添加して性質を改良した改質アスファルトを原反に含浸、被覆させたシートである。
2.　ストレッチルーフィング 1000 の数値 1000 は、製品の抗張積（引張強さと最大荷重時の伸び率との積）を表している。
3.　防水工事用アスファルトは、フラースぜい化点温度が低いものほど低温特性のよいアスファルトである。
4.　アスファルトルーフィング 1500 の数値 1500 は、製品の単位面積当たりのアスファルト含浸量を表している。

解答　4
解説　アスファルトルーフィング 1500 の数値 1500 は、製品の単位面積当たりの質量を表している。

　　塗膜防水材料に関する記述として、**最も不適当なもの**はどれか。

1.　屋根用ウレタンゴム系防水材は、引張強さ、伸び率、抗張積などの特性によって、高伸長形（旧 1 類）と高強度形に区分される。
2.　1 成分形のウレタンゴム系防水材は、乾燥硬化によりゴム弾性のある塗膜を形成する。
3.　2 成分形のウレタンゴム系防水材は、施工直前に主剤、硬化剤の成分に、必要によって硬化促進剤、充填材などを混合して使用する。
4.　塗付けタイプゴムアスファルト系防水材は、ゴムアスファルトエマルションだけで乾燥造膜するものと、硬化剤を用いて反応硬化させるものがある。

解答　2
解説　1 成分形のウレタンゴム系防水材は、材料を塗布した後、空気中の水分を利用し常温で硬化反応させる。乾燥硬化によるものではない。

▶▶
パパっとまとめ
....
水密性及び気密性を確保するために金属、コンクリート、ガラス
などの接合部の目地に充填し使用される材料である。一般に用い
られる粘着性のあるペースト状の材料は不定形シーリング材と
呼ばれる。

シーリング材の性質による分類

☐ **弾性シーリング材**：液状ポリマーを主成分としたもので、施工後は
硬化し、ゴム状弾性を発現する。目地のムーブメントによって生じ
た応力がひずみにほぼ比例するシーリング材である。区分記号は
「E」とする。

☐ **塑性シーリング材**：目地のムーブメントによって生じた応力がムー
ブメントの速度にほぼ比例するシーリング材である。ムーブメント
が停止すると素早く緩和する。区分記号は「P」とする。

製品形態による分類

☐ **1成分形**：あらかじめ施工に供する状態に調製されたシーリング材。
空気中の水分や酸素と反応して表面から硬化する。

☐ **2成分形**：施工直前に基剤、硬化剤などを練り混ぜて使用するシー
リング材。

シーリング材のタイプとクラス

☐ **タイプG**：グレイジング（ガラスのはめ込み固定）に使用するシー
リング材。

☐ **タイプF**：グレイジング以外の用途に使用するシーリング材。

☐ **クラス**：目地幅に対する拡大率及び縮小率により設定される区分。
「クラス25」のように示され、数値が拡大率、縮小率を表す。

☐ **引張応力による区分**：一定の伸びを与えたときの引張応力をモジュ
ラスといい、高モジュラス（HM）、中モジュラス（MM）、低モジュ
ラス（LM）がある。

4
建築材料

材質による種類

☐ **ウレタン系**：耐久性、密着性に優れるが、耐候性・耐熱性に劣り、施工時の湿気と温度が高い場合などに発泡を起こすことがある。また、タック（硬化後、粘着性が残ること）が生じやすい。通常、ガラス面には使用されない。ポリウレタン系とアクリルウレタン系がある。

☐ **シリコーン系**：特に耐寒性、耐熱性などに優れ、紫外線による変色も少ないが、表面への塗料の付着性が悪い。また、表面にほこりが付きやすく、目地周辺に撥水汚染が生じることがある。主にガラスまわりや防かびタイプのものは水まわりに用いられる。

☐ **ポリサルファイド系**：耐熱性・耐候性・粘着性は良好であるが、表面の仕上塗材や塗料を変色、軟化させることがある（ブリードという。ノンブリードの製品も開発されている）。

☐ **変成シリコーン系**：耐候性、耐熱性、耐久性に優れ、表面への塗装が可能であるが、ガラス越しの耐光接着性は劣るためガラス面には使用されない。

例題   平成27年　午前　No.14

シーリング材に関する記述として、**最も不適当なもの**はどれか。
1.　1成分形高モジュラス形シリコーン系シーリング材は、耐熱性・耐寒性に優れ、防かび剤を添加したものは、浴槽や洗面化粧台などの水まわりの目地に用いられる。
2.　2成分形低モジュラス形シリコーン系シーリング材は、耐光接着性に優れ、ガラス・マリオン方式のカーテンウォールの目地に用いられる。
3.　2成分形ポリウレタン系シーリング材は、耐熱性・耐候性に優れ、金属パネルや金属笠木などの目地に用いられる。
4.　2成分形変成シリコーン系シーリング材は、耐候性・耐久性が良好で、プレキャストコンクリートカーテンウォールの部材間の目地に用いられる。

解答 3
解説 ウレタン系のシーリング材は耐候性・耐熱性に劣るため、金属パネルや金属笠木などの目地には適さない。

▶▶ **パパっとまとめ**

塗料の種類は多い。その中でも代表的な塗料の特徴 を整理する。
また、塗装を施す素地との適合性も重要である。

- [ ] **合成樹脂調合ペイント（SOP）**：溶剤の蒸発とともに油分の酸化重合が進み、乾燥硬化して塗膜を形成する。木部に適しているが、モルタル面には適していない。

- [ ] **クリヤラッカー（CL）**：塗膜が薄い速乾性の塗料である。

- [ ] **アクリル樹脂系非水分散形塗料（NAD）**：溶剤の蒸発とともに樹脂粒子が融着して塗膜を形成する。モルタル面に適しているが、せっこうボード面には適していない。

- [ ] **つや有合成樹脂エマルションペイント（EP-G）**：水分の蒸発とともに樹脂粒子が融着して塗膜を形成する。モルタル面、屋内の木部、屋内の鉄鋼面に適している。

- [ ] **合成樹脂エマルションペイント（EP）**：水分の蒸発とともに樹脂粒子が融着して塗膜を形成する。モルタル面に適しているが、金属面に適していない。

- [ ] **2 液形ポリウレタンワニス（2-UC）**：溶剤の蒸発とともに反応が進み、ウレタン結合を有する透明塗膜を形成する。

4

建築材料

例題 1

令和 3 年 午前 No.15

塗料に関する記述として、**最も不適当な**ものはどれか。

1. つや有合成樹脂エマルションペイントは、水分の蒸発とともに樹脂粒子が融着して塗膜を形成する。
2. アクリル樹脂系非水分散形塗料は、溶剤の蒸発とともに樹脂粒子が融着して塗膜を形成する。
3. クリヤラッカーは、自然乾燥で長時間かけて塗膜を形成する。
4. 合成樹脂調合ペイントは、溶剤の蒸発とともに油分の酸化重合が進み、乾燥硬化して塗膜を形成する。

解答 3

解説 クリヤラッカーは、速乾性の塗料である。

塗料に関する記述として、**最も不適当なもの**はどれか。

1. 合成樹脂エマルションペイントは、モルタル面に適しているが、金属面には適していない。
2. つや有合成樹脂エマルションペイントは、屋内の鉄鋼面に適しているが、モルタル面には適していない。
3. アクリル樹脂系非水分散形塗料は、モルタル面に適しているが、せっこうボード面には適していない。
4. 合成樹脂調合ペイントは、木部に適しているが、モルタル面には適していない。

解答 2

解説 つや有合成樹脂エマルションペイントは、屋内の鉄鋼面の他、屋内の木部、コンクリート面、モルタル面、せっこうボード面にも適している。

内装材料

▶▶ **パパっとまとめ**

ボード状の内装下地材の種類と組成を整理する。タイル状の床仕上材の種類と組成、特徴を整理する。

☐ シージングせっこうボード：両面のボード用原紙及び芯のせっこうに防水処理を施したもの。屋内の台所、洗面所などの壁及び天井の下地材に用いられる。

☐ 強化せっこうボード：せっこうボードの芯に無機質繊維などを混入したもの。壁及び天井の下地材、防・耐火構造などの構成材として用いられる。

☐ 構造用せっこうボード：強化せっこうボードの性能を保持し、かつ、くぎ側面抵抗を強化したもの。側面抵抗によってA種及びB種がある。耐力壁用の面材に用いられる。

☐ けい酸カルシウム板：繊維強化セメント板の一種で、石灰質原料、けい酸質原料、繊維及び混和材料などを原料とした製品である。

☐ ロックウール化粧吸音板：ロックウールのウールを主原料として、結合剤及び混和材を用いて成形し、表面化粧加工したもの。

☐ 普通合板：日本農林規格（JAS）で定められた接着の程度による区分がある。

☐ パーティクルボード：日本農林規格（JAS）で定められたホルムアルデヒド放散量による区分がある。

☐ ゴム床タイル：天然ゴム又は合成ゴムを主原料とした床タイルで、単層品や複層品があり、独自の足ざわりと耐摩耗性がある。

☐ コルク床タイル：天然コルク外皮を主成分とし、必要に応じて塩ビ又はウレタン樹脂で加工したもの。

☐ コンポジションビニル床タイル：単層ビニル床タイルよりバインダー量を少なくしたもの。

☐ バインダー：ビニル系床材の材料成分中のビニル樹脂、可塑剤、及び安定剤を主な原材料として組み合わせた基本材料である。

4

建築材料

□ 複層ビニル床タイル：耐水性、耐薬品性、耐摩耗性に優れているが、熱による伸縮性が大きい。

例題1

　内装材料に関する記述として、最も不適当なものはどれか。
1.　コンポジションビニル床タイルは、単層ビニル床タイルよりバインダー量を多くした床タイルである。
2.　複層ビニル床タイルは、耐水性、耐薬品性、耐摩耗性に優れているが、熱による伸縮性が大きい。
3.　パーティクルボードは、日本工業規格（JIS）で定められたホルムアルデヒド放散量による区分がある。
4.　普通合板は、日本農林規格（JAS）で定められた接着の程度による区分がある。

解答 1
解説 バインダー含有量は、単層ビニル床タイルが30%以上、コンポジションビニル床タイルは30%未満である。コンポジションビニル床タイルの方がバインダー量は少ない。

例題2

平成28年　午前　No.15

　内装材料に関する記述として、最も不適当なものはどれか。
1.　構造用せっこうボードは、強化せっこうボードの性能を満たしたうえ、くぎ側面抵抗を強化したもので、耐力壁用の面材などに使用される。
2.　ロックウール化粧吸音板は、ロックウールのウールを主材料として、結合材及び混和材を用いて成形し、表面化粧加工したものである。
3.　ゴム床タイルは、天然ゴムや合成ゴムを主原料とした床タイルで、独自の歩行感を有し、耐油性に優れている。
4.　コルク床タイルは、天然コルク外皮を主原料として、必要に応じてウレタン樹脂等で加工した床タイルである。

解答 3
解説 弾力性があるため心地よい歩行感が得られ、耐摩耗性がある。

5

第5章

建築設備

1 外構工事（構内舗装、屋外排水工事、植栽工事）

学習 ／

パパっとまとめ

構内舗装は、アスファルト舗装について整理する。屋外排水工事・植栽工事は、出題頻度は低いが出題範囲は広いため、概略で把握しておきたい。

構内アスファルト舗装

- □ **表層**：交通荷重を分散するとともに、摩耗やせん断力に抵抗し、平坦性、走行性など路面の機能を確保する。
- □ **基層**：路盤の不陸を整正し、表層に加わる荷重を均一に路盤に伝達する。

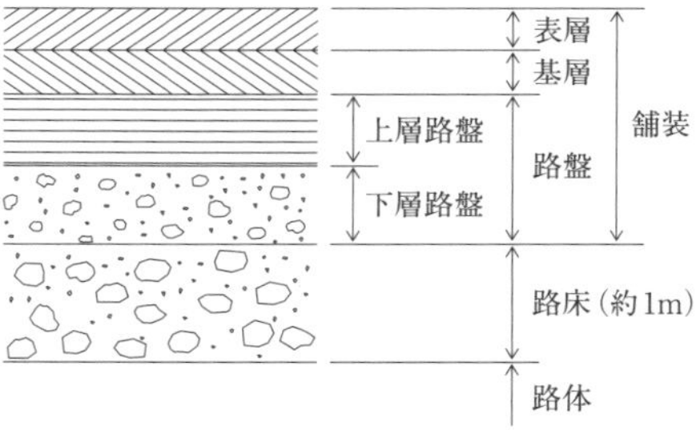

アスファルト舗装の例

- □ **路盤**：路床の上の層で、上層からの荷重を分散して路床に伝える。
- □ **路床**：舗装を支持する地盤で、路盤の下、厚さ約 1 m の部分。盛土をして路床とする場合は、一層の仕上り厚を 200mm 程度ごとに締め固める。地盤が軟弱な場合は、安定処理、置換えなどの路床改良を行う。
- □ **ストレートアスファルト**：一般地域の針入度は 60～80 、寒冷地では 80～100 の範囲のものを使用する。
- □ **クラッシャラン**：岩石を砕いただけのもので、路盤に使用。
- □ **粒度調整砕石**：所要の粒度範囲に入るように調整された砕石で、路盤の支持力を向上させる。

- [ ] **シールコート**：表層の水密性の増加、老化防止、すべり止め及びひび割れの目つぶしなどの目的で使用する。

- [ ] **タックコート**：表層と基層の接着性をよくするために用いる。

- [ ] **プライムコート**：路盤の仕上がり面を保護し、アスファルト混合物の接着性をよくするために用いる。

- [ ] **フィラー**：アスファルトと一体となり骨材の隙間を充填し、混合物の安定性・耐久性を向上させる石粉等である。

- [ ] **アスファルト舗装の施工上の留意点** `よく出る`

項目	留意点
敷均し時の温度	一般に 110℃以上とする。
締固め作業	一般に、継目転圧、初転圧、二次転圧、仕上げ転圧の順に行う。
舗装の継目	下層と上層の継目を重ねない。（既設舗装の修繕等は除く）
交通開放	舗装表面の温度が 50℃以下になってから交通開放を行う。

屋外排水工事

- [ ] **排水管の勾配**：地中埋設管の勾配は原則として 1/100 以上とする。

- [ ] **給水管と排水管の離隔距離**：給水管と排水管の水平離隔距離は 500mm 以上とし、給水管は排水管の上方に設置する。

- [ ] **埋設深さ**：一般に、宅地内の排水管の埋設深さは 20cm 以上とする。

- [ ] **ます、マンホールの設置**：排水管の合流点、屈曲点、勾配の変化点、また管径、管種が変わる箇所には、ます等を設ける。さらに、地中埋設排水管の延長が、その内径の 120 倍を超えない範囲内でます等を設ける。

- [ ] **雨水用排水ます**：雨水とともに流れ込む土砂などをますに溜めるため、深さ 15cm 以上の泥だめを設ける。

- [ ] **汚水用排水ます**：汚水や雑排水などを円滑に流下させるために、ますの底にインバート（排水管の形状に合わせた凹形の溝）をつくる。

- [ ] **遠心力鉄筋コンクリート管**：一般的にヒューム管と呼ばれる。外圧に対する強度に優れているが、耐酸性に劣る。通常、屋外排水設備においては、外圧による破損等を考慮し外圧管を用いる。継手は、一般的にはソケット継手とし、ゴム輪による止水を行う。ソケット部（受口）が上流となるよう配置する。埋設は一般に、下流部から上流部に向けて行うのがよい。

□ **硬質塩化ビニル管**：水密性、耐薬品性等に優れ、軽量で施工性もよい。一般的に地中埋設管には VU 管（薄肉管）が用いられる。コンクリートますの接合する部分には砂付き短管を用いる。

□ **公共下水道の排水方式**：汚水と雨水を同一系統で排除する合流式と、別々の系統で排除する分流式とがある。

植栽工事

□ 植栽工事のキーワード

項目	概要
樹高	樹木の樹冠の頂端から根鉢の上端までの垂直高をいい、一部の突出した枝は含まない。
幹周	樹木の幹の周長をいい、根鉢の上端より 1.2m 上りの位置を測定する。 幹が 2 本以上ある場合は、周長の総和の 70% をもって幹周とする。
枝張	樹木等の四方面に伸長した枝の幅。測定方向により幅に長短がある場合は、最長と最短の平均値とする。一部の突出した枝は含まない。
株立数	指定株立数について、過半数（2 本立の場合は 1 本）は所要の樹高に達しており、他は所要の樹高の 70% 以上に達していること。
根鉢	樹木等の移植に際し掘り上げられる根系を含んだ土のまとまりをいう。一般に、根鉢の直径は、樹木の根元直径の 3〜5 倍とする。
ふるい掘り	樹木等の移植に際し、土のまとまりをつけずに掘り上げること。ふるい根、素掘りともいう。
根巻き	根鉢のくずれ防止のため、根鉢の表面を縄などで十分締め付けること。
断根式根回し	幹の周囲を掘り回し、側面の根を切り離す。比較的、浅根性の樹木に用いる。
溝掘式根回し	支持根となる太い根を 3〜4 本残し、他は根鉢に沿って切断し、切口は切り直す。残した支持根は 15cm 程度の幅で環状剥皮を行い、剥皮部からの発根を促す。移植後、枝葉を剪定し地上部と地下部の水バランスをとる。
養生	幹巻き：冬の防寒対策や夏の日焼け防止などのため幹巻きを行う。 マルチング：土壌の乾燥や雑草を防止するため土壌を被覆する。 支柱：倒木防止や、風により揺れ動かないよう支柱により固定する。

令和 2 年　午前　No.16

構内アスファルト舗装に関する記述として、**最も不適当なものは**どれか。

1. 盛土をして路床とする場合は、一層の仕上り厚さ 300mm 程度ごとに締め固めながら、所定の高さに仕上げる。
2. アスファルト混合物の敷均し時の温度は、一般に 110℃ 以上とする。
3. アスファルト混合物の締固め作業は、一般に継目転圧、初転圧、2 次転圧、仕上げ転圧の順に行う。
4. アスファルト舗装の継目は、既設舗装の補修、延伸等の場合を除いて、下層の継目の上に上層の継目を重ねない。

解答 1

解説 盛土をして路床とする場合は、一層の仕上り厚を 200mm 程度ごとに締め固める。

平成 24 年　午前　No.16

屋外排水設備に関する記述として、**最も不適当なものは**どれか。

1. 排水管を給水管と平行にして埋設する場合は、原則として両配管の間隔を 500mm 以上とし、排水管は給水管の下方に埋設する。
2. 遠心力鉄筋コンクリート管の排水管は、一般に、埋設は下流部より上流部に向けて行い、勾配は 1/100 以上とする。
3. 管きょの排水方向や管径が変化する箇所及び管きょの合流箇所には、ます又はマンホールを設ける。
4. 雨水用排水ます及びマンホールの底部には、排水管等に泥が詰まらないように深さ 50mm 以上の泥だめを設ける。

解答 4

解説 雨水ます等の泥だめの深さは、150mm 以上とする。

5

建築設備

植栽工事における移植に関する記述として、**最も不適当なもの**はどれか。

1. 根巻きに際しては、鉢土のくずれを防止するため、鉢の表面を縄などで十分に締め付ける。
2. 移植後の樹木の幹からの水分の蒸散防止、幹焼け防止と防寒等のために幹巻きを行う。
3. 根回しに際しては、できるだけ細根を残すように掘り下げる。
4. 移植後の樹木の枯れを防止するため、掘取りの前に枝抜きや摘葉を行ってはならない。

解答 4

解説 掘取り前に、移植後の地上部と地下部の水バランスをとるため、枝抜き等を行う。

> ▶▶ ババっとまとめ
>
> 測量の種類は、分類の仕方（目的、測量方法、使用機器による分類など）により、様々なまとめ方ができる。ここでは煩雑になるため、その区別はせず、建築分野で主に扱われる測量を羅列して整理する。

主な測量機器

- [ ] **光波測距儀**：光波を用いて距離を測定する測量機器。
- [ ] **セオドライト**：目標物をレンズで視準して、水平角度や鉛直角度などの角度を測定する機器。一般にトランシットとも呼ばれる。
- [ ] **トータルステーション**：距離を測る光波測距儀と、角度を測るセオドライトの機能を有し、現在、主流の測量機器となっている。
- [ ] **レベル**：水平出しや高低差を測定する測量機器。
- [ ] **標尺**：計測点に垂直に立て、水平視線の高さを読み取るための目盛り尺。箱尺（スタッフ）などが用いられることが多い。測量時、標尺は前後にゆっくり動かして最小値を読み取る。
- [ ] **平板測量機器**：平板測量に用いる機器。三脚、平板、アリダード、求心器、下げ振り、磁針など。

主な測量の種類

- [ ] **三角測量**：測点3点を選んで三角形をつくり、1辺の長さ及び2夾角を測定して、三角法により他の2辺の長さや側点の位置を求める古典的な測量法。
- [ ] **多角測量**：トラバース測量ともいう。測点を多角形に結び、測点の距離と方向角を測り、位置を求める測量。障害物を避けるように測点を配置できるため、見通しが悪い場所での測量にも適している。
- [ ] **水準測量**：2点間の高低差や任意の地点の標高を求める測量。公共測量における水準点は、東京湾の平均海面を基準としている。
- [ ] **直接水準測量** よく出る ：レベルや標尺を使用する。既知の基準点から順に次の点の高低差を測量し必要な標高を求める。公共測量の

5

建築設備

71

直接水準測量では、レベルは視準距離を等しくし、できる限り両標尺を結ぶ直線上に設置し、往復観測とする。

- [ ] **間接水準測量** よく出る ：トータルステーションなどを用いて、2点間の鉛直角（傾斜角）と斜距離又は水平距離を測定し、計算により高低差を求める。直接水準測量に比べて精度は落ちる。

- [ ] **平板測量** よく出る ：平板測量機器を用いて現地で距離・角度・高低差を測量し、平板上で直接作図する方法。最近では電子平板などを用いた平板測量のデジタル化も進んでいる。

- [ ] **スタジア測量**：レベルと標尺を使用し、簡易的に水平距離を求める間接測量法。

- [ ] **GNSS測量**：複数の人工衛星からの電波信号の到達時間差を用いて位置を決定する衛星測位システムを利用した測量をいう。GPS測量もこのひとつである。距離測量、角測量、水準測量などに対応が可能である。

- [ ] **ドローン（UAV）測量**：UAV（無人航空機）を利用した測量方法。空中写真測量やレーザー測量などがある。国土交通省が2015年に表明した「アイ・コンストラクション」（ICT（通信情報技術）の**全面的な活用**を建設現場に導入することにより、**建設生産システム全体の生産性向上を図り、魅力ある建設現場を目指す取組み**）により、ドローンの活用の動きが加速している。

例題

令和元年　午前　No.16

水準測量に関する記述として、**最も不適当なもの**はどれか。

1. 直接水準測量は、レベルと標尺を用いて、既知の基準点から順に次の点への高低を測定して、必要な地点の標高を求める測量である。
2. 間接水準測量は、計算によって高低差を求める測量方法であり、鉛直角と水平距離を用いる三角高低測量などがある。
3. 公共測量における直接水準測量では、レベルは視準距離を等しくし、できる限り両標尺を結ぶ直線上に設置して、往復観測とする。
4. 直接水準測量において、標尺は両手で支えて目盛を隠さないように持ち、左右にゆっくり動かして最大の値を読み取る。

解答 4

解説 標尺は、前後にゆっくり動かし、最小の値を読み取る。

> ▶▶ パパっとまとめ
> 電気設備については、電圧区分、配電方式、配線方式、接地工事についての出題が多く、これらを主に整理する。また、避雷設備、照明設備についてもここで整理する。

電圧区分 よく出る

主に、低圧は一般住宅、高圧・特別高圧は大量の電力が必要となる大規模工場などで用いられる。

☐ 電圧区分

区分	低圧	高圧	特別高圧
直流	750V 以下	750V を超え 7,000V 以下	7,000V を超える
交流	600V 以下	600V を超え 7,000V 以下	

配電方式 よく出る

☐ **単相**：主に一般住宅などで用いられる。単相 2 線式 100V 又は単相 3 線式 100/200V などの配線がよく使用される。

☐ **三相**：電流あるいは電圧の位相を互いにずらした 3 系統の単相を組み合わせた送電方法である。ビル・工場等の動力幹線などには三相 3 線式 200V、特別高圧受電を行うような大規模ビルなどでは三相 4 線式 240V/415V などが用いられる。

配線方式 よく出る

☐ **ビニル電線（IV）**：地中電線路には、ビニル電線を用いてはならない。

☐ **金属管**：外圧に耐えうる。低圧屋内配線のために金属管をコンクリートに埋め込む場合は、その厚さは、規定値（1.2mm）以上とする。

☐ **合成樹脂管**：耐食性、絶縁性に優れる。VE 管、CD 管、PF 管がある。CD 管と PF 管は合成樹脂製可とう電線管である。CD 管は、非耐熱性であるためコンクリートに埋設して使用されるが、PF 管は耐熱性（自己消化性）があり、屋内隠ぺい配管に用いることができる。

□ **電線の接続**：金属管内、金属製可とう電線管内、合成樹脂管内では、電線に接続点を設けてはならない。

□ **バスダクト**：銅やアルミニウムを導体とし、外側を絶縁物で覆った部材で、主に電流の容量の大きい幹線などに用いられる。

□ **フロアダクト**：一般に、使用電圧 300V 以下の屋内の床埋込み配線に用いられる。

□ **ライティングダクト**：店舗や美術館などの照明用に多く用いられる。壁や天井に設けられるが、壁や天井を貫通して設置してはならない。

□ **セルラダクト**：床版の構造体 (デッキプレート) の溝にカバーを付け、その空間を利用して配線する方式。

□ **接地（アース）工事**：漏電による感電や火災の防止、機器の保護などを目的に、異常電流や電圧を大地に流す電気設備を接地 (アース) という。低圧屋内配線の使用電圧が 300V を超える場合の金属製の電線接続箱やケーブルラックに使用する金属部分には接地工事を行わなければならない。

□ **接地工事の種類**

種別	機械器具の区分
A 種接地工事	高圧用、特別高圧用の機械器具の鉄台、金属製外箱など
B 種接地工事	高圧、特別高圧の電路と低圧電路とを結合する変圧器の低圧側の中性点
C 種接地工事	300V を超える低圧用の機械器具の鉄台、金属製外箱など
D 種接地工事	300V 以下の低圧用の機械器具の鉄台、金属製外箱など

避雷設備

□ **避雷設備が必要となる建築物**：高さ 20m を超える建築物、指定数量の 10 倍以上の危険物を貯蔵する倉庫には、原則として避雷設備を設けなければならない。

□ **保護レベル**：受雷部は、保護しようする建築物の種類、重要度等に応じて定められた 4 段階の保護レベルに応じて配置しなければならない。

□ **引下げ導線**：保護対象物の頂部から接地極までのほぼ鉛直な部分を引下げ導線という。鉄骨造の鉄骨や鉄筋コンクリート造の鉄筋は、引下げ導線として利用することができる。

照明設備

☐ **白熱電球**：ガラス球内のフィラメントに電流を流し、発熱・発光するしくみのランプである。消費電力が高く寿命も短い。

☐ **蛍光ランプ**：放電によって発生した紫外線が、ガラス管内側の蛍光体に当たって発光するしくみのランプ。白熱電球に比べると高効率、長寿命である。

☐ **LED照明**：発光ダイオードを使用した照明である。消費電力が小さい、長寿命、高輝度、熱線や紫外線の少なさなどの特徴がある。演色性に劣ると言われてきたが、高演色性のLEDも開発されている。一般住宅、事務所、屋外照明など広範囲に使用されている。

☐ **ハロゲン電球**：電球内に、不活性ガスと微量のハロゲンガスを封入した白熱電球の一種。輝度や演色性が高く、商業施設用、舞台照明用などに使用される。通常の白熱電球に比べて寿命も長い。

☐ **水銀ランプ**：電球内の水銀蒸気中の放電による発光を利用したランプである。体育館などの高天井の建物や街灯などの屋外照明に使用されてきた。一般照明用の高圧水銀ランプについては、製造、輸出又は輸入が2021年から禁止となった。

☐ **メタルハライドランプ**：高圧水銀ランプに金属のハロゲン化物を添加封入した放電ランプである。演色性に優れ、屋内外のスポーツ施設、商業施設などの照明に使用される。

例題   令和元年　午前　No.17

　電気設備に関する記述として、**最も不適当なもの**はどれか。

1.　ビニル電線（IV）は、地中電線路に用いることができる。
2.　低圧屋内配線のための金属管は、規定値未満の厚さのものをコンクリートに埋め込んではならない。
3.　合成樹脂製可とう電線管のうちPF管は、自己消火性があり、屋内隠ぺい配管に用いることができる。
4.　合成樹脂管内、金属管内及び金属製可とう電線管内では、電線に接続点を設けてはならない。

解答 1
解説 ビニル電線（IV）は、地中電線路に用いてはならない。

▶▶
パパっとまとめ

空気の温度、湿度、空気清浄度、気流などの室内環境を調節する設備である。熱源の設置場所により「中央熱源方式（セントラルシステム）」と「個別分散熱源方式」に分類され、また、熱の輸送の仕方によって「全空気方式」「水方式」「空気・水方式」「冷媒方式」等に分類される。

全空気方式

☐ **全空気方式**：機械室でつくった温冷風を送風する方式

☐ **単一ダクト方式** よく出る：空調機で調整した温風・冷風をダクトで各室に送る方式。定風量方式と変風量方式がある。定風量方式（CAV 方式）は一定の風量で、送風温度を変化させて室温を調整する。部屋ごとの個別制御はできない。変風量方式（VAV 方式）は風量を変えて室温を調整する。末端に変風量ユニットを設置。個別制御が可能である。

☐ **二重ダクト方式** よく出る：温風と冷風を別の 2 系統のダクトで送風し、末端の混合ボックスで熱負荷に応じて混合し各部屋などに送風する。個別制御が可能である。

水方式

☐ **水方式**：中央の機械室で温冷水をつくり循環ポンプで送水し、空気と熱交換させる方式

☐ **ファンコイルユニット方式** よく出る：ファン（送風機）とコイル（熱交換器）などをユニット化したファンコイルユニット（空調機）を各室などに置いて、機械室から送られてきた温水・冷水と熱交換する方式。個別の空調制御が可能である。外気の取込みのため、別途換気設備が必要である。また、この方式では送水管と環水管が必要となり、2 管式配管、4 管式配管がある。

☐ **2 管式配管** よく出る：冷温水の配管が、送水管と環水管各 1 本、計 2 本の配管方式。冷水と温水を切り替えて使用するため、冷暖房同時運転はできない。

□ 4 管式配管 **よく出る**：冷水用、温水用の送水管と環水管をそれぞれに計 4 管配管する方式。冷暖房同時運転が可能であり、2 管式配管に比べ、室内環境の制御性に優れている。

空気・水方式

□ **空気・水方式**：熱輸送に水と空気とを併用する方式。

□ **ダクト併用ファンコイルユニット方式**：ファンコイルユニット方式による空調と、ダクトの使用による外気の取入れを併用して行う方式。個別の空調制御が可能である。

冷媒方式

□ **冷媒方式**：冷媒ガスを用いて熱交換を行う方式。

□ **パッケージユニット方式** **よく出る**：冷凍機、送風機、制御機器などを一体化したパッケージユニットを各空調区域や各室などに設置して空調を行う方式。個別分散熱源方式となる。一般に、冷暖房可能なヒートポンプ方式が採用される。ユニットごとの制御が可能であるが、セントラルシステムに比較して保守管理に手間を要する。

例題

平成 28 年　午前　No.18　改題

空気調和設備に関する記述として、**最も不適当なもの**はどれか。

1. 単一ダクト方式における CAV 方式は、インテリアゾーンやペリメータゾーンなど各ゾーンの負荷変動に応じて吹出し風量を変化させる方式である。
2. 二重ダクト方式は、2 系統のダクトで温冷風を送風し、混合ユニットにより熱負荷に応じて混合量を調整して吹き出す方式である。
3. ファンコイルユニット方式の 4 管式配管は、2 管式に比べてゾーンごとに冷暖房同時運転が可能で、室内環境の制御性に優れている。
4. 空気調和機は、一般にエアフィルタ、空気冷却器、空気加熱器、加湿器及び送風機で構成される。

解答 1

解説 CAV 方式とは定風量方式のことで、一定の風量で、送風温度を変化させて室温を調整する。インテリアゾーンとは、室内の中央部分で、日差しや外気の影響を受けにくく、空調の効果が大きいエリアをいい、これに対し窓際などの外気の影響を受けやすいエリアをペリメータゾーンという。

5 給排水設備

▶▶ **パパっとまとめ**

給排水設備においては、上水道からの給水方式や屋内排水のしくみ（排水トラップや通気管など）について整理する。

直結給水方式 よく出る

水道本管や引込み管から直結する給水方式。

☐ **水道直結直圧方式**：水道本管から水圧のみで建物内に直接給水する方式。通常、3階建てまでの建物に用いる。

☐ **水道直結増圧方式**：水道本管から分岐した水道引込み管に増圧給水装置を接続し、水圧を高めて各所に給水する方式。通常、4階建て以上の中規模マンションなどに用いられる。

受水槽方式 よく出る

受水槽を使用する給水方式。

☐ **高置水槽方式**：水道本管からの水を受水槽に貯水し、揚水ポンプで屋上などに設置した高置水槽に送水、そこから重力により給水する方式。大型マンションなどで多く用いられる。

☐ **ポンプ直送方式**：水道本管からの水を受水槽に貯水し、そこから加圧ポンプにより直接給水する方式。

☐ **圧力水槽方式**：受水槽に貯留した水をポンプで圧力水槽に送り、圧力水槽内の空気を加圧して各所に給水する方式。

給水設備

☐ **受水槽**：受水槽の構造体は、建築物と兼用しない。さらに、保守点検作業を容易に行うため、受水槽周囲に点検空間（側面・下部は60cm以上、マンホールのある上部は100cm以上）を確保する必要がある。また、マンホールは内径60cm以上とする。

☐ **ウォーターハンマー**：給水配管内の水流が急に停止したとき、振動や衝撃音が生じる現象。配管の曲がりが多く、角度が急な場合などに発生しやすくなる。エアチャンバーなどの水撃防止装置により軽減できる。

□ **クロスコネクション**：給水管と他の水（井戸水・工業用水・設備用水等）とが直接連結されていることである。水道管への逆流を防ぐため禁止されている。

□ **屋内の横走り排水管の最小勾配**

呼び径	勾配	呼び径	勾配
65 以下	1/50 以上	125	1/150 以上
75、100	1/100 以上	150 以上	1/200 以上

屋内排水設備

□ **排水トラップ** よく出る：排水管の一部に水を溜め（封水という）、悪臭やガスが逆流し屋内へ侵入するのを防ぐ装置のこと。害虫等の侵入も防止できる。封水深は、阻集器（ごみなどを除去し、その後水のみを排出する設備）を兼ねるものを除き、5〜10cm とする。

□ **通気管**：排水管内の圧力を調整し、サイホン作用による排水トラップの封水切れ（破封）を防ぐために設ける配管のこと。

例題

令和3年 午前 No.18

給水設備の給水方式に関する記述として、**最も不適当なもの**はどれか。
1. 高置水槽方式は、一度受水槽に貯留した水をポンプで建物高所の高置水槽に揚水し、高置水槽からは重力によって各所に給水する方式である。
2. 圧力水槽方式は、受水槽の水をポンプで圧力水槽に送水し、圧力水槽内の空気を加圧して、その圧力によって各所に給水する方式である。
3. ポンプ直送方式は、水道本管から分岐した水道引込み管にポンプを直結し、各所に給水する方式である。
4. 水道直結直圧方式は、水道本管から分岐した水道引込み管より直接各所に給水する方式である。

解答 3
解説 ポンプ直送方式は、水道本管からの水を受水槽に貯水し、そこから加圧ポンプにより直接給水する方式。

▶▶ パパっとまとめ

防災設備には、「消火設備」「警報設備」「避難設備」などがある
が、消火設備の出題頻度が高い。

消火設備 よく出る

☐ 屋内消火栓設備：建物の内部に設置し、在住者などがホースやノズ
ルを操作して注水し冷却効果により消火する設備。

☐ スプリンクラー：天井などに設置され、ヘッド（末端の散水口の部
分）から自動的に放水を行う消火設備。

ヘッドの種類	概要
閉鎖型ヘッド	常時は閉じている放水口が火災時の熱を感知し開放され、流水検知装置が作動して放水する。
開放型ヘッド	放水口が常に解放されていて、火災感知器が作動するとその信号により該当区域の一斉開放弁が開き放水される。
放水型ヘッド	天井までの高さが 10m を超える部分（可燃物が大量に存し、消火困難と認められる部分は 6 mを超える部分）に設ける。

☐ 水噴霧消火設備：微細な霧状の水による冷却効果、窒息効果などに
よる消火設備。指定可燃物貯留所や駐車場などに設置される。

☐ **泡消火設備**：界面活性剤などを用い、泡による窒息効果や冷却効果に
より消火する設備。低引火点の油類による火災の消火に適している。

☐ **粉末消火設備**：粉末消化剤による負触媒効果、窒息効果により消化す
る。凍結しないため寒冷地に適している。また、即効的に消化できる
ため、引火性・延焼性が高い駐車場、ボイラー室などに使用される。

☐ **不活性ガス消火装置**：二酸化炭素やイナートガスなどによる冷却効
果、窒息効果により消化する。消化剤による汚染がなく、電気絶縁
性も高く、博物館の貯蔵庫や電気室などに適している。

☐ **連結散水装置**：地階などの消化活動が困難な場所に散水ヘッドを設
置し、地上階の送水口からポンプ車などで送水し消火する。

☐ **連結送水管**：高層階などで、ポンプ車などから送水口を通じて送水
し、消防隊が放水口にホースを接続して消火活動を行う設備。

警報設備

☐ **自動火災警報器**：自動的に火災発生を感知し、火災信号を発信する。

☐ **ガス漏れ警報器**：ガス漏れや不完全燃焼等による CO（一酸化炭素）を感知し警報を発するもの。

☐ **非常警報設備**：非常ベルなど人間が操作をして、ベルやブザーを鳴らす装置。非常用放送設備もこれに含まれる。

避難設備

種類	概要
☐ 避難口誘導灯	避難口の位置を明示するため避難口の上部等に設ける誘導灯。
☐ 通路誘導灯	廊下や階段に設置し、避難口（非常出口）の方向を示す誘導灯。
☐ 客席誘導灯	劇場や映画館などで、避難上必要な床面照度の確保を主な目的に、客席の足元などに設ける誘導灯。
☐ 非常用照明 （非常灯）	火災などの災害時に停電した場合に自動的に点灯し、避難上必要な床面照度を確保する照明設備。

例題

令和2年　午前　No.19

消火設備に関する記述として、**最も不適当なもの**はどれか。

1. 屋内消火栓設備は、建物内部に設置し、人がノズルを手に持ち、火点に向けてノズルより注水を行い、冷却効果により消火するものである。
2. 閉鎖型ヘッドのスプリンクラー消火設備は、火災による煙を感知したスプリンクラーヘッドが自動的に開き、散水して消火するものである。
3. 泡消火設備は、特に低引火点の油類による火災の消火に適し、主として泡による窒息作用により消火するものである。
4. 連結散水設備は、散水ヘッドを消火活動が困難な場所に設置し、地上階の連結送水口を通じて消防車から送水して消火するものである。

解答 2

解説 閉鎖型は、火災の熱を感知し流水検知装置が作動して放水する。

▶▶
<u>パパっとまとめ</u>

建築物に設ける昇降設備として、エレベーターとエスカレーターについて整理する。「建築設備設計基準」においては、「搬送設備」として示されている。

エレベーターの留意事項

☐ **最大定員の明示** `よく出る` ：乗用エレベーターには、1人当たりの体重を 65kg として計算した最大定員を明示した標識を掲示する。

☐ **かごのクリアランス** `よく出る` ：出入口の床先とかごの床先との水平距離は、4cm 以下とする。また、乗用エレベーターのかごの床先と昇降路壁との水平距離は、12.5cm 以下とすること。

☐ **非常用の開口部**：非常の場合において、かご内の人を安全にかご外に救出することができる開口部をかごの天井部に設けること。

☐ **昇降路**：かごが昇降する部分を昇降路という。昇降路内には、必要な配管等を除き突出物を設けないこと。

☐ **群管理方式**：エレベーターを複数台まとめた群としての運転操作方式で、大規模な建築物での効率的な運転管理に適している。

☐ **非常用エレベーター**：火災時に消防隊が消火作業・救出作業等に用いるものであるが、平常時における乗用などの利用も考慮して設置する。建築基準法で、高さ 31m を超える建築物には設置が義務づけられている。その他以下のような規定がある。

• 消火作業に必要な、かごや出入口、昇降ロビーの寸法・面積の確保
• ドアが開いた状態でも運転できること
• すぐに使用できるよう非常呼び戻し運転ボタンの設置
• 非常用エレベーターである旨の表示

エレベーターの管制運転

☐ **地震時管制運転**：地震発生時に、乗客の早期脱出や二次災害の防止を目的とし、地震感知器の作動により避難階に帰着させるもの。

☐ **火災時管制運転**：火災発生時に、エレベーター（非常用エレベーターを除く）における二次災害を防ぎ、避難階に帰着させるもの。

☐ **停電時管制運転（自家発時管制運転）**：停電時、乗客の早期救出などを目的とし、自家発電源で避難階や最寄り階に帰着させるもの。

☐ **停電時管制運転（停電時自動着床装置）**：停電時、乗客がエレベーター内に閉じ込められないことを目的とし、エレベーターに設置されたバッテリーを用い最寄り階に帰着させるもの。

☐ **浸水時管制運転**：着床階が地盤面よりも下にある場合、洪水等で浸水するおそれがあるとき、避難階にエレベーターを帰着させるもの。

エスカレーターの留意点

☐ **勾配**：原則、30 度以下とするが、特殊な条件の下で最大 35 度まで緩和される。

☐ **定格速度**：勾配 8 度以下：50m/ 分以下、勾配 8 度超え 30 度以下：45m/ 分以下、30 度超え 35 度以下：30m/ 分以下

☐ **踏段と手すり**：踏段の幅は、1.1m 以下とし、両側に手すりを設けなければならない。

☐ **踏段の隙間**：踏段と踏段のすき間、踏段側部とスカートガードのすき間は、5mm 以下とすること。

例題　　　　　　　　　　　　　　　　　令和 3 年　午前　No.19　改題

　昇降設備に関する記述として、**最も不適当なもの**はどれか。

1. 乗用エレベーターには、1 人当たりの体重を 65kg として計算した最大定員を明示した標識を掲示する。
2. 乗用エレベーターの昇降路の出入口の床先とかごの床先との水平距離は、4cm 以下とする。
3. エスカレーターの踏段と踏段の隙間は、原則として 5mm 以下とする。
4. エスカレーターの勾配が 8° を超え 30° 以下の踏段の定格速度は、毎分 50m とする。

解答　4

解説　勾配が 8° を超え 30° 以下の踏段の定格速度は、毎分 45m とする。

☐ 土砂量：地山数量とし、掘削による増加、締固めによる減少は考慮しない。

☐ コンクリート数量：鉄筋及び小口径管類によるコンクリートの欠除はないものとする。

☐ コンクリート数量：鉄骨によるコンクリートの欠除は、鉄骨の設計数量について 7.85t を 1.0m³ として換算した体積を欠除とする。

☐ 鉄筋数量：ガス圧接継手の加工のための鉄筋の長さの変化はないものとする。

☐ 鉄筋数量：フープ（帯筋）、スターラップ（あばら筋）の長さは、それぞれ柱、基礎梁、梁及び壁梁のコンクリートの断面の設計寸法による周長を鉄筋の長さとし、フックはないものとする。

☐ 鉄筋数量：基礎、柱、梁、床板、壁等の先端で止まる鉄筋は、コンクリートの設計寸法をその部分の鉄筋の長さとし、これに設計図書等で指定された場合はフックの長さを加える。

☐ 溶接数量：原則として種類に区分し、溶接断面形状ごとに長さを求め、すみ肉溶接脚長 6mm に換算した延べ長さとする。

☐ 0.5m² 以下の欠除：コンクリート、鉄筋、仕上げなどの開口部及び器具類による欠除が 1 か所当たり 0.5m² 以下のときは、その欠除は原則としてないものとする。

例題 1

数量積算に関する記述として、「公共建築数量積算基準（国土交通省制定）」上、**誤っているもの**はどれか。

1. 鉄骨鉄筋コンクリート造のコンクリートの数量は、コンクリート中の鉄骨と鉄筋の体積分を差し引いたものとする。
2. フープ（帯筋）の長さは、柱のコンクリート断面の設計寸法による周長を鉄筋の長さとする。
3. 鉄骨の溶接長さは、種類に区分し、溶接断面形状ごとに長さを求め、すみ肉溶接脚長 6mm に換算した延べ長さとする。
4. 設備器具類による各部分の仕上げの欠除が、1か所当たり 0.5m^2 以下の場合、その欠除は原則としてないものとする。

解答 1

解説 鉄骨の体積分は差し引くが、鉄筋の体積分は差し引かない。

例題 2

数量積算に関する記述として「公共建築数量積算基準（国土交通省制定）」**正しいもの**はどれか。

1. 根切り又は埋戻しの土砂量は、地山数量に掘削による増加、締固めによる減少を見込んで算出する。
2. 鉄筋コンクリート造のコンクリート数量は、鉄筋及び小口径管類によるコンクリートの欠除を見込んで算出する。
3. 鉄骨鉄筋コンクリート造のコンクリート数量は、コンクリート中の鉄骨及び鉄筋の体積分を差し引いて算出する。
4. 鉄筋の数量は、ガス圧接継手の加工による鉄筋の長さの変化はないものとして算出する。

解答 4

解説 1. 土砂量は地山数量とし、掘削による増加、締固めによる減少は考慮しない。
2. 鉄筋及び小口径管類によるコンクリートの欠除はないものとする。
3. 鉄骨によるコンクリートの欠除は、鉄骨の設計数量について 7.85t を 1.0m^3 として換算した体積とする。また、鉄筋による欠徐はないものとする。

9 公共工事標準請負契約約款

> ▶▶ パパっとまとめ
>
> 公共工事標準請負契約約款は、公共工事用として、国の機関、地方公共団体等のいわゆる公共発注者が主に用いるもので、発注者と受注者当事者間の具体的な権利義務の内容を定めている。

公共工事標準請負契約約款

- [ ] 設計図書とは、図面、仕様書、現場説明書及び現場説明に対する質問回答書をいう。

- [ ] 現場代理人は、契約の履行に関し、工事現場に原則として常駐し、その運営、取締りを行うほか、請負代金額の変更及び契約の解除に係る権限を除き、この契約に基づく受注者の一切の権限を行使することができる。

- [ ] 受注者は、検査の結果不合格と決定された工事材料については、所定の期日以内に工事現場外に搬出しなければならない。

- [ ] 発注者は、工事用地その他設計図書において定められた工事の施工上必要な用地を、受注者が工事の施工上必要とする日までに確保しなければならない。

- [ ] 監督員は、工事の施工部分が設計図書に適合しないと認められる相当 の理由がある場合において、必要があると認められるときは、当該相当の理由を受注者に通知して、工事の施工部分を最小限度破壊して検査することができる。

- [ ] 受注者は、工事の施工に当たり、次のいずれかに該当する事実を発見したときは、その旨を直ちに監督員に通知し、その確認を請求しなければならない。

- 図面、仕様書、現場説明書及び現場説明に対する質問回答書が一致しないこと（これらの 優先順位が定められている場合を除く）。
- 設計図書に誤謬又は脱漏があること。
- 設計図書の表示が明確でないこと。
- 設計図書に示された施工条件と実際の工事現場が一致しないこと。
- 設計図書で明示されていない施工条件について予期することのできない特別な状態が生じたこと。

□ 発注者が設計図書を変更した場合において、発注者は、必要がある と認められるときは工期若しくは請負代金額を変更し、又は受注者 に損害を及ぼしたときは必要な費用を負担しなければならない。

□ 工期の変更については、発注者と受注者とが協議して定める。ただ し、あらかじめ定められた期間内に協議が整わない場合には、発注 者が定め、受注者に通知する。

□ 発注者又は受注者は、工期内で請負契約締結の日から12月を経過 した後に賃金水準又は物価水準の変動により請負代金額が不適当と なったと認めたときは、相手方に対して請負代金額の変更を請求す ることができる。

□ 工事目的物の引渡し前に、工事目的物又は工事材料について生じた 損害その他工事の施工に関して生じた損害については、原則として 受注者がその費用を負担する。

□ 工事の施工に伴い通常避けることができない騒音、振動、地盤沈下、 地下水の断絶等の理由により第三者に損害を及ぼしたときは、発注 者がその損害を負担しなければならない。

□ 発注者は、引き渡された工事目的物が契約不適合であるときは、受 注者に対し、目的物の修補又は代替物の引渡しによる履行の追完と ともに損害の賠償を請求することができる。

□ 発注者は、受注者が次のいずれかに該当するときは相当の期間を定 めてその履行の催告をし、その期間内に履行がないときはこの契約 を解除することができる。

• 正当な理由なく、工事に着手すべき期日を過ぎても工事に着手しな いとき。

• 工期内に完成しないとき又は工期経過後相当の期間内に工事を完成 する見込みがないと認められるとき。

• 主任技術者若しくは監理技術者を設置しなかったとき。

建築設備

　　請負契約に関する記述として、「公共工事標準請負契約約款」上、正
しいものはどれか。

1.　設計図書とは、設計図及び仕様書をいい、現場説明書及び現場説
　　明に対する質問回答書は含まない

2.　検査の結果不合格と決定された工事材料は、受注者が所定の期日
　　以内に工事現場外に搬出しなければならない。

3.　受注者は、発注者が設計図書を変更したために請負代金額が 1/3
　　以上減少したときは、契約を解除することができる。

4.　発注者又は受注者は、工期内で請負契約締結の日から 6 月を経過
　　した後に、賃金水準又は物価水準の変動により請負代金額が不適当
　　となったと認めたときは、相手方に対して請負代金額の変更を請求
　　することができる。

解答　2

解説　1. 設計図書には、現場説明書及び現場説明に対する質問回答書が含
まれる。（公共工事標準請負契約約款第 1 条第 1 項）

3. 発注者に対して、契約の解除ではなく、工期若しくは請負代金額の変更、又
は受注者に損害を及ぼしたときは必要な費用の負担を求めることができる。
（公共工事標準請負契約約款第 19 条）

4. 賃金又は物価の変動に基づく請負代金額の変更は、工期内で請負契約締結
の日から 12 月を経過した後に判断し請求することができる。（公共工事標準
請負契約約款第 26 条第 1 項）

　請負契約に関する記述として、「公共工事標準請負契約約款」上、**誤っているもの**はどれか。

1. 受注者は、工事の施工に当たり、設計図書に示された施工条件と実際の工事現場が一致しないことを発見したときは、その旨を直ちに監督員に通知し、その確認を請求しなければならない。
2. 発注者は、受注者が契約図書に定める主任技術者若しくは監理技術者を設置しなかったときは、契約を解除することができる。
3. 工事の施工に伴い通常避けることができない騒音、振動、地盤沈下、地下水の断絶等の理由により第三者に損害を及ぼしたときは、原則として、発注者がその損害を負担しなければならない。
4. 現場代理人は、契約の履行に関し、工事現場に原則として常駐し、その運営、取締りを行うほか、請負代金額の変更及び契約の解除に係る権限を行使することができる。

解答　4

解説　現場代理人には、請負代金額の変更、請負代金の請求及び受領、この契約の解除に係る権限はない。(公共工事標準請負契約約款第 10 条第 2 項)

5

建築設備

6

第6章

躯体工事

▶▶ パパっとまとめ

> 建設工事における仮設工としては、準備段階としての測量調査、地盤調査、土質試験及び建設段階としての乗入れ構台・荷受け構台等が含まれる。

測量調査

☐ 距離の測定：鋼製巻尺（JIS B 7512）を使用し、同じ精度を有する巻尺を2本用意し、1本は基準巻尺として保管する。

☐ 高さの測定に用いるベンチマークは、正確に設置し、移動しないように周囲を囲う。

☐ 高さの基準点は、見通しを考慮してどの位置からも随時、確認できるように2箇所以上設置する。

☐ 鉄筋コンクリート造では、躯体工事用の各階ごとの基準高さは、1階の基準高さから確認する。

地盤調査 よく出る

☐ 標準貫入試験：重さ63.5kgのハンマーにより、30cm打ち込むのに要する打撃回数をN値として表す。

☐ N値からは、砂質土における変形係数、粘性土におけるコンシステンシー、一軸圧縮強度が推定できる。

☐ 平板載荷試験：直径30cmの載荷板に荷重をかけ、時間と沈下量の関係を求め、地盤反力係数Kで表す。

☐ スウェーデン式サウンディング：6種の荷重を与え、人力によるロッド回転の貫入量に対応する半回転数を測定し、支持力特性値Wsw、Nswで表す。装置、操作が容易で小規模建物の地盤調査に用いられる。

土質試験 よく出る

☐ 室内試験：原位置試験やサウンディングのみで土の性質を明らかにすることができない場合、採取した試料を持ち帰り試験室で試験するものをいう。

□ 室内試験の名称と結果、その利用方法

試験の名称	得られる値	利用方法
含水比試験	含水比 w	盛土の締固め管理
土粒子の密度試験	土粒子の密度 ρw	盛土の締固め管理
砂の相対密度試験	相対密度 Dr	砂の液状化判定
粒度試験	均等係数 Uc	土の分類、粒度特性
液性限界試験	液性限界 wL	細粒土の安定、土の分類
塑性限界試験	塑性限界 wP	細粒土の安定、土の分類
一軸圧縮試験	一軸圧縮強さ qu	主に粘性土の支持力
三軸圧縮試験	粘着力 C、内部摩擦角 ϕ	主に粘性土の支持力
直接せん断試験	粘着力 C、内部摩擦角 ϕ	斜面の安定
締固め試験	最適含水比 wopt 最大乾燥密度 ρ dmax	盛土締固め管理
圧密試験	圧密係数 C_v	粘性土の沈下量、圧密時間
室内透水試験	透水係数 k	透水量の算定

乗入れ構台 よく出る

□ **乗入れ構台**：狭い工事現場における鉄骨製の仮設設備（作業構台）の
ことで、地下工事などの現場内への建設機械の乗り入れ用として設
置される。計画にあたり、生コン車の往来、重機配置、トラック・ダ
ンプの搬出入などに適する乗入れ構台の幅、強度等が確保されてい
るかを検討する必要がある。

□ 構台の支柱の位置は、地下構造図を参考にして躯体の柱、梁及び壁
を避けて配置し、間隔は 3～6 m程度とする。

□ 構台の幅は、施工機械、車両の使用状況に応じて決める。

□ 構台の大引材や根太材の構造計算は、強度検討のほかに、たわみ量
についても検討する。

□ 構台の幅が狭いときは、交差部に、車両が曲がるための隅切りを設
ける。2 車線とする場合は、乗入れ構台の幅を 6～8 m とする。

□ 乗入れ構台の高さは、大引下端を 1 階スラブ上端より 20～30 cm
上になるようにする。

□ 乗込みスロープの勾配は、一般に 1／10～1／6 程度にする。

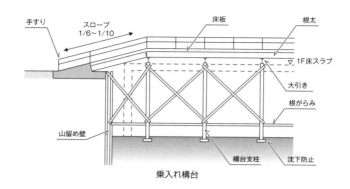

手すり
スロープ 1/6〜1/10
床板
根太
1F床スラブ
大引き
根がらみ
山留め壁
構台支柱
沈下防止

乗入れ構台

荷受け構台 よく出る

□ 荷受け構台：材料を各フロアへ搬入出するために足場上などへ設置するステージのことであり、形状としては、足場からの張り出し式と、地上から組立てる方式の2つのパターンが一般的である。

□ 荷受け構台は、積載荷重の偏りを検討する必要があり、構台全スパンの60%にわたって荷重が分布するものとして検討する。

□ 作業荷重は自重と積載荷重の合計の10%とする。

□ 壁つなぎの補強及び飛来防止の検討を行う。

例題 1

平成29年 午前 No.16

測量に関する記述として、**最も不適当なもの**はどれか。
1. 平板測量は、アリダードと箱尺で測量した結果を、平板上で直接作図していく方法である。
2. 公共測量における水準測量は、レベルを標尺間の中央に置き、往復観測とする。
3. 距離測量は、巻尺、光波測距儀、GPS受信機などを用いて行う。
4. 公共測量における水準点は、正確な高さの値が必要な工事での測量基準として用いられ、東京湾の平均海面を基準としている。

解答 1

解説 平板測量は、アリダードを用いて方向を決め、巻尺で距離測量した結果を、三脚で取り付けた平板上に直接作図する方法である。箱尺は用いない。

例題2

令和元年　午前　No.22

土質試験に関する記述として、**最も不適当なもの**はどれか。
1. 粒度試験により、細粒分含有率等の粒度特性を求めることができる。
2. 液性限界試験及び塑性限界試験により、土の物理的性質の推定や塑性図を用いた土の分類をすることができる。
3. 三軸圧縮試験により、粘性土のせん断強度を求めることができる。
4. 圧密試験により、砂質土の沈下特性を求めることができる。

解答 4

解説 圧密試験は地盤の沈下を解析するために、粘性土に荷重を加え、必要な沈下特性（沈下量と沈下速度）を測定する試験である。

例題3

平成29年　午前　No.22

地盤調査及び土質試験に関する記述として、**最も不適当なもの**はどれか。
1. 孔内水平載荷試験により、地盤の強度及び変形特性を求めることができる。
2. 一軸圧縮試験により、砂質土の強度と剛性を求めることができる。
3. 原位置での透水試験は、地盤に人工的に水位差を発生させ、水位の回復状況により透水係数を求めるために行う。
4. 圧密試験は、粘性土地盤の沈下特性を把握するために行う。

解答 2

解説 一軸圧縮試験は、主として乱さない粘性土を対象として一軸圧縮強さを求める試験法で、自立する供試体に対して拘束圧が作用しない状態で試験を行う。

6

躯体工事

例題4

乗入れ構台の計画に関する記述として、**最も不適当なもの**はどれか。

1. 乗入れ構台の支柱と山留めの切梁支柱は、荷重に対する安全性を確認したうえで兼用した。
2. 道路から乗入れ構台までの乗込みスロープは、勾配を1/8とした。
3. 幅が6mの乗入れ構台の交差部は、使用する施工機械や車両の通行の安全性を高めるため、隅切りを設置した。
4. 乗入れ構台の支柱は、使用する施工機械や車両の配置によって、位置を決めた。

解答 4

解説 乗入れ構台の支柱の位置は、基礎梁、柱、梁等の位置と重ならないように、地下構造図と重ね合わせるなどして配置して決める。

例題5

乗入れ構台及び荷受け構台の計画に関する記述として、**最も不適当なもの**はどれか。

1. 乗入れ構台の支柱の位置は、基礎、柱、梁及び耐力壁を避け、5m間隔とした。
2. 乗入れ構台の高さは、大引下端が床スラブ上端より30cm上になるようにした。
3. 荷受け構台の作業荷重は、自重と積載荷重の合計の5%とした。
4. 荷受け構台への積載荷重の偏りは、構台全スパンの60%にわたって荷重が分布するものとした。

解答 3

解説 荷受け構台の作業荷重は、自重と積載荷重の合計の10%として、構造計算を行う。

▶▶ パパっとまとめ

建築工事における掘削工事は、「根切り工事」といい、掘削する壁面が崩壊するおそれのあるときは、山留め工事を行う。
掘削、埋戻し、締固め等の土工事は基本的には建設機械を使用し、掘削時に生じる地下水対策も必要となる。

根切り工事　よく出る

根切りの標準的な工程：根切り墨出し → 重機搬入 → 根切り → 横矢板板入れ → 残土処分 → 排水処理 → 床付け → 埋戻し

☐ 総掘り：地下室などの場合に、建物全面を掘ることで、外型枠が必要な場合は、山留めと躯体との間は 1 m 程度とする。

☐ つぼ掘り：独立基礎の場合に、角形や丸形に掘ること。

☐ 布掘り：地中梁や連続基礎の場合に、帯状に掘ることで、法尻と基礎の間は 300〜600 mm 程度を見込む。

☐ 法付けオープンカット：掘削区域の周辺に法面をとって、山留め壁や支保工なしで掘削する工法で、支保工などの障害がないので、施工効率がよい。法肩近くと法尻には側溝を設ける。

☐ 機械式掘削：通常の床付け面より 300〜500 mm の位置から手掘りにするか、バケットを平板状のものに換えて、床付け面を荒らさ

6
躯体工事

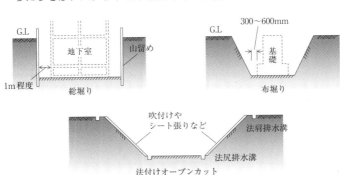

根切り工事

97

ないように掘削する。また、乱した場合は、礫や砂質土の場合は転圧により締固める。

山留め工 よく出る

山留め工の種類と特徴は以下のとおりである。

☐ 鋼矢板工法：鋼矢板を連続してかみ合わせて打設した後、内部掘削を行う方法で、深さ5m以下の地下水位の高い軟弱地盤に適している。

☐ 親杭横矢板工法：親杭にH形鋼等を打設し、掘削に伴い横矢板を入れていく工法で、深さ5m以下の地下水位の低い良質地盤に適している。

☐ 水平切梁工法：切梁を格子状に組み、交差部に棚杭を打設して面外座屈を防ぐ工法。腹起側には火打をとり、切梁間隔を広くすることが多い。

☐ アイランド工法：鋼矢板打込み後、山留め壁に接して法面を残し中央部を掘削し、構造物構築後に鋼矢板との間に切ばりをかける。根切り部分が広く浅い場合に適し、切ばりの長さも短くなる。

地下水処理工法

☐ 排水工法

土工事における排水工法は、主に重力排水と強制排水に分類される。

項目		内容
重力排水	釜場排水工法	掘削底面に湧水や雨水を1箇所に集めるための釜場を設け、ポンプで排水する。
	ディープウェル工法	掘削底面以下まで深井戸を掘り、鋼管を挿入し、重力で集まってきた水を、水中ポンプで排水する。
	暗渠排水工法	地中に砂利等の透水性材料を充填した排水路を設け、地下水を集めて排水する。
強制排水	ウェルポイント工法	ろ過網の付いた穴あき管を地中に挿入し、真空ポンプで強制的に吸水し、地下水を低下させる。
	深井戸真空工法	深井戸を掘り、気密性を保ったパイプを真空にして、周辺からの地下水を、水中ポンプで強制的に排水する。

☐ 止水工法：土のう積み、山留め壁、薬液注入などにより、作業箇所などへの地下水の流入を遮断する工法。

土工事における発生現象 よく出る

☐ **ヒービング**：掘削底面付近が軟弱な粘性土の場合、土留め背面土砂や上載荷重等により、掘削底面の隆起、土留め壁のはらみ、周辺地盤の沈下により、土留めの崩壊のおそれが生じる現象である。

☐ **ボイリング**：地下水位の高い砂質土地盤の掘削の場合、掘削面と背面側の水位差により、掘削面側の砂が噴き上がる状態となり、土留めの崩壊のおそれが生じる現象である。

☐ **盤ぶくれ**：掘削底面下方に被圧地下水を有する帯水層がある場合、被圧帯水層からの揚圧力によって、掘削底面の不透水性土層が持ち上げられる現象である。

☐ **クイックサンド**：粒径の細かい砂が、上向きの浸透流を受けて沸き立った液体のような状態になることである。

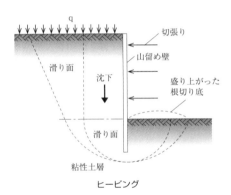

ヒービング

ボイリング

□ パイピング：山留め壁の表面近くなどの砂地盤中にパイプ状の水みちができて、砂混じりの水が噴出する現象。

建設機械（運搬機械）

□ ブルドーザーはトラクターに土工板を取り付けたもので、作業装置により、ストレートドーザー、レーキドーザー、リッパドーザー、スクレープドーザー等がある。また、接地圧の違いにより普通ブルドーザーと湿地ブルドーザーに分けられる。湿地・軟弱地盤などでは接地圧が小さい湿地ブルドーザーが用いられる。

□ ダンプトラックは、建設工事における資材や土砂の運搬に最も多く利用される。

建設機械（掘削機械）

□ バックホウ：バケットを手前に引く動作により、地盤より低い掘削に適しており、強い掘削力をもつ。

□ ショベル：バケットを前方に押す動作により、地盤より高いところの掘削に適する。

□ クラムシェル：開閉式のバケットを開いたまま垂直下方に降ろし、それを閉じることにより土砂をつかみ取るもので、深い基礎掘削や孔掘りに適する。最大掘削深さは40m程度で軟弱地盤に適する。

□ ドラグライン：ロープで懸垂された爪付きのバケットを落下させ、別のロープで手前に引寄せることにより土砂を掘削するもので、河川等の広くて浅い掘削に適する。

建設機械（締固め機械）

□ ロードローラー：静的圧力により締固めるもので、路床、路盤の締固めや盛土面の仕上げに適している。

□ タイヤローラー：空気圧の調節により各種土質に対応可能で、接地圧を高くすると砕石の締固めに、低くすると粘性土の締固めに適する。

□ 振動ローラー：振動により締固めるもので、粘性に乏しい砂利、砂質土に適する。

□ 振動コンパクタ：起振機を平板上に取付けたもので、狭い場所に適する。

例題 1

土工事に関する記述として、**最も不適当なもの**はどれか。

1. ヒービングとは、軟弱な粘性土地盤を掘削する際に、山留め壁の背面土のまわり込みにより掘削底面の土が盛り上がる現象をいう。
2. 盤ぶくれとは、掘削底面付近の砂地盤に上向きの水流が生じ、砂が持ち上げられ、掘削底面が破壊される現象をいう。
3. クイックサンドとは、砂質土のように透水性の大きい地盤で、地下水の上向きの浸透力が砂の水中での有効重量より大きくなり、砂粒子が水中で浮遊する状態をいう。
4. パイピングとは、水位差のある砂質地盤中にパイプ状の水みちができて、砂混じりの水が噴出する現象をいう。

解答　2

解説　**盤ぶくれ**とは、掘削底面下方に被圧地下水を有する帯水層がある場合、揚圧力によって、掘削底面の不透水性土層が**持ち上げられる現象**である。設問は**ボイリングの説明**である。

例題 2

地下水処理工法に関する記述として、**最も不適当なもの**はどれか。

1. 釜場工法は、根切り部への浸透水や雨水を根切り底面に設けた釜場に集め、ポンプで排水する工法である。
2. ウェルポイント工法は、透水性の高い粗砂層から低いシルト質細砂層までの地盤に用いられる。
3. ディープウェル工法は、透水性の低い粘性土地盤の地下水位を低下させる場合に用いられる。
4. 止水工法は、山留め壁や薬液注入などにより、掘削場内への地下水の流入を遮断する工法である。

解答　3

解説　ディープウェル工法は、掘削底面以下まで深井戸を掘り、鋼管を挿入し、重力で集まってきた水を、水中ポンプで排水する工法である。**砂層や砂礫層など、透水性の高い地盤で、排水量が多い場合に適している。**

平成30年　午前　No.22

土工事に関する記述として、**最も不適当なもの**はどれか。

1. 根切り底面下に被圧帯水層があり、盤ぶくれの発生が予測されたので、ディープウェル工法で地下水位を低下させた。
2. ボイリング対策として、周辺井戸の井戸枯れや軟弱層の圧密沈下を検討し、ディープウェル工法で地下水位を低下させた。
3. 床付け地盤が凍結したので、凍結した部分は良質土と置換した。
4. ヒービングの発生が予測されたので、ウェルポイントで掘削場内外の地下水位を低下させた。

解答 4

解説 ウェルポイントで掘削場内外の地下水位を低下させるのは、**砂質地盤におけるボイリング発生防止の対策**である。ヒービングは粘性土地盤で発生するものでウェルポイントは**ヒービングの発生防止には有効ではない**。

平成28年　午前　No.32

建設機械に関する記述として、**最も不適当なもの**はどれか。

1. クラムシェルは、垂直掘削深さが40m程度までの軟弱地盤の掘削に用いられる。
2. 最大混合容量4.5m³のトラックアジテータの最大積載時の総質量は、約20tである。
3. ブルドーザーの平均接地圧は、全装備質量が同程度の場合、普通ブルドーザーより湿地ブルドーザーの方が大きい。
4. 油圧式トラッククレーンのつり上げ性能は、アウトリガーを最大限に張り出し、ジブ長さを最短にし、ジブの傾斜角を最大にしたときにつり上げることができる最大の荷重で示す。

解答 3

解説 15t級ブルドーザーの場合、湿地ブルドーザーの接地圧は約22～43kgf/cm² であるのに対し、一般ブルドーザーは約50～60kgf/cm² である。湿地ブルドーザーの平均接地圧は、普通ブルドーザーより小さい。

3 | 場所打ち コンクリート杭地業

学習 /

> **パパっとまとめ**
> 場所打ちコンクリート杭の種類としては、リバースサーキュレーション工法、アースドリル工法、オールケーシング工法、深礎工法の4種類に代表される。

場所打ちコンクリート杭 よく出る

☐ 鉄筋かご：場所打ちコンクリート杭に配筋する鉄筋を事前に組み立てたもの。杭断面の円形に組み立てられ、主筋と帯筋は鉄線で結合する。

☐ 鉄筋かごのスペーサー：鉄筋かごには、かぶり厚さを確保するためにスペーサーを深さ方向に3〜5m間隔を目安として、最低1断面で4箇所以上取り付ける。一般に、帯鋼板（厚さ4.5mm×幅5.0mm程度）を用いる。ただし、オールケーシング工法の場合は、13mm以上の鉄筋を用いる。

リバースサーキュレーション工法

☐ 回転ビットにより土砂を掘削し、孔内水（泥水）を逆循環（リバース）する方式である。

☐ 外水位＋2m以上の孔内水位を保つことにより孔壁を保護する。

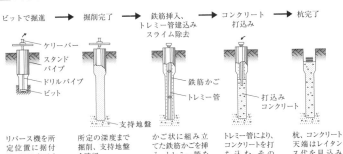

リバースサーキュレーション工法

6

躯体工事

103

□ 2次孔底処理は、一般にトレミー管を挿入しポンプにより掘りくず（スライム）を吸い上げて除去する。

アースドリル工法

□ 回転バケットにより土砂を掘削し、バケット内部の土砂を地上に排出する。

□ 安定液によって孔壁を保護するものとし、安定液の配合は、必要な造壁性があり、コンクリートとの置換を考慮して、できるだけ低粘性、低比重のものとする。また、地下水がなく孔壁が自立する地盤では、安定液を使用しないことができる。

□ 掘削深さの確認は、検測器具を用いて孔底の2か所以上で検側する。

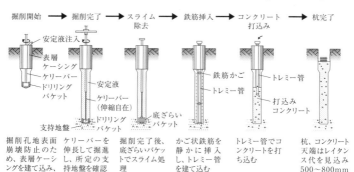

アースドリル工法

オールケーシング工法

□ チュービング装置によるケーシングチューブの揺動圧入とハンマーグラブなどにより行う。

□ 掘削孔全長にわたるケーシングチューブと孔内水により、孔壁を保護する。

□ 孔底処理は、孔内水がない場合やわずかな場合にはハンマーグラブにより掘りくず（スライム）を除去する。

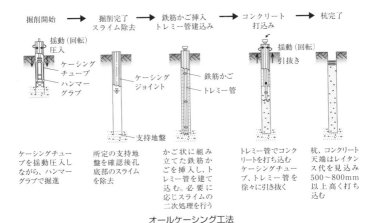

掘削開始 → 掘削完了 スライム除去 → 鉄筋かご挿入 トレミー管建込み → コンクリート打込み → 杭完了

揺動（回転）圧入
ケーシングチューブ
ハンマーグラブ

ケーシングジョイント

支持地盤

鉄筋かご
トレミー管

揺動（回転）
引き抜き

ケーシングチューブを揺動圧入しながら、ハンマーグラブで掘進

所定の支持地盤を確認後孔底部のスライムを除去

かご状に組み立てた鉄筋かごを挿入し、トレミー管を建て込む。必要に応じスライムの二次処理を行う

トレミー管でコンクリートを打ち込むケーシングチューブ、トレミー管を徐々に引き抜く

杭、コンクリート天端はレイタンス代を見込み500～800mm以上高く打ち込む

オールケーシング工法

深礎工法

□ 掘削全長にわたる山留めを行いながら、主として人力により掘削する。

□ ライナープレートや波形鉄板等の山留め材を用いて保護する。

6
躯体工事

例題 1

令和2年 午前 No.24

　場所打ちコンクリート杭地業に関する記述として、**最も不適当なもの**はどれか。

1. リバース工法における2次孔底処理は、一般にトレミー管とサクションポンプを連結し、スライムを吸い上げて排出する。
2. オールケーシング工法における孔底処理は、孔内水がない場合やわずかな場合にはハンマーグラブにより掘りくずを除去する。
3. 杭頭部の余盛り高さは、孔内水がない場合は50cm以上、孔内水がある場合は80～100cm程度とする。
4. アースドリル工法における鉄筋かごのスペーサーは、D10以上の鉄筋を用いる。

解答 4
解説 鉄筋かごのスペーサーは一般に、帯鋼板を用いる。

例題2

アースドリル工法による場所打ちコンクリート杭地業に関する記述として、**最も不適当な**ものはどれか。
1. 掘削終了後、鉄筋かごを建て込む前に1次孔底処理を行い、有害なスライムが残留している場合には、コンクリートの打込み直前に2次孔底処理を行う。
2. 安定液は、必要な造壁性があり、できるだけ高粘性、高比重のものを用いる。
3. 掘削深さの確認は、検測器具を用いて孔底の2か所以上で検測する。
4. 地下水がなく孔壁が自立する地盤では、安定液を使用しないことができる。

解答 2

解説 安定液の配合は、必要な造壁性があるものとし、コンクリートとの置換を考慮して、できるだけ低粘性、低比重のものとする。

例題3

場所打ちコンクリート杭の施工に関する記述として、**最も不適当な**ものはどれか。
1. 鉄筋かごの主筋と帯筋は、原則として溶接により接合する。
2. オールケーシング工法における孔底処理は、孔内水がない場合やわずかな場合にはハンマーグラブにより掘りくずを除去する。
3. アースドリル工法の掘削深さの確認は、検測器具を用いて孔底の2箇所以上で検測する。
4. リバース工法における2次スライム処理は、一般にトレミー管とサクションポンプを連結し、スライムを吸い上げる。

解答 1

解説 鉄筋かごの主筋と帯筋は、溶接を用いず、原則として鉄線で結束して組み立てる。

▶▶ パパっとまとめ

既製杭地業には、RC杭（鉄筋コンクリート）、PC杭（プレスト
レストコンクリート）、PHC杭（高強度プレストレストコンク
リート）鋼管杭およびH鋼杭が用いられる。

打込み工法（打撃工法）

☐ ドロップハンマー、ディーゼルハンマーにより打撃し、既製杭を打
ち込む工法。騒音、振動が発生するが、支持力確認は容易である。

埋込み工法：中堀り工法

☐ 杭の中空部にオーガーを入れ、先端部を掘削しながら杭中空部から
排土し、支持地盤へ圧入する所定の深さまで貫入させた後、所定の
支持力が得られるように先端処理を行う工法。

☐ 中堀り工法においては、周囲の地盤を緩めることになるため、掘削
中に必要以上に先掘りを行ってはならない。

☐ 砂質地盤の場合には緩みがはげしくなるので、先掘りの長さは、杭
径以内になるように掘削を行う。

6

躯体工事

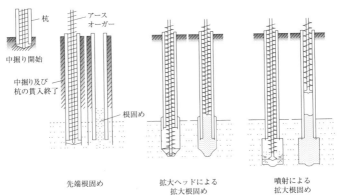

中掘りによる埋込み工法

中掘り工法：プレボーリング工法（セメントミルク工法）

☐ 掘削機械により先行してボーリングを行い、既製杭を建込み、最後に打撃あるいは圧入を行い、根固め液（セメントミルク）を注入し根固めを行う。

☐ アースオーガーヘッドは、杭径より 100mm 程度大きいものを使用する。

☐ アースオーガーを引き上げる際には、負圧によって地盤を緩めたり、孔壁崩壊を招かないよう留意する。

☐ アースオーガーは掘削時および引上げ時ともに正回転とする。

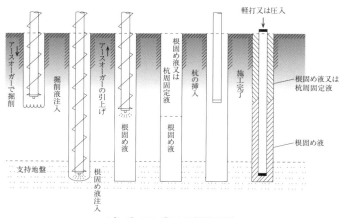

プレボーリングによる埋込み工法

その他の留意点 よく出る

☐ 既製杭の施工精度：水平精度（杭芯のずれ）は杭径の 1／4 以内、かつ、100mm 以内とする。鉛直精度（傾斜）は 1／100 以内とする。

☐ 既設杭の最小間隔：打込み杭の場合は杭径の 2.5 倍以上、かつ、75cm 以上とし、埋込み杭の場合は杭径の 2 倍以上とする。

☐ 現場溶接継手による杭の接合：原則としてアーク溶接によるものとし、ルート間隔は 4mm 以下、目違いは 2mm 以下とする。

☐ 杭頭処理：PHC 杭の杭頭を切断した場合、切断面から 350mm 程度まではプレストレスが減少しているため、中詰めコンクリートなどの補強をする必要がある。

例題 1

　既製コンクリート杭の施工に関する記述として、**最も不適当なもの**はどれか。

1.　砂質地盤における中掘り工法の場合、先掘り長さを杭径よりも大きくする。
2.　現場溶接継手を設ける場合、原則としてアーク溶接とする。
3.　現場溶接継手を設ける場合、許容できるルート間隔を 4mm 以下とする。
4.　PHC 杭の頭部を切断した場合、切断面から 350mm 程度まではプレストレスが減少しているため、補強を行う必要がある。

解答　1

解説　中掘り工法においては、砂質地盤においては特に緩みがはげしいので、先掘りの長さは、杭径以内になるように掘削を行う。

例題 2

　既製コンクリート杭の施工に関する記述として、**最も不適当なもの**はどれか。

1.　荷降ろしのため杭を吊り上げるときは、安定するよう杭の両端の 2 点を支持して吊り上げるようにする。
2.　セメントミルク工法において、アースオーガーを引き上げる際には、負圧によって地盤を緩めないよう行う。
3.　杭に現場溶接継手を設ける際には、原則としてアーク溶接とする。
4.　セメントミルク工法において、アースオーガーは掘削時及び引上げ時とも正回転とする。

解答　1

解説　既製コンクリート杭を両端 2 点で支持すると、曲げモーメントが大きくなり、衝撃によりひび割れ等が発生する。曲げモーメントが最小となる支持点位置（2 点支持の場合は杭の両端から 1/5 の点）近くの 2 点で支持しながら、積込み・荷降しを行う。

6
躯体工事

| | 5 | 鉄筋の加工・組立、継手・定着 |

学習 /

> ▶▶▶ パパっとまとめ
> 鉄筋コンクリート工事においては、鉄筋の加工・組立、継手・定着が重要なポイントとなる。

鉄筋の加工 よく出る

☐ 鉄筋の加工は鉄筋の性質を変えないよう常温で行う。

☐ 鉄筋の切断はシャーカッターあるいは電動カッターで行い、原則としてガス切断は行わない。また、鉄筋の折曲げには鉄筋折曲げ機（バーベンダー）を用いる。

☐ 一般に、異形鉄筋にはフックは不要であるが、次の部分にはフックを設ける。

①柱の四隅にある主筋で、重ね継手の場合及び最上階の柱頭にある場合。②柱および梁の出隅部の（主筋基礎梁を除く）。③煙突の鉄筋。④杭基礎のベース筋。⑤帯筋、あばら筋及び幅止め筋。

☐ 鉄筋の折曲げ形状は、下図のとおりとする。

折曲げ角度	折曲げ図	折曲げ内法直径 (D)		
		SD295A, SD295B, SD345		SD390
		D16 以下	D19〜D38	D19〜D38
180°	d / D / 4d以上	3d 以上	4d 以上	5 d 以上
135°	d / D / 6d以上			
90°	d / D / 8d以上			
135° 及び 90° (幅止め筋)	d₁ / d / D / 4d以上 / 4d以上			

(注) 1. 片持ちスラブ先端、壁筋の自由端側の先端で 90° フック又は 135° フックを用いる場合には、余長は 4d 以上とする。
 2. 90° 未満の折曲げの内法直径は特記による。

鉄筋の折曲げ形状および寸法

出典：公共建築工事標準仕様書（建築工事編）表 5.3.1 国土交通省官庁営繕部及び地方整備局等営繕部

□ 主筋の一辺の鉄筋加工寸法の許容差は D25 以下で±15mm、D29 以上 D41 以下で±20mm とする。あばら筋・帯筋・スパイラル筋の場合は、鉄筋径を問わず±5mm とする。

鉄筋の組立 よく出る

□ 鉄筋の組立は、鉄筋継手部分及び交差部の要所を径 0.8mm 以上のなまし鉄線で結束し、適切な位置にスペーサー、吊金物等を使用して行うものとし、点付け溶接は行わない。

□ スラブ筋に用いるスペーサーは、鋼製あるいはコンクリート製を使用し、梁、柱、基礎梁、壁、地下外壁側面の場合には、プラスチック製を使用してよい。

□ 鋼製のスペーサーは、型枠に接する部分に防錆処理を行う。

□ 鉄筋相互のあきは以下のうち、最大の数値以上とする。
①丸鋼の径や異形鉄筋の呼び名（D）の 1.5 倍
②粗骨材の最大寸法の 1.25 倍
③25mm

継手 よく出る

□ 継手の位置は、1 か所に集中させない。重ね継手の場合は継手長さの 0.5 倍もしくは 1.5 倍ずらす。ガス圧接継手・溶接継手の場合は、原則として 400mm 以上ずらす。

□ 径の異なる鉄筋の重ね継手の長さは、細い方の鉄筋径を基準に算出する。

□ D35 以上の鉄筋は、重ね継手とせず一般に圧接継手とする。

□ 腹筋に継手を設ける場合、継手長さは 150mm 程度とする。

□ 基礎梁などの水平打継ぎにおいて、あばら筋に継手を設ける場合は、重ね継手（180°、135°、90°フック付き）、溶接継手、機械式継手とする。

6

躯体工事

- 重ね継手の必要長さは、以下の表による。

重ね継手の長さ

鉄筋の種類	コンクリートの設計基準強度 F_c〔N/mm²〕	L_1（フックなし）	L_{1h}（フックあり）
SD295A SD295B	18	45d	35d
	21	40d	30d
	24 27	35d	25d
	30 33 36	35d	25d
SD345	18	50d	35d
	21	45d	30d
	24 27	40d	30d
	30 33 36	35d	25d
SD390	21	50d	35d
	24 27	45d	35d
	30 33 36	40d	30d

(注) 1. L_1、L_{1h}：重ね継手の長さ及びフックあり重ね継手の長さ。
2. フックありの場合の L_{1h} は、フック部分 l を含まない。
3. 軽量コンクリートの場合は、表の値に 5d を加えたものとする。

□ 機械式継手には以下のものがある。

① ねじ節継手：ねじ状に熱間成形されたねじ節鉄筋を、雌ねじ加工されたカップラーを用いて接合する工法。
② 鋼管圧着継手：ねじ節鉄筋に鋼管（スリーブ）を被せ、外側から加圧して接合する工法。
③ 充填工法：異形鉄筋を鋼管（スリーブ）に挿入した後、無収縮高強度モルタル等を充填して接合する工法。
④ 端部ねじ継手：ねじ加工した異形鉄筋やねじを圧接した鉄筋を用い、雌ねじ加工されたカップラーで接合する工法。
⑤ 併用継手：2種類の機械式継手を組合せ、施工性を改良した工法。

定着 よく出る

□ 柱の主筋を、柱内に折曲げ定着させる場合、柱せいの3／4以上の投影定着長さを確保する。

□ 柱のスパイラル筋における末端の定着は、1.5巻き以上の添え巻きとし、末端にフックを設ける。

□ 梁下端筋の柱梁接合部への定着は、原則として曲げ上げる形状で定
着させる。

□ 異形鉄筋の直線定着の必要長さは以下の表のとおりである。このと
き、フック付き定着の長さにはフック部分を含まない。

異形鉄筋の直線定着の必要長さ

鉄筋の種類	コンクリートの設計基準強度〔N/mm²〕	直線定着の長さ			フック付き定着の長さ		
		L_2	L_3		L_{2h}	L_{3h}	
			小梁	スラブ		小梁	スラブ
SD295A SD295B	18	40d	20d	10d かつ 150mm 以上	30d	10d	-
	21	35d			25d		
	24~27	30d			20d		
	30~36						
SD345	18	40d			30d		
	21	35d			25d		
	24~27						
	30~36	30d			20d		
SD390	21	40d			30d		
	24~27						
	30~36	35d			25d		

(注) L_2、L_{2h}：割裂破壊のおそれのない箇所への直線定着の長さおよびフック付き
定着の長さ
L_3、L_{3h}：下端筋の直線定着の長さおよびフック付き定着の長さ

6 躯体工事

例題 1

令和 2 年 午前 No.25 改題

異形鉄筋の継手及び定着に関する記述として、**最も不適当なもの**は
どれか。
1. D35 以上の鉄筋には、原則として、重ね継手を用いない。
2. 大梁主筋に SD390 を用いる場合のフック付定着の長さは、同径
の SD345 を用いる場合と同じである。
3. 腹筋に継手を設ける場合の継手長さは、150mm 程度とする。

解答 2
解説 （JASS5）において、SD390 のフック付定着の長さは、SD345 を
用いる場合よりも、全てのコンクリート強度において、5d 長く確保
するように規定されている。

　鉄筋の加工及び組立てに関する記述として、**最も不適当なもの**はどれか。ただし、d は異形鉄筋の呼び名の数値とする。

1.　D16 の鉄筋相互のあき寸法の最小値は、粗骨材の最大寸法が 20mm のため、25mm とした。
2.　一般スラブに使用する SD295A の鉄筋の末端部を 90°フックとするので、その余長を 6d とした。
3.　同一径の SD295A と SD345 の鉄筋を 135°に折り曲げる際、内法直径の最小値を同じ値とした。
4.　一般スラブに設ける一辺が 500mm 程度の開口部補強は、開口によって切断される鉄筋と同量の鉄筋で周囲を補強し、斜め補強筋を配した。

解答 2

解説 鉄筋に 90°フックを設けるための折り曲げ加工を行う場合、フックの余長は、鉄筋の種類にかかわらず 8d 以上とする。

　異形鉄筋の定着等に関する記述として、**最も不適当なもの**はどれか。

　ただし、d は異形鉄筋の呼び名の数値とする。

1.　大梁主筋に SD345 を用いる場合の直線定着の長さは、コンクリート強度が同じならば、同径の SD390 を用いる場合と同じである。
2.　梁下端筋の柱梁接合部への定着は、原則として、梁下端筋を曲げ上げる形状で定着させる。
3.　梁端の上端筋をカットオフする場合には、梁の端部から当該梁の内法長さの 1/4 となる点を起点とし、15d 以上の余長を確保する。
4.　梁の主筋を柱内に折曲げ定着とする場合には、仕口面からの投影定着長さを柱せいの 3/4 倍以上とする。

解答 1

解説 （JASS5）によれば、大梁主筋に SD345 を用いる場合の直線定着の長さは SD390 を用いる場合より短くなる。

6 鉄筋のガス圧接

学習 /

技能資格者

☐ 1〜4種までの技能有資格者で、資格種別、鉄筋種類、鉄筋径により区分される。

1種　径25mm以下、呼び名D25まで

2種　径32mm以下、呼び名D32まで

3種　径38mm以下、呼び名D38まで

4種　径50mm以下、呼び名D51まで

圧接部の品質

☐ 同一径の鉄筋の圧接部のふくらみの直径は鉄筋径の1.4倍以上、ふくらみの長さは1.1倍以上とする。径の異なる鉄筋の場合は、細い方の径による。

☐ 圧接面のずれは、鉄筋径の1/4以下とする。

☐ 同一径の鉄筋の圧接部における鉄筋中心軸の偏心量は、鉄筋径の1/5以下とする。鉄筋径が異なる場合は細い方の径による。

☐ 折れ曲がり、片ふくらみ、焼割れ、へこみ、垂下り及び内部欠陥がないこと。

☐ 圧接部の加熱は、圧接端面が相互に密着するまでは還元炎（アセチレン過剰炎）で行う。その後は火力の強い中性炎（標準炎）で、圧接面を中心としてバーナー揺動幅を鉄筋径の2倍程度としながら加熱する。

☐ 圧接による鉄筋の長さ方向の縮み量は、鉄筋径の1.0〜1.5倍とする。

6

躯体工事

圧接作業

☐ グラインダ等で平滑に仕上げ、面取りを行う。

☐ 鉄筋の種類、形状が異なる場合及び径の差が 5mm を超える場合は
圧接をしない。

☐ 鉄筋の突合せ面は、すき間を 2mm 以下にして密着させる。

☐ 圧接端面の加工を作業当日より前に行う場合は、端面保護材を使用
する。

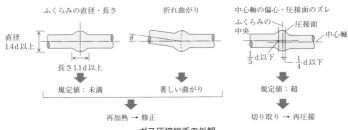

ガス圧接継手の外観

圧接完了試験

☐ ふくらみの形状及び寸法、ずれ、折れ曲がり等の欠陥の有無は外観
試験による。

☐ 抜取試験は超音波試験又は引張り試験とする。

☐ 不合格となった圧接部の修正は、再加熱あるいは再圧接とする。

例題 1   令和 3 年　午前　No.24

　鉄筋のガス圧接に関する記述として、**最も不適当なもの**はどれか。

1.　SD345 の D29 を手動ガス圧接で接合するために必要となる資格
は、日本産業規格（JIS）に基づく技量資格 1 種である。

2.　径の異なる鉄筋のガス圧接部のふくらみの直径は、細い方の径の
1.4 倍以上とする。

3.　SD490 の圧接に用いる加圧器は、上限圧及び下限圧を設定でき
る機能を有するものとする。

4.　圧接継手において考慮する鉄筋の長さ方向の縮み量は、鉄筋径の
1.0〜1.5 倍である。

解答 1

解説 SD345 の **D29** を手動ガス圧接で接合するために必要となる資格は、日本産業規格（JIS）に基づく技量資格 2 種である。技量資格 1 種の場合は、作業可能な鉄筋径は D25 以下に限られる。

鉄筋のガス圧接に関する記述として、**最も不適当なもの**はどれか。ただし、鉄筋の種類は SD490 を除くものとする。

1. 同一径の鉄筋の圧接部のふくらみの長さは、鉄筋径の 1.1 倍以上とする。
2. 同一径の鉄筋の圧接部のふくらみの直径は、鉄筋径の 1.4 倍以上とする。
3. 圧接端面の加工を圧接作業の当日より前に行う場合には、端面保護剤を使用する。
4. 鉄筋の圧接部の加熱は、圧接端面が密着するまでは中性炎で行い、その後は還元炎で行う。

解答 4

解説 圧接部の加熱は、圧接端面が相互に密着するまでは還元炎で行い、その後は火力の強い中性炎（標準炎）で加熱する。

鉄筋のガス圧接に関する記述として、**最も不適当なもの**はどれか。

1. SD345 の鉄筋 D29 を手動ガス圧接で接合するため、日本工業規格（JIS）に基づく技術検定 2 種の資格を有する者によって行った。
2. 同一径の鉄筋の圧接部における鉄筋中心軸の偏心量は、鉄筋径の 1/4 以下とした。
3. 鉄筋の圧接部の加熱は、圧接端面が密着するまでは還元炎で行い、その後は中性炎で加熱した。
4. 同一径の鉄筋の圧接部のふくらみの長さは、鉄筋径の 1.1 倍以上とした。

解答 2

解説 圧接部における鉄筋中心軸の偏心量は、鉄筋径の 1/5 以下とする。径が異なる場合は細い方の径による。

6
躯体工事

▶▶ パパっとまとめ
型枠工事は、鉄筋で造った構造物の骨組みに型枠を組立てる工事である。この型枠の中にコンクリートを流し込み、固まった後に型枠を取り外せば構造物が出来上がる。

型枠設計 よく出る

☐ せき板は、原則として JAS（日本農林規格）で規定されるコンクリート型枠用合板を持ちいる。

☐ せき板の厚さは、原則として 12mm とする。

☐ 型枠の構造計算に用いる許容応力度は、長期と短期の平均値とする。

☐ 型枠の設計に用いる鉛直荷重は固定荷重と積載荷重の和とする。固定荷重は、鉄筋を含んだ普通コンクリートの荷重 (kN/m² ×部材厚さ m) に、型枠の重量（従来工法の型枠の場合、0.4kN/m²）を加えた値とする。また、積載荷重は在来型枠工法、ポンプ工法による打込みの場合は、1.5kN/m² とする。

☐ 型枠に作用する外力や荷重に対し、型枠を構成する各部材それぞれの許容変形量は 2mm 程度を許容値とするのが望ましい。なお、総変形量は 5mm を目安とする。

☐ 大引のたわみは、単純支持と両端固定の支持条件で計算した値の平均値とする。

☐ 合板せき板のたわみは、各支点間を単純梁として計算する。

☐ パイプサポートを支保工とするスラブ型枠の場合、打込み時に支保工の上端に作用する水平荷重は、鉛直荷重の 5%とする。

☐ 型枠設計のコンクリートの側圧は、打ち込み速さが大きいほど側圧も大きくなる。

型枠の加工・組立

□ せき板は、支障のない限り再使用する。

□ 横に長い開口部には、確認するための穴を設ける。

□ 地盤上に支柱を立てる場合は、剛性のある敷板を敷いて沈下を防ぐ。

□ 型枠間の距離を一定に保つために、セパレーターを用いる。

□ 柱型枠には、清掃用の掃除口を設け、足元が移動しないように、桟木で四方を根巻きする。

□ 建入れ調整は、梁、壁、床の組立て前に行う。

□ 床型枠では、サポート、大引き及び根太を配置した後に合板を敷き込む。

型枠の取外し

□ せき板の最小存置期間は、コンクリートの圧縮強度による場合、圧縮強度が 5N/mm² 以上となるまでとする。また、養生期間による場合は、気温 20℃未満 6 日もしくは 20℃以上 4 日を満足すればよい。

例題 1

令和 2 年　午前　No.27

型枠の設計に関する記述として、**最も不適当なもの**はどれか。
1. 支保工以外の材料の許容応力度は、長期許容応力度と短期許容応力度の平均値とする。
2. コンクリート型枠用合板の曲げヤング係数は、長さ方向スパン用と幅方向スパン用では異なる数値とする。
3. パイプサポートを支保工とするスラブ型枠の場合、打込み時に支保工の上端に作用する水平荷重は、鉛直荷重の 5%とする。
4. コンクリート打込み時の側圧に対するせき板の許容たわみ量は、5mm とする。

解答　4

解説　コンクリートの施工時の側圧や鉛直荷重に対する型枠の各部材それぞれの許容たわみ量は、2mm 以下を目安とするのが望ましい。

6
躯体工事

119

例題2

　型枠の設計に関する記述として、**最も不適当なもの**はどれか。
1.　固定荷重の計算に用いる型枠の重量は、0.4kN/m² とする。
2.　合板せき板のたわみは、単純支持で計算した値と両端固定で計算した値の平均値とする。
3.　型枠に作用する荷重及び外力に対し、型枠を構成する各部材それぞれの許容変形量は、2mm 以下を目安とする。
4.　型枠の構造計算において、支保工以外の材料の許容応力度は、長期と短期の許容応力度の平均値とする。

解答 2

解説 大引のたわみは、単純支持と両端固定の支持条件で計算した値の平均値とするが、合板せき板のたわみは、各支点間を単純梁として計算する。

例題3

　厚さ 20cm の鉄筋コンクリートスラブを通常のポンプ工法で打ち込む場合の型枠の設計に用いる鉛直荷重として、**最も適当なもの**はどれか。
　ただし、鉄筋を含んだコンクリートの単位容積重量を 23.5kN/m³、型枠の自重は 400N/m² とする。
1. 4,700N/m²　　2. 5,100N/m²　　3. 6,200N/m²　　4. 6,600N/m²

解答 4

解説 型枠の設計に用いる鉛直荷重は、固定荷重と積載荷重の和とし、固定荷重は、鉄筋を含んだ普通コンクリートの荷重 (kN/m² × 部材厚さ m) に、型枠の自重を加えた値とする。また、積載荷重は、ポンプ工法による打込みの場合は、1.5kN/m² とする。スラブ型枠設計用荷重（T.L）は、通常のポンプ工法の場合、次式により算出する。

　　T.L = D.L + L.L

　　D.L（固定荷重）：コンクリート、型枠の自重で、出題分より

　　23.5kN/m³ × 0.2m に型枠の質量として 400N/m² を加える。

　　L.L（作業荷重＋衝撃）：「労働安全衛生規則」により、

　　1,500N/m² とする。

したがって、鉛直荷重の合計 T.L は、

　　T.L = 23,500N/m² × 0.2 + 400N/m² + 1,500N/m² = 6,600N/m²

となる。

> ▶▶ パパっとまとめ
> 型枠の形状を安定して維持するために、型枠の外側に支柱を設置する場合があり、この支柱を型枠支保工という。

型枠支保工の組立・取外し よく出る

☐ パイプサポートを支柱として用いる場合は、3本以上継いで用いない。また、継手部は4本以上のボルトで固定する。

☐ パイプサポートを用いた支柱の高さが3.5mを超えるときは、高さ2m以内ごとに水平つなぎを2方向に設ける。

☐ 支柱の脚部の滑動防止のために根がらみを設ける。また、鋼管枠を支柱とする場合は、交差筋かい及び水平つなぎを設ける。

☐ スラブ型枠の支保工に軽量型支保梁を使用する場合、支保梁の中間部を支柱で支持してはならない。

☐ 支柱に鋼管枠を使用する場合、水平つなぎを設ける位置は、最上層及び5層以内ごととする。

☐ 支柱に鋼管枠を使用する型枠支保工の構造計算を行う場合、作業荷重を含む鉛直荷重の2.5/100に相当する水平荷重が作用するものとする。

☐ スラブ下及び梁下のせき板は、支柱を取り外した後に取り外す。

☐ 支柱として用いる鋼材の許容曲げ応力の値は、その鋼材の降伏強さの値又は引張強さの値の3/4の値のうち、いずれか小さい値の2/3の値以下とする。

☐ 型枠及び型枠支保工の組立解体を担当する事業者は、型枠支保工の組立等作業主任者を選任し、作業の直接指導を行わせる。

☐ 支柱として用いる組立て鋼柱で高さが4mを超える場合、高さ4m以内ごとに水平つなぎを2方向に設ける。

6

躯体工事

単管支柱

☐ 支柱の継手は、突合せ継手か差込み継手とする。

☐ 単管はボルト又はクランプで緊結する。

☐ 組立図は支柱、はり、つなぎ、筋かいに寸法を記入する。

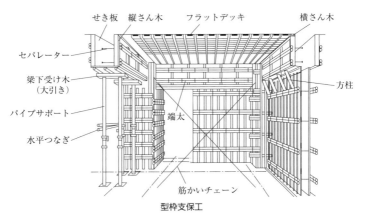

型枠支保工

型枠支保工に関する記述として、**最も不適当なもの**はどれか。

1. 支柱として用いるパイプサポートの高さが 3.5m を超えたので、高さ 2m 以内ごとに水平つなぎを 2 方向に設けた。

2. 支柱として用いる鋼材の許容曲げ応力の値は、その鋼材の降伏強さの値又は引張強さの値の 3/4 の値のうち、いずれか小さい値とした。

3. 支柱にパイプサポートを 2 本継いで使用するので、継手部を 4 本以上のボルトで固定した。

4. 支柱として用いる組立て鋼柱の高さが 4m を超えたので、高さ 4m 以内ごとに水平つなぎを 2 方向に設けた。

解答 2

解説 支柱として用いる鋼材の許容曲げ応力の値は、その鋼材の降伏強さの値又は引張強さの値の 3/4 の値のうち、いずれか小さい値の 2/3 の値以下としなければならない。

9	**コンクリートの 調合・製造・骨材**	学習 /

▶▶ **パパっとまとめ**

コンクリートの材料としては、セメント、骨材、水、混和材料からなり、セメントの種類は、ポルトランドセメント及び混合セメントがある。

コンクリートの調合・製造 よく出る

□ 強度、耐久性、水密性、塩化イオンの浸透に対する抵抗性を確保するには、水セメント比を小さくする。

コンクリート	セメントの種類	水セメント比
普通コンクリート	普通ポルトランドセメント	65%以下
	混合セメントB種 (高炉セメントB種・フライアッシュセメントB種)	60%以下
水密コンクリート		50%以下

□ 単位セメント量が小さいと、ひび割れは少なくなる。最小値は 270kg/m^3 とする。一方、単位セメント量が過小だとワーカビリティが悪くなり、水密性、耐久性が低下する。

□ 単位水量は品質が得られる範囲内で、できるだけ小さくする。最大値は 185kg/m^3 とする。

□ 細骨材率は品質が得られる範囲内で、できるだけ小さくする。細骨材率が大きくなると、所定のスランプを得るのに必要な単位セメント量及び単位水量は大きくなる。

□ 粗骨材の最大寸法は品質が得られる範囲内で、できるだけ大きくする。

□ アルカリ骨材反応：アルカリシリカ反応試験で無害と判定された骨材を使用する。ただし、無害でないと判断された骨材であっても、アルカリ総量を 3.0kg/m^3 以下に低減したコンクリートであれば使用できる。

□ 混合セメントとは、高炉セメント、シリカセメント、フライアッシュセメントの総称である。

6

躯体工事

123

□ コンクリートの調合強度は、コンクリートの調合を決定する際に目標とする圧縮強度であり、コンクリートの調合管理強度とコンクリートの圧縮強度の標準偏差から定められ、コンクリート工場に実績がない場合、$2.5N/mm^2$ 又は（調合管理強度）× 0.1 の大きい値とする。

□ 調合管理強度は、品質基準強度に構造体補強補正値を加えたものである。

□ 構造体補強補正値は、セメントの種類及び打込みから材齢 28 日までの予想平均気温の範囲に応じて定められる。

レディーミクストコンクリートの受入れ検査 よく出る

□ 荷卸し地点における受入検査項目及びその合格基準は下記のとおりである。

① 強度：1 回の試験結果は、呼び強度の強度値の 85%以上で、かつ 3 回の試験結果の平均値は、呼び強度の強度値以上とする。

② 空気量：普通コンクリートの場合、4.5 ± 1.5%とする。

③ スランプ：調合管理強度 $33N/mm^2$ 未満の場合のスランプは 18cm 以下（許容差± 2.5cm）、調合管理強度 $33N/mm^2$ 以上の場合のスランプは 21cm 以下（許容差± 1.5cm）とする。

④ 塩化物含有量：塩化物が多いと鉄筋の腐食が生じやすくなるため、塩化物イオン量は $0.30kg/m^3$ 以下とする（承認を受けた場合は $0.60kg/m^3$ 以下とできる）。

⑤ スランプフロー：高強度コンクリートのフレッシュコンクリートの流動性はスランプ又はスランプフローで管理する。

令和3年 午前 No.25

コンクリートの調合に関する記述として、**最も不適当なもの**はどれか。

1. AE剤、AE減水剤又は高性能AE減水剤を用いる普通コンクリートについては、調合を定める場合の空気量を4.5%とする。
2. 構造体強度補正値は、セメントの種類及びコンクリートの打込みから材齢28日までの期間の予想平均気温の範囲に応じて定める。
3. コンクリートの調合管理強度は、品質基準強度に構造体強度補正値を加えたものである。
4. 単位セメント量が過小のコンクリートは、水密性、耐久性が低下するが、ワーカビリティーはよくなる。

解答 4

解説 単位セメント量は、乾燥収縮や水和熱によるひび割れを防止するためにも、できるだけ少なくするとよい。しかし、単位セメント量が過小のコンクリートは、ワーカビリティが悪くなり、水密性の低下、耐久性の低下等を招きやすい。

令和2年 午前 No.28

構造体コンクリートの調合に関する記述として、**最も不適当なもの**はどれか。

1. アルカリシリカ反応性試験で無害でないものと判定された骨材であっても、コンクリート中のアルカリ総量を 3.0kg/m^3 以下とすれば使用することができる。
2. コンクリートの単位セメント量の最小値は、一般に 250kg/m^3 とする。
3. 細骨材率が大きくなると、所定のスランプを得るのに必要な単位セメント量及び単位水量は大きくなる。
4. 水セメント比を小さくすると、コンクリート表面からの塩化物イオンの浸透に対する抵抗性を高めることができる。

解答 2

解説 コンクリートの単位セメント量が小さいとひび割れは少なくなるが、最小値は 270kg/m^3 とする。

6

躯体工事

令和元年　午前　No.28

コンクリートの調合に関する記述として、**最も不適当なもの**はどれか。

1.　単位水量は、185kg/m³ 以下とし、コンクリートの品質が得られる範囲内で、できるだけ小さくする。
2.　単位セメント量が過小の場合、ワーカビリティーが悪くなり、水密性や耐久性の低下などを招きやすい。
3.　コンクリートの調合管理強度は、品質基準強度に構造体強度補正値を加えたものである。
4.　コンクリートの調合強度を定める際に使用するコンクリートの圧縮強度の標準偏差は、コンクリート工場に実績がない場合、1.5N/mm² とする。

解答　4

解説　コンクリートの調合強度は、コンクリートの調合を決定する際に目標とする圧縮強度であり、コンクリートの調合管理強度とコンクリートの圧縮強度の標準偏差から定める。コンクリート工場に標準偏差の実績がない場合、（調合管理強度）× 0.1 または 2.5N/mm² の大きい値とする。

例題4

平成 28 年　午前　No.28

コンクリートの調合に関する記述として、**最も不適当なもの**はどれか。

1.　調合管理強度が 21N/mm² の普通コンクリートの場合のスランプは、21cm を標準とする。
2.　計画供用期間の級が標準供用級において、普通ポルトランドセメントを用いる場合の水セメント比の最大値は 65％とする。
3.　単位水量の最大値は、185kg/m³ とし、コンクリートの品質が得られる範囲内で、できるだけ小さくする。
4.　構造体強度補正値は、セメントの種類及びコンクリートの打込みから材齢 28 日までの期間の予想平均気温の範囲に応じて定める。

解答　1

解説　（JASS5）において、調合管理強度が 21N/mm² の普通コンクリートのスランプは、18cm 以下と定められている。

10 # コンクリートの施工
（運搬・打設・締固め・養生）

▶▶ パパっとまとめ
コンクリートの施工とは、施工現場内の運搬から、打設、締固め
及び養生までをいう。

運搬

□ コンクリートの圧送負荷の算定に用いる配管長さは、ベント管の水平換算長さの場合は実長の3倍、テーパー管・フレキシブルホースの場合は実長の2倍とする。

□ コンクリートの圧送に先立ち、富調合の先送りモルタルを圧送する。ただし、原則として先送りモルタルは型枠内には打ち込まず、破棄する。

□ コンクリート輸送管の寸法は、コンクリートポンプの圧送性に直接影響し、径が大きいほど圧力損失が少なくなり、圧送性もよくなる。粗骨材が20〜25mmの場合、輸送管の呼び寸法は100A以上、40mmの場合は、125A以上とする。

打設 よく出る

□ 練混ぜから打込み終了までの時間は、外気温が25℃以下の場合は120分、25℃を超える場合は90分とする。ただし、高強度コンクリートの場合は、高性能AE減水剤により凝結遅延効果が働くため、外気温によらず120分以内とする。

□ 打継ぎ（硬化後のコンクリートに打設するもの）は、梁及びスラブの場合は、スパンの中央付近に、柱及び壁の場合は、基礎の上端に設ける。

□ 打重ね（硬化前のコンクリートに打設するもの）は先に打ち込まれたコンクリートの再振動可能時間内に行う。

□ 壁及び柱のコンクリートの沈みが落ち着いた後に、梁を打込み、梁のコンクリートが落ち着いた後に、スラブを打ち込む。

6
躯体工事

127

締固め よく出る

- [ ] 内部振動機（棒形振動機、バイブレーター）は、打込み各層ごとに用い、その下層に振動機の先端が入るように、ほぼ垂直に挿入する。
- [ ] 内部振動機の挿入間隔は60cm以下とし、加振はコンクリートの上面にセメントペーストが浮くまでとし、1箇所5〜15秒の範囲とする。
- [ ] 内部振動機を引抜くときはコンクリートに穴を残さないように徐々に引抜く。

養生 よく出る

- [ ] コンクリート打込み中及び打込み後5日間は乾燥、振動等によって凝結及び硬化が妨げられないようにする。
- [ ] 寒冷期においては、打込み後5日間以上（早強ポルトランドセメントの場合は3日間以上）は、コンクリート温度を2℃以上に保つ。
- [ ] 湿潤養生には、以下の方法がある。
①養生マットや水密シートなどの被覆による水分維持（コンクリート打設の仕上げ後に実施）
②散水や噴霧による水分供給（コンクリートの凝結終了後に実施）
③膜養生や浸透性養生剤の塗布による水分逸散防止（コンクリートのブリーディング終了後に実施）
- [ ] 湿潤養生における養生期間は、セメント種類により下表によるが、厚さ18cm以上の部材では、いずれのセメントの場合も圧縮強度が10N/mm² 以上になれば、湿潤養生を打ち切ることができる。

セメントの種類	養生期間
早強ポルトランドセメント	3 日以上
普通ポルトランドセメント	5 日以上
混合セメント	7 日以上

- [ ] 暑中コンクリートの湿潤養生の開始時期は、コンクリート上面のブリーディング水が消失した時点とする。
- [ ] 寒中コンクリートは、初期凍害を防ぐため、加熱・断熱・保温などによる初期養生を行う。初期養生の期間は、圧縮強度が5N/mm² に達するまでとする。

令和元年　午前　No.29

コンクリートの運搬及び打込みに関する記述として、**最も不適当な**ものはどれか。

1. 暑中コンクリートの荷卸し時のコンクリート温度は、40℃以下とした。
2. コンクリートの圧送負荷の算定に用いるベント管の水平換算長さは、ベント管の実長の3倍とした。
3. コンクリート内部振動機（棒形振動機）による締固めにおいて、加振時間を1箇所当たり10秒程度とした。
4. 外気温が25℃を超えていたため、練混ぜ開始から打込み終了までの時間を90分以内とした。

解答 1

解説 （JASS5）において、暑中コンクリートの荷卸し時のコンクリート温度は、原則として35℃以下と定められている。

平成30年　午前　No.29

コンクリートの養生に関する記述として、**最も不適当なものはどれか。**
ただし、計画供用期間を指定する場合の級は標準とする。

1. 連続的に散水を行って水分を供給する方法による湿潤養生は、コンクリートの凝結が終了した後に行う。
2. 普通ポルトランドセメントを用いたコンクリートの打込み後5日間は、乾燥、振動等によって凝結及び硬化が妨げられないように養生する。
3. 湿潤養生の期間は、早強ポルトランドセメントを用いたコンクリートの場合は、普通ポルトランドセメントを用いた場合より短くすることができる。
4. 普通ポルトランドセメントを用いた厚さ18cm以上のコンクリート部材においては、コンクリートの圧縮強度が5N/mm^{2}以上に達したことを確認すれば、以降の湿潤養生を打ち切ることができる。

解答 4

解説 （JASS5）において、厚さ18cm以上のコンクリート部材は、10N/mm^{2}以上の圧縮強度を確認すれば、以降の湿潤養生を打ち切ることができると定められている。

6
躯体工事

> ▶▶ パパっとまとめ
>
> 鉄骨工事に使用される鉄骨の加工 (工作) は、通常、鉄骨製作工場で行われる。工作図、現寸図、型板、定規等により正確に製作する。また、出題頻度は少ないが防錆処理、耐火被覆についても基本事項として整理しておきたい。

加工準備等

☐ **テープ合わせ**：工事現場で使用する鋼製巻尺は、JIS の 1 級品とし、定められた張力で工場製作用基準鋼製巻尺とテープ合わせを行う。

☐ **けがき**：けがき寸法は、製作中に生じる収縮、変形及び仕上げ代を考慮した値とする。また、490N/mm^2 級以上の高張力鋼や曲げ加工される軟鋼の外側には、溶接により溶融する箇所又は切断により除去される部分を除き、たがね、ポンチ等による打こんを残さない。

切断

☐ **ノッチ**：切断面の凸凹やノッチは、グラインダー等で修正する。ノッチの深さは 1mm 以下とする。

☐ **ガス切断**：ガス切断を行う場合は、原則、自動ガス切断とする。

☐ **せん断切断**：厚さ 13mm 以下の鋼板は、せん断による切断ができる。ただし、主要部材の自由端及び溶接接合部には、せん断縁を使用してはいけない。

☐ **レーザー切断**：厚さ 25mm 以下の鋼板は、レーザー切断とすることができる。

曲げ加工、ひずみの矯正

☐ **常温曲げ加工**：プレス等で鋼材に外力を加えて曲げる方法。JASS6では、部位による内側曲げ半径の最小値を定めており、柱、梁、ブレース端の塑性変形能力が要求される部位のハンチ等では、部材厚の 8 倍以上とされる。

☐ **加熱曲げ加工**：赤熱状態 (850℃〜900℃) で行い、青熱ぜい性域 (200℃〜400℃) で行ってはならない。

□ **常温によるひずみの矯正**：常温による場合は、ローラーやベンダー、プレスなどを用いて行う。

□ **加熱によるひずみの矯正**：400N/mm²、490N/mm² 級鋼を加熱で矯正する場合は下記を標準とする。

「加熱後空冷する場合」850〜900℃まで局部加熱。

「加熱後ただちに水冷する場合」600〜650℃まで局部加熱。

孔あけ加工

□ **高力ボルト用**：孔あけ加工は、ドリル孔あけを原則とする。接合面をブラスト処理する場合は、ブラスト前に行う。

□ **普通ボルト用・アンカーボルト用・鉄筋貫通孔等**：ドリル孔あけを原則とするが、板厚 13mm 以下のときは、せん断孔あけとしてもよい。

□ **設備貫通孔等**：ドリル孔あけ、レーザー孔あけとするが、孔径 30mm 以上の場合は、ガス孔あけ、プラズマ孔あけとしてもよい。

□ **孔径**：標準値は以下のとおりとし、原則呼び径＋余裕幅とする。

ボルト種類	高力ボルト 呼径 27mm 未満	高力ボルト 呼径 27mm 以上	普通ボルト	アンカーボルト
標準値	呼径＋ 2.0mm	呼径＋ 3.0mm	呼径＋ 0.5mm	呼径＋ 5.0mm

防錆処理

通常、錆止め塗料を 2 回塗るが、2 回とも製作工場で行う場合と、1 回目は製作工場、2 回目は工事現場で行う場合がある。また、現場接合部など、工場で塗装できない部分は、工事現場で 2 回塗ることとなる。

□ **素地調整**：前処理として素地調整を行う。鉄骨面に付着した油分やさび等を除去し、素地調整を行った鉄鋼面はすぐに錆止め塗装を行う。

□ **錆止め塗装を行わない部分**

・コンクリートに密着する部分及び埋め込まれる部分
・高力ボルト摩擦接合部の摩擦面
・密閉される閉鎖形断面の内面
・ピン、ローラー等密着する部分及び回転又は摺動面で削り仕上げした部分
・組立によって肌合せとなる部分

6

躯体工事

131

□ **現場溶接部分の錆止め塗装**：溶接を行う部分の錆止め塗装は、溶接開始までに開先部に錆を発生させないために行う。塗装範囲は、開先部と開先部から50mm程度までとし、裏当て金の付く面も同様に塗装する。

□ **鉄骨検査後の錆止め塗装**：錆止め塗装は、塗装の検査以外の検査完了後に行うものとする。

耐火被覆

鉄骨造を耐火構造にするため、耐火材料で鉄骨を被覆する。

種類	特徴等
□ 耐火材吹付け	ロックウールなどを吹き付ける。吹付け厚さについて、確認ピンを用いて確認する。粉塵の飛散が生じやすい。
□ 耐火板張り	繊維混入けい酸カルシウム板などを張り付ける。仕上げ下地としての使用が可能である。
□ 耐火材巻付け	無機繊維等の耐火材を固定ピン等で取り付ける。施工時の粉塵の発生がほとんどない。
□ ラス張りモルタル塗り	鉄骨に取り付けた鉄網にモルタル等を塗る。複雑な形状に対応しやすく、継ぎ目のない施工ができる。

例題

平成27年 午前 No.30

　鉄骨の工作に関する記述として、**最も不適当なもの**はどれか。

1.　高力ボルト用の孔あけ加工は、板厚が13mmの場合、せん断孔あけとすることができる。

2.　490N/mm² 級以上の高張力鋼にけがきをする場合、孔あけにより除去される箇所であれば、ポンチによりけがきを行ってもよい。

3.　工事現場で使用する鋼製巻尺は、JISの1級品とし、巻尺に表記された張力で鉄骨製作工場の基準巻尺とテープ合わせを行う。

4.　厚さ6mmの鋼板に外側曲げ半径が厚さの10倍以上となる曲げ加工を行う場合、加工後の機械的性質等が加工前の機械的性質等と同等以上であることを確かめなくてもよい。

解答 1

解説 1. 高力ボルトの場合は、板厚にかかわらずドリル孔あけとする。
4. 建設省告示2464号で、設問のように定められる。

▶▶ **パパっとまとめ**

建方とは、搬入された鉄骨部材を現場で組立てる作業である。本接合が完了するまで風荷重、自重その他の荷重に対して安全を確保する必要があり、1日の建方終了ごとに所定の補強ワイヤーを張る。

仮ボルト よく出る

□ **仮ボルト**：仮ボルトは、本接合のボルトとして用いてはならない。

□ **高力ボルト接合部の仮ボルト**：本接合のボルトと同軸径の普通ボルト等を使用し、締付け本数は、1群のボルト数の1/3程度かつ2本以上とする。

□ **混用接合又は併用継手部の仮ボルト**：高力ボルトと溶接を併用する混用接合又は併用継手では、本接合のボルトと同軸径の普通ボルト等を使用し、締付け本数は1群のボルト数の1/2程度かつ2本以上とする。

□ **溶接接合部の仮ボルト**：エレクションピース等の仮ボルトは、高力ボルトを使用し、全数を締め付ける。

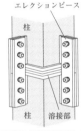

エレクションピース

溶接接合部の仮ボルト

6

躯体工事

建入れ直し よく出る

□ **建入れ直し**：構造部材が所定の精度に納まるよう位置や角度を調整する作業。小区画に工区分けして行っていく。建入れ直し後は、速やかに本締めを行う。

□ **ワイヤロープを用いた建入れ直し**：倒壊防止用ワイヤロープは建入れ直しに兼用してもよい。スパン間隔が正規より小さい場合は、接合部のクリアランスへのくさびの打込み等により押し広げて調整する。

□ **筋かいを用いた建入れ直しの禁止**：ターンバックル付き筋かいを用いて、建入れ直しを行ってはならない。

建方精度の測定
- [ ] **測定時間**：日照などによる温度の影響が少なくなるような時刻（早朝など）に測定する。
- [ ] **測定機器の調整**：工事期間中の気候変動などに応じて、測定機器の温度補正を行う。

アンカーボルト

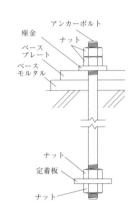

- [ ] **二重ナット**：アンカーボルトは、二重ナット及び座金を用い、ねじがナットの外に3山以上出るようにする。ただし、コンクリートに埋め込まれる場合は、二重ナットとしなくてもよい。
- [ ] **台直し**：台直しは、アンカーボルトの位置にずれが生じたときに、アンカーボルトを曲げて位置を修正するものである。建方用アンカーボルトに限り基準値内で台直しが可能であるが、構造用アンカーボルトの台直しは原則禁止である。
- [ ] **ベースプレートのボルト孔の位置にずれが生じた場合**：ベースプレートのボルト孔をあけ直し、ベースプレートは補強する。
- [ ] **ナットの締付け**：アンカーボルトのナットは、特記のない場合は、ナット回転法で行い、各アンカーボルトの張力が均等になるように行う。
- [ ] **ベースモルタル**：通常、ベースプレートの支持工法は後詰め中心塗り工法とし、使用するモルタルは、無収縮モルタルとする。

その他留意事項

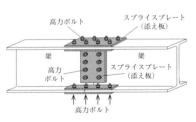

- [ ] **スプライスプレート**：梁の高力ボルト接合では、梁の上フランジのスプライスプレートをあらかじめはね出しておくと、建方が容易になる。
- [ ] **重心位置の表示**：トラスなど重心の求めにくい部材には、危険防止のため、重心位置を明示しておく。

- [ ] **トッププレートの空気孔**：鉄骨鉄筋コンクリート造では、コンクリートの充填性を考慮し、柱頭に設置するトッププレートに空気孔を設けるとよい。
- [ ] **混用接合、併用継手**：高力ボルトと溶接を併用する混用接合や併用継手では、先に溶接を行うと鋼材に変形が生じることがあるため、原則として高力ボルトを先に締め付け、その後溶接を行う。

大空間鉄骨架構（大スパン構造）の建方

- [ ] **各種工法** よく出る

工法	概要
総足場工法	鉄骨工事に必要な高さまで足場を組み立て、作業用の構台を全域に設置し、架構を構築していく工法。
ブロック工法	地組（分割し、地上で建方前に組み立てること）した所定の大きさのブロックを、クレーン等で吊り上げて架構を構築していく工法。
リフトアップ工法	屋根架構を地上や構台上で組み立てた後、先行して構築した構造体を支えとして、所定の位置にジャッキ等により引き上げていく工法。
スライド工法	上部構造物（屋根鉄骨など）をあらかじめ作業構台上で1ユニットずつ組み立てた後、所定位置まで順次滑動横引き（水平移動）し、架構全体を構築していく工法。
移動構台工法	可動構台上で所定の範囲内の屋根鉄骨を組み立てた後、構台を移動させ、順次架構を構築していく工法。

例題

令和3年　午前　No.28

鉄骨の建方に関する記述として、**最も不適当なもの**はどれか。
1. 架構の倒壊防止用に使用するワイヤロープは、建入れ直し用に兼用した。
2. 建方精度の測定に当たっては、日照による温度の影響を考慮した。
3. 梁のフランジを溶接接合、ウェブを高力ボルト接合とする工事現場での混用接合は、原則として高力ボルトを先に締め付け、その後溶接を行った。
4. 柱の溶接継手のエレクションピースに使用する仮ボルトは、普通ボルトを使用し、全数締め付けた。

解答 4
解説 エレクションピース等の仮ボルトは、高力ボルトを使用し、全数を締め付ける。

6
躯体工事

135

13 鉄骨工事（3）高力ボルト摩擦接合

▶▶

> **パパっとまとめ**
> ....
> 高力ボルト摩擦接合は、高力ボルトを強く締め付けることにより
> 生じる摩擦力を利用した摩擦接合であり、JIS 形高力ボルト（高
> 力六角ボルト）、トルシア形高力ボルト、溶融亜鉛めっき高力ボ
> ルトが用いられる。

高力ボルト・補助部材

□ **高力ボルトの標準長さ** `よく出る` ：ボルト長は首下長さで表し、締
付け長さに下表の長さを加えた値を標準長さとする。

ボルトの呼び		M12	M16	M20	M22	M24	M27	M30
加える長さ (mm)	JIS 形高力ボルト	25	30	35	40	45	50	55
	トルシア形高力ボルト	–	25	30	35	40	45	50

□ **高力ボルトセットの取扱い**：未開封の状態で搬入し、使用の直前に
必要本数を開封する。また、試験や仮ボルトに用いた高力ボルトは、
本接合や別の試験等に使用してはいけない。

□ **フィラープレート**：接合部の材厚の差等により 1mm を超える肌す
きがある場合は、両面に摩擦面処理を行ったフィラープレートを入
れる。

□ **勾配座金**：ボルト頭部又はナットと接合部材の面が、1/20 以上傾
斜している場合は、勾配座金を使用する。座金は面取りがしてある
方を表として用いる。

ボルトの締付け `よく出る`

マーキング

本締め前

□ **摩擦面の処理**：摩擦接合面は、自然発錆、ショット
ブラスト処理、薬品処理などにより一様に赤さびを
発生させるなどの摩擦面処理を行い、すべり係数
0.45 以上を確保する。ショットブラスト処理の場
合、表面あらさは 50μmRz 以上を確保する。

□ **締付け順序**：ボルトを取り付けた後、1 次締め、マーキング、本締
めの順序で本接合の締付けを行う。また、ボルト群ごとに、群の中
央から周辺に向かう順序で行う。

□ 1 次**締めトルク値**：所定のトルクが定められている。

ボルトの呼び	M12	M16	M20	M22	M24	M27	M30
1 次締めトルク値（N・m）	50	100	150	150	200	300	400

□ **本締め**：トルシア形高力ボルトは、専用レンチを用いてピンテール
が破断するまで締め付ける。JIS 形高力ボルトは、ナット回転法又
はトルクコントロール法で締め付ける。

締付け後の確認 よく出る

□ **ボルトの余長**：ボルトの余長は、ねじ山が 1～6 山の範囲とする。

□ **トルシア形高力ボルト**：ピンテールの破断、共回り又は軸回りが生
じていないこと、ナット回転量（平均回転角度± 30°）などを確認
する。

□ **JIS 形高力ボルト（ナット回転法）**：共回りが生じていないこと、
ナット回転量（120°± 30°）などを確認する。回転量が不足して
いる場合は、所定の回転量まで追締めを行う。

□ **JIS 形高力ボルト（トルクコントロール法）**：共回りが生じていない
こと、ナット回転量のばらつきなどを確認する。ナット回転量のば
らつきは、トルクレンチを用いボルト群全てのナットを追締めする。
締付け不足の場合は、所定のトルクまで追締めする。

□ **ボルトセットの取り換え**：確認の結果、不合格となった場合は、高
力ボルトのセットを新しいものに取り替える。

6
躯体工事

例題　　　　　　　　　　　　　　令和 2 年　前期　No.30　改題

高力ボルト接合に関する記述として、**最も不適当なもの**はどれか。
1. 締付け後の高力ボルトの余長は、ねじ 1 山から 6 山までの範囲で
あることを確認した。
2. ねじの呼びが M22 の高力ボルトの 1 次締付けトルク値は、
150N・m とした。
3. ねじの呼びが M20 のトルシア形高力ボルトの長さは、締付け長
さに 20mm を加えた値を標準とした。

解答 3
解説 トルシア形高力ボルト（M20）は、締付け長さに 30mm を加える。

14 鉄骨工事（4）溶接接合

学習 /

▶▶ **パパっとまとめ**

鉄骨工事においては、主にアーク溶接が用いられる。アーク溶接の種類、作業環境、作業上の留意点等について整理する。

主なアーク溶接の種類

☐ **被覆アーク溶接**：手溶接（溶接操作を手で行う溶接）ともいわれ、大掛かりな装置が不要で簡便であり、適用範囲も広い溶接方法である。

☐ **ガスシールドアーク溶接**：炭酸ガスなどによって、溶接部を大気から遮断しながら行う溶接の総称。

☐ **サブマージアーク溶接**：自動溶接のひとつであるが、溶接中の状況判断と対応はオペレータが行う必要がある。

☐ **スタッド溶接**：板状の母材と、ボルトや丸棒などの母材（スタッド）を溶接するための溶接方法。

作業環境等

☐ **低温時**：作業場所の気温が − 5℃未満の場合は、溶接を行わない。作業場所の気温が − 5℃以上 5℃以下の場合は、溶接線から 100mm程度の範囲を加熱すれば、溶接を行うことができる。スタッド溶接の場合は、気温が 0℃以下の場合は、溶接を行わない。ただし、溶接部から 100mm の範囲を 36℃程度に加熱して溶接する場合は、この限りでない。

☐ **降雨、降雪等**：原則、母材がぬれている場合は、溶接を行わない。

☐ **風速**：ガスシールドアーク溶接は、原則、風速 2m/s 以上の場合は行ってはならない。

溶接材料・補助部材

☐ **溶接棒**：吸湿のおそれがある場合、乾燥機で乾燥させて使用する。

☐ **低水素系溶接棒**：490N/mm² 級以上の高張力鋼又は厚さ 25mm以上かつ 400N/mm² 級の軟鋼の組立溶接を被覆アーク溶接で行う場合は、低水素系溶接棒を使用する。

138

☐ **エンドタブ** よく出る：溶接不良が生じやすい溶接の始終端部に取り付ける補助板である。溶接後にエンドタブを切断する場合は、グラインダー等で切り口を平滑にする。柱梁接合部にエンドタブを取り付ける場合は、裏当て金に取付け、直接、母材に溶接しない。また、自動溶接の場合、エンドタブの長さは手溶接より長くなる。

☐ **裏当て金**：完全溶込み溶接を行う接合部の裏面に取り付ける鋼製部材。初層の溶接で、継手部と裏当て金が十分に溶け込むようにする。

☐ **スカラップ**：溶接線が交差する場合、溶接の重なりを避けるために設ける半円状の切込みのこと。スカラップを設けないノンスカラップ工法が用いられることもある。

| エンドタブ | 裏当て金 | スカラップ |

作業上の留意点 よく出る

☐ **溶接姿勢**：作業架台、ポジショナー等を使用し、原則下向姿勢又は水平姿勢で溶接する（スタッド溶接の場合は、原則下向き姿勢とする）。

☐ **開先の加工**：開先の加工は、自動ガス切断、機械加工などにより、著しい凹凸が生じた部分は修正する。

☐ **予熱**：鋼材の材質、材厚、温度等を考慮し、必要に応じて予熱を行う。溶接割れを防止することができる。

☐ **高力ボルトとの併用**：高力ボルト接合と溶接接合を併用する場合は、高力ボルト接合を先に行う。

☐ **組立て溶接**：本溶接作業に先立ち、組立て部材の形状を保持するために組立て溶接を行う。被覆アーク溶接、ガスシールドアーク溶接の場合、ビード（溶接の盛上がり部）の長さは、板厚 6mm 以下は 30mm を、板厚 6mm 超えで 40mm を最小とし、ショートビードとならないように注意する。

☐ **開先内の溶接**：原則として、開先内には組立て溶接は行わない。ただし、本溶接時に再融解される場合は構わない。

☐ **柱梁接合部の梁端部の溶接**：塑性変形能力が低下しないよう、入熱とパス（一回の溶接操作）間温度の管理に留意する。

6
躯体工事

139

溶接部の試験

□ **外観試験**：ビードやアンダーカット（母材又は既溶接の上に溶接して生じた止端の溝）などの欠陥を目視で確認する。

□ **超音波探傷試験**：完全溶込み溶接部の検査は、超音波探傷試験により行われる。

□ **打撃曲げ試験**：スタッド溶接の検査では、打撃曲げ試験が行われる。曲げ角度 15°で溶接部に割れなどの欠陥を生じない場合、合格となる。

溶接の補修 よく出る

□ **余盛りの過大部**：余盛り高さは 3mm 以内とし、過大部は母材に損傷を与えないように除去し、整形する。

□ **溶接部の割れ**：溶接部の割れの範囲を確認し、その両端から 50mm 以上の溶接部を除去し、補修溶接を行う。

□ **アンダーカット、余盛り不足、ビード長さ不足等**：適切な状態になるよう、補修溶接を行う。

□ **融合不良、溶込み不良等**：不良部分を除去した後、修正溶接を行う。

□ **溶接のひずみの矯正**：ハンマーで叩く、プレスで修正、加熱・急冷処理による修正などがある。

例題
令和元年　午前　No.30

鉄骨工事の溶接に関する記述として、**最も不適当なもの**はどれか。

1. 現場溶接において、風速が5m/sであったため、ガスシールドアーク半自動溶接の防風処置を行わなかった。

2. 490N/mm² 級の鋼材の組立て溶接を被覆アーク溶接で行うため、低水素系溶接棒を使用した。

3. 溶接部の表面割れは、割れの範囲を確認したうえで、その両端から 50mm 以上溶接部をはつり取り、補修溶接した。

4. 完全溶込み溶接の突合せ継手における余盛りの高さが3mm であったため、グラインダー仕上げを行わなかった。

解答 1

解説 ガスシールドアーク溶接は、原則、風速 2m/s 以上の場合は行ってはならない。

7

第 7 章

仕上工事

1 防水工事 (1) アスファルト防水工事

 学習 /

▶▶ **パパっとまとめ**

防水工事は、主に「アスファルト防水」「改質アスファルトシート防水」「合成高分子系ルーフィングシート防水」「塗布防水」に分けられる。

アスファルト防水工法は、複数のアスファルトルーフィング類を溶融アスファルトを用いて重ね合わせた防水工法である。

アスファルト防水の工法

☐ 密着工法

- **保護防水密着工法**：アスファルトルーフィング類を下地全面に密着させ防水層をつくり、その上にコンクリートなどの保護層を設ける工法。

- **保護防水密着断熱工法**：保護防水密着工法の防水層と保護層の間に、断熱材を敷設する工法。

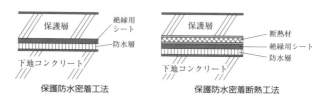

保護防水密着工法　　　　　保護防水密着断熱工法

☐ 絶縁工法

- **保護防水絶縁工法**：下地と密着させないように、砂付き穴あきルーフィングなどを敷き込み防水層をつくり、その上に保護層を設ける工法。

- **保護防水絶縁断熱工法**：保護防水絶縁工法の防水層と保護層の間に、断熱材を敷設する工法。

- **露出防水絶縁工法**：保護層を設けない絶縁工法。通常、防水層の最上部は砂付ストレッチルーフィングを張り、仕上塗料を塗布する。下地に含まれる水分の気化等で防水層に膨れが発生することがあり、湿気を防水層の外部に排出させる脱気装置を設ける。

142

• **露出防水絶縁断熱工法**：露出防水絶縁工法に、断熱材を敷設する工法。断熱材は、1層目のアスファルトルーフィングの上に張り付ける。絶縁は、断熱材の上に部分粘着タイプのアスファルトルーフィングを張付けることで確保する。脱気装置を設ける。

材料の保管・下地処理・アスファルトの溶融 よく出る

☐ **袋入りアスファルト**：積重ねは10段以下とし、荷崩れに注意する。

☐ **アスファルトルーフィング類**：屋内の乾燥した場所に縦置きとする。砂付ストレッチルーフィングは、ラップ部（重ね部分で、砂のついていない部分）を保護するため、ラップ部を上向きとし、重ね置きしない。

☐ **コンクリート下地の入隅・出隅**：入隅及び出隅は、通りよく45°の面取りとする。露出防水においては、入隅に成型キャント材（角度45°、傾斜面長70mm程度）を使用することができる。

☐ **アスファルトプライマー**：アスファルトルーフィング等の張りじまい部まで、均一に行い、乾燥させる。使用量は0.2kg/m²とする。

☐ **アスファルトの溶融**：溶融釜は、施工場所の近くに設置し、完成した防水層の上に設置してはならない。溶融温度は通常のもので230〜285℃、環境対応低煙低臭型のもので210〜260℃となる。

アスファルトルーフィング類の張付け よく出る

☐ **密着工法の下地目地部**：コンクリートの打継ぎ箇所等は、幅50mm程度の絶縁用テープを張り付け、その上に幅300mm以上のストレッチルーフィングを増張りする。

☐ **絶縁工法の下地目地部**：コンクリートの打継ぎ箇所等は、幅50mm程度の絶縁用テープを張り付け、砂付穴あきルーフィングなどを敷き込む。

☐ **入隅、出隅**：幅300mm以上のストレッチルーフィングを増張りする。

☐ **継目（重ね幅）**：アスファルトルーフィング類の継目は、幅方向、長手方向とも、100mm以上重ね合わせ、水下側のアスファルトルーフィング類を、下側に張り重ねる（ただし、絶縁工法の砂付穴あきルーフィングの継目は、通気性を妨げないよう突付け張りとする）。

☐ **上下層の継目**：アスファルトルーフィング類の上下層の継目は、同一箇所としない。

☐ **立上り部**：立上り部分のアスファルトルーフィング類を平場の部分に 150mm 以上重ねて張り付ける。ただし、立上りの高さが 400mm 未満の場合は、平場のアスファルトルーフィング類をそのまま張り上げることができる。特に配管回り等では網状アスファルトルーフィングを増張りし、溶融アスファルトで目潰しする。

保護層

☐ **入隅部**：保護層の入隅部分は、防水層の破損を避けるため、成形緩衝材を設ける。

☐ **溶接金網**：保護コンクリートの厚さの中間部付近に溶接金網（鉄線径 6mm、編目寸法 100mm）を敷き込む。

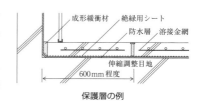

保護層の例

☐ **伸縮調整目地**：保護コンクリートの伸縮による破損をふせぐため、厚さの全断面に伸縮調整目地を設ける。設置位置は、周辺は立上り部の仕上り面から 600mm 程度、中間部は縦横間隔 3,000mm 程度とする。

☐ **絶縁用シート**：防水層と保護層の間（断熱工法の場合は断熱材と保護層の間）に絶縁用シートを敷き込む。絶縁用シートは、立上り面等に 30mm 程度張り上げ、平場全体に敷き込む。

例題　　　　　　　　　　　平成 29 年　午前　No.34　改題

　アスファルト防水の密着工法に関する記述として、**最も不適当なもの**はどれか。
1.　低煙・低臭タイプのアスファルトの溶融温度の上限は、300℃とする。
2.　コンクリートスラブの打継ぎ部は、絶縁用テープを張り付けた後、幅 300mm 程度のストレッチルーフィングを増張りする。
3.　平場部のルーフィングの張付けに先立ち、入隅は幅 300mm 程度のストレッチルーフィングを増張りする。

解答　1
解説　低煙・低臭型のアスファルトの溶融温度は 210～260℃である。

防水工事（2）改質アスファルトシート防水工事

▶▶ パパっとまとめ

改質アスファルトシートの裏面及び下地面をトーチバーナーであぶり、加熱融着により下地に接着する**トーチ工法**について整理する。

トーチ工法

☐ **防水層の下地**：出隅は 45°の面取りとし、入隅は直角とする。

☐ **下地部材の目地部の処理（ALC パネル）**：ALC パネルの短辺接合部目地は、あらかじめ幅 300mm 程度の増張り用シートを用い、接合部両端に 100mm 程度ずつ張り掛け絶縁張りとする。絶縁工法の場合は、あらかじめ幅 50mm 程度の絶縁用テープを張り付ける。

☐ **プライマー**：使用量は、コンクリート下地の場合は 0.2kg/m²、ALC パネル下地の場合は、はけ塗り 2 回で 0.4kg/m² とする。

☐ **出入隅の処理**：出入隅角は、平場のシート張り付けに先立ち、200mm 角程度の増張り用シートを張り付ける。

☐ **シート相互の接合**：シート相互の重ね幅は、長手・横方向とも 100mm 以上とする。特に 3 枚重ね部は、みずみちになりやすく、中間のシート端部を斜めにカットするか、焼いた金ごてを用いて平滑に処理する。露出工法用の場合は、砂面をあぶって砂を沈めて張り合わせる。

例題

トーチ工法に関する記述として、**最も不適当なもの**はどれか。

1. ALC パネル下地のプライマーは、使用量を 0.4kg/m² とした。
2. コンクリート下地の入隅に、角度 45 度の成形キャント材を使用した。
3. 絶縁工法による ALC パネル下地の短辺接合部は、あらかじめ幅 50mm の絶縁用テープを張り付けた。

解答 2

解説 出入隅角は、200mm 角程度の増張り用シートを張り付ける。

3 防水工事 (3) 合成高分子系 ルーフィングシート防水工事

▶▶ パパっとまとめ

> 下地との固定方法により、接着剤を用いる接着工法、固定金具を用いる機械的固定工法がある。主に塩化ビニル樹脂系シート、加硫ゴム系シートなどが用いられる。

接着工法の留意事項

☐ **コンクリート下地** よく出る：コンクリート下地は直均し仕上げとし、出隅は通りよく 45°の面取りとし、入隅は通りよく直角とする。

☐ **ALC パネル下地**：パネル面にプライマーを塗布し、パネル短辺の接合部の目地部に幅 50mm 程度の絶縁用テープを張り付ける。

☐ **プライマー**：ローラーばけ等を用いて当日の施工範囲をむらなく塗布する。下地への接着剤の塗布は、プライマー乾燥後に行う。

☐ **張付け**：塗布した接着剤のオープンタイム（所定の性能が発揮されるまで放置する「待ち時間」）を確認して、ルーフィングシートに引張りを与えないよう、また、しわを生じさせないように張り付け、ローラー等で転圧して接着させる。

☐ **防水層立上り端部の処理** よく出る：テープ状シール材を張り付けた後、ルーフィングシートを張り付ける。立上り末端部は押え金物で固定し、不定形シール材を充填する。

塩化ビニル樹脂系シート防水接着工法 よく出る

☐ **接着剤**：合成ゴム系、合成樹脂系の接着剤を用いる。合成ゴム系の接着剤を使用する場合は、下地面及びシート裏面に均一に塗布する。エポキシ樹脂系の接着剤を用いる場合は下地面のみの塗布とする。

☐ **接合部**：ルーフィングシートの重ね幅は、幅方向、長手方向とも 40mm 以上とし、熱風融着又は溶着剤による溶剤溶着により接合し、その端部を液状シール材で処理する。ルーフィングシートが 3 枚重ねとなる部分は、熱風融着して重ね部の隙間をなくす。

☐ **出入隅部**：出入隅部はルーフィングシート施工後に、成形役物を張り付け、端部はシールで処理する。

加硫ゴム系シート防水接着工法 よく出る

☐ **接着剤**：加硫ゴム系シートには、合成ゴム系、合成樹脂系などの接着剤が用いられ、下地面及びシート裏面に均一に塗布する。

☐ **接合部**：ルーフィングシートの重ね幅は、幅方向、長手方向とも100mm以上とし、水上側のシートが上になるよう接着剤で接合する。ルーフィングシートが3枚重ねとなる部分は、内部の段差部分に不定形シール材を充填する。また、平場と立上りとの重ね幅は150mm以上とする。

☐ **出入隅部**：出隅角はシート施工前に、200mm角等の非加硫ゴム系のシートを増張りする。入隅角は行わない。

☐ **仕上塗料**：通常、美観や保護のため仕上塗料を施工する。また、軽歩行用として、ケイ砂などを配合した塗料を塗布する場合もある。

機械的固定工法

☐ 固定金具を用いてシートを下地に固定する工法。下地の影響を受けにくく、改修工事などの場合、工期短縮が期待できる。

例題

令和2年　午前　No.34

合成高分子系ルーフィングシート防水に関する記述として、**最も不適当なもの**はどれか。

1. 塩化ビニル樹脂系シート防水において、シート相互の接合にクロロプレンゴム系の接着剤を用いた。
2. 塩化ビニル樹脂系シート防水において、接合部のシートの重ね幅は、幅方向、長手方向とも40mm以上とした。
3. 加硫ゴム系シート防水接着工法において、防水層立上り端部の処理は、テープ状シール材を張り付けた後にルーフィングシートを張り付け、末端部は押さえ金物で固定し、不定形シール材を充填した。
4. 加硫ゴム系シート防水接着工法において、平場の接合部のシートの重ね幅は100mm以上とし、立上りと平場との重ね幅は150mm以上とした。

解答 1

解説 塩化ビニル樹脂系シートの相互接合は、熱風融着又は溶着剤（テトラヒドロフラン系等）による溶剤溶着とする。

7
仕上工事

147

4 防水工事（4）塗膜防水工事

学習 /

▶▶ パパっとまとめ

塗膜防水はコンクリート下地に塗膜防水材（ウレタンゴム系やゴムアスファルト系など）を塗布し防水層を形成する防水工法である。

ウレタンゴム系塗膜防水

☐ 補強布を張り付け、その上にウレタンゴム系防水材を施工する高伸長形と補強布を使用しない高強度形がある。また、下地と防水層を密着させる密着工法と通気緩衝シートにより下地と防水層を絶縁する絶縁工法がある。

防水材の材質	下地との関係	補強布または通気緩衝シートの有無
ウレタンゴム系	密着工法	補強布有り（高伸長形）
		補強布なし（高強度形）
	絶縁工法	通気緩衝シート（平場）、補強布（立上り）

☐ **防水材の総使用量** よく出る ：防水材の総使用量は、硬化物密度が $1.0Mg/m^3$ の場合、平場部で $3.0kg/m^2$、立上り部で $2.0kg/m^2$ とする。

☐ **防水層の下地**：コンクリート下地は直均し仕上げとし、出隅は通りよく45°の面取りとし、入隅は通りよく直角とする。また、コンクリート打継ぎ箇所等はU字形にはつり、シーリング材を充填したうえ、幅100mm以上の補強布を用いて補強塗りを行う。

☐ **プライマー**：下地が十分乾燥した後、ローラーばけ等を用いて当日の施工範囲をむらなく塗布する。使用量は $0.2kg/m^2$。密着工法や絶縁工法の立上り部等で使用される。

☐ **補強布の張付け** よく出る ：高伸長形で使用される補強布は、仮敷きをして下地になじませ、ウレタンゴム防水材を塗りながら張り付ける。補強布の重ね幅は50mm以上とする。

☐ **出隅・入隅等の処理** よく出る ：立上り、平場の防水材の施工に先立ち、出隅、入隅、ドレン回りなどに、幅100mm以上の補強布を用いて補強張りを行う。

☐ **塗継ぎの重ね幅** よく出る ：塗継ぎの重ね幅は100mm程度とする。

148

- □ **軽歩行用仕上塗料**：屋根防水の場合、防水層の保護・仕上げとして、一般的に軽歩行用仕上塗料（0.2kg/m² 程度）が塗布される。
- □ **絶縁工法** よく出る ：通気緩衝シートの上に防水材を塗重ねる工法。下地の水分による膨れや下地の挙動などによる防水層の破断を防止する。
    - □ **通気緩衝シート**：通気緩衝シートは接着剤を用い下地に張り付ける。穴あきシートでは、接着剤で下地に張り付けた後に、穴の中にウレタンゴム系防水材を充填する。継ぎ目は突付けとし、幅50mm 以上のジョイントテープ等で処理する。
    - □ **立上り部の処理**：立上りは通気緩衝シートに替えて補強布を用いる。この場合、平場の通気緩衝シートの上に 100mm 程度張り掛けて防水材を塗布する。
    - □ **脱気装置**：防水層の下地からの水蒸気を排出するため脱気装置を200m² に 1 箇所の割合で設置する。

ゴムアスファルト系塗膜防水

- □ **総使用量**：防水材の総使用量は、固形分が 60％ の場合、室内仕様（平場部・立上り部とも）で 4.5kg/m²、地下外壁仕様（吹付工法）で 7.0kg/m² とする。
- □ **塗継ぎの重ね幅**：塗継ぎの重ね幅は 100mm 以上とする。

例題　　　　　　　　　　　令和 3 年　午前　No.31　改題

　ウレタンゴム系塗膜防水に関する記述として、**最も不適当なもの**はどれか。
1. 絶縁工法において、立上り部の補強布は、平場部の通気緩衝シートの上に 100mm 張り掛けて防水材を塗布した。
2. 平場部の防水材の総使用量は、硬化物密度が 1.0Mg/m³ だったため、3.0kg/m² とした。
3. 絶縁工法において、防水層の下地からの水蒸気を排出するための脱気装置は、200m² に 1 箇所の割合で設置した。

解答　3
解説　絶縁工法において、防水層の下地からの水蒸気を排出するための脱気装置は、50〜100m² に 1 箇所の割合で設置する。

5 シーリング工事

▶▶

パパっとまとめ

シーリング工事とは、部材の接合部や目地部などをシーリング材で充填する工事である。建物への水の浸入を防ぐほか、地震などの揺れによる建物への影響を軽減する機能ももつ。

目地の寸法

□ **コンクリート打継目地、ひび割れ誘発目地**：通常、幅 20mm 以上、深さ 10mm 以上とする。

□ **ガラス周りの目地**：通常、幅・深さとも 5mm 以上とする。

ワーキングジョイント よく出る

□ **ワーキングジョイント**：動きの大きい外壁材の目地などをワーキングジョイントと呼び、この動きに追従できるようバックアップ材やボンドブレーカーを使用し、2 面接着とする。

□ **目地深さ**：目地深さは、目地幅を目安に考えることができる。例えば、目地幅 20mm の場合は、目地深さは 10〜15mm 程度が妥当である。

□ **バックアップ材**：目地深さがシーリング材の寸法より深い場合は、バックアップ材を装着し、所定の深さを得る。裏面接着剤付きのバックアップ材は、目地幅より 1mm 程度小さいもの、接着剤なしのものは目地幅より 2mm 程度大きいものとする。また、丸形のバックアップ材は、目地幅より大きめのものを使用する。

□ **ボンドブレーカー**：目地深さが所定の寸法の場合は、目地底にボンドブレーカーを用い所定の目地深さを確保する。シーリング材と接着しないテープなどを用いる。（例：シリコーン系シーリング材にシリコーンコーティングされたテープは不可）

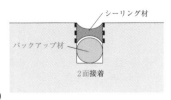

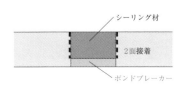

150

ノンワーキングジョイント

□ **ノンワーキングジョイント**:
動きの小さい打継ぎ目地、ひ
び割れ誘発目地などをノン
ワーキングジョイントと呼び、
通常、3面接着とする。

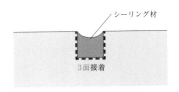

シーリング工事の留意点 よく出る

□ **作業の中止**:降雨、多湿等により結露のおそれがある場合、プライ
マーの塗布及び充填時に被着体が、5℃以下又は50℃以上になる
おそれのある場合は、原則、作業を中止する。

□ **プライマー**:プライマーの塗布は当日のシーリング材充填範囲のみ
とし、充填が翌日となった場合は、プライマーを再度塗布する。ま
た、プライマー塗布後、ごみやほこり等が付着した場合も、再塗布
を行う。

□ **仕上前のシーリングの充填**:シーリングの充填は、原則として、吹
付け等の仕上げ作業の前に行う。仕上げ後に充填する場合には、目
地周囲を養生し、はみ出さないように行う。

□ **充填の順序**:目地への打始めは、原則として、目地の交差部又は角
部から行う。

□ **へら押え**:充填後は、へらで押さえ、下地と密着させて表面を平滑
に仕上げる。

□ **目地縁の処理**:マスキングテープを貼り、へら押え後、直ちにマス
キングテープを取り除く。マスキングテープ貼りは、プライマー塗
布前に、その日の工事範囲のみを行う。

□ **シーリング材の除去**:充填
箇所以外の部分に付着した
シーリング材は、直ちに取
り除く。ただし、シリコー
ン系シーリング材の場合
は、硬化後に取り除く。

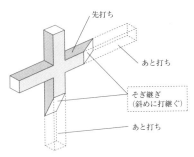

☐ **打継ぎ箇所**：打継ぎ箇所は、目地の交差部及び角部を避けて、そぎ
継ぎとする。

☐ **異種シーリング材の打継ぎ**：やむを得ず異種シーリング材を打継ぐ
場合は、シーリング材の相性を確認し、先打ちシーリング材が十分
硬化してから行う。打継ぎが可能な異種材の主な組合せの目安は、
下表のとおりとする。

☐ **打継ぎが可能な主なシーリング材**

先打ち	後打ち
ポリサルファイド系	シリコーン系（2成分形）、変成シリコーン系、ウレタン系（ポリウレタン系、アクリルウレタン系）
ウレタン系（ポリウレタン系、アクリルウレタン系）	シリコーン系（2成分形）、変成シリコーン系、ポリサルファイド系
シリコーン系	なし
変成シリコーン系	原則、なし（専用プライマーの使用等でシリコーン系、ポリサルファイド系など可能な場合もある）

☐ **施工後の確認**：目視により充填状態を確認するとともに、シーリン
グ材の硬化及び接着状態は指触等で確認する。

☐ **ALCパネルに用いるシーリング材**：ALCパネルは表面強度が低い
ため、モジュラス（物体に変形を加えたときに生じる応力で、シーリ
ング材の原型を保とうとする性能の指標になる）が低いシーリング
材を使用する。

例題

令和2年　午前　No.35　改題

シーリング工事に関する記述として、**最も不適当なもの**はどれか。
1. ALCなど表面強度が小さい被着体に、低モジュラスのシーリン
グ材を用いた。
2. ボンドブレーカーは、シリコーン系シーリング材を充填するた
め、シリコーンコーティングされたテープを用いた。
3. 先打ちしたポリサルファイド系シーリング材の硬化後に、変成シ
リコーン系シーリング材を打ち継いだ。

解答 2

解説 ボンドブレーカーは、シーリング材と接着しないものを使用する必要
がある。設問の場合では、同じシリコーン系であり接着してしまう。

▶▶ パパっとまとめ

建築分野における石工事には、外壁工事、内壁工事、床及び階段の石張り工事などがある。ここでは、外壁工事・内壁工事の「外壁湿式工法」「外壁乾式工法」「内壁空積工法」について整理する。

外壁湿式工法

☐ **外壁湿式工法**：外壁用の石材を取付用引金物で固定し、裏込めモルタルなどを充填する工法。一般に流し筋工法が用いられる。

  ☐ **石材の有効厚さ**：有効厚さは、25mm 以上とする。

  ☐ **取付け代（石材と躯体の間隔）**：取付け代は、40mm 程度とする。

  ☐ **目地**：通常、目地幅は 6mm 以上とし、シーリング材やセメントモルタルを充填する。

  ☐ **引金物、だぼの径**：石厚 40mm 以上の場合は径 4.0mm、石厚 40mm 未満の場合は径 3.2mm のものを使用する。

  ☐ **流し筋工法**：埋込みアンカーを縦横 450mm 程度の間隔で躯体に打ち込み、これに縦筋、横筋を溶接し引金物緊結下地とする。

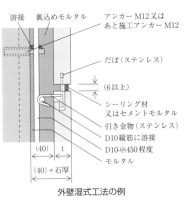

溶接　裏込めモルタル　アンカー M12 又はあと施工アンカー M12
だぼ（ステンレス）
（6以上）
シーリング材又はセメントモルタル
引き金物（ステンレス）
D10縦筋に溶接
D10-@450 程度
モルタル
(40)　t
(40) + 石厚

外壁湿式工法の例

外壁乾式工法 よく出る

☐ **外壁乾式工法**：ファスナーと呼ばれるだぼ付きの引金物を用いて石材と躯体を緊結する工法。

  ☐ **スライド方式・ロッキング方式**：スライド方式（だぼの下端側が固定、上端側がスライドだぼ孔）とロッキング方式（通しだぼで上下の石を固定）がある。

7

仕上工事

☐ **石材**：形状は正方形に近い矩形とし、標準的な規格は以下の通り。

幅及び高さ	面積	有効厚さ	重量
1,200mm 以下	0.8m² 以下	30mm 以上	70kg/ 枚以下

☐ **下地コンクリート躯体**：躯体の面の寸法精度は± 10mm 以内とする。

☐ **取付け代（石材と躯体の間隔）**：取付け代は 70mm を標準とする。

☐ **ファスナー**：一次ファスナーに二次ファスナーをつなぐボルト穴は、位置調整が可能なルーズホールとする。スライド方式の場合は、上だぼ用の孔も、外壁面内方向のルーズホール（スライドだぼ孔）とする。

☐ **だぼ**：だぼの径は、スライド方式で径 5mm、ロッキング方式で径 4mm とし、埋め込み長さはいずれの場合も 20mm とする。

☐ **だぼ孔の位置**：一般に石材の横目地合端に 2 箇所、両端部より石材幅の 1/4 程度の位置に設ける。また、板厚方向の中央とする。

☐ **目地**：一般に、目地幅は 8mm 以上とし、シーリング材を充填する。

内壁空積工法

☐ **内壁空積工法**：内壁用の石材と躯体を引き金物で緊結し、引金物周辺のみをモルタルで固定する工法。

☐ **石材の有効厚さ**：有効厚さは、20mm 以上とする。

☐ **取付け代（石材と躯体の間隔）**：取付け代は 40mm 程度とする。

例題

令和 3 年 午前 No.32 改題

外壁乾式工法に関する記述として、**最も不適当なもの**はどれか。
1. 下地のコンクリート面の寸法精度は、± 10mm 以内となるようにした。
2. 厚さ 30mm、大きさ 500mm 角の石材のだぼ孔の端あき寸法は、60mm とした。
3. 石材間の目地は、幅を 10mm としてシーリング材を充填した。

解答 2

解説 両端部より石材幅の 1/4 程度の位置に設けるため、500 × 1/4＝125mm 程度が適当である

▶▶ **パパっとまとめ**
> 壁タイル張りと床タイル張りがあり、それぞれセメントモルタル
> による後張り工法や有機系接着剤による後張り工法等により施
> 工される。特にセメントモルタルによる壁タイル張りの出題頻度
> が高いが、現在では接着剤張りが主流になってきており、合わせ
> て整理する。

壁タイル張りの共通事項 よく出る

- [ ] **伸縮調整目地**：タイル張り面の伸縮調整目地は、下地のひび割れ誘発目地、打継ぎ目地などと合わせ、縦目地は 3m 内外、横目地は 4m 内外ごとに設ける。

- [ ] **化粧目地**：タイル張付け後、24 時間以上経過した後、張付けモルタルの硬化を見計らって、目地詰めを行う。密着張り、改良積上げ張り、改良圧着張り、接着剤張りは目地ごて等で、マスク張り、モザイクタイル張りはすり込み目地として仕上げる。目地の深さは、タイル厚さの 1/2 以下とする。

- [ ] **接着力試験**：外壁のタイル張りでは、接着力試験機による引張接着強度試験を行う。試験体の個数は 100m² 以下ごとに 1 個以上、かつ全体で 3 箇所以上とする。

セメントモルタルによる後張り工法

- [ ] **密着張り** よく出る ：張付けモルタルを下地面に塗り、振動工具を用いてタイルを振動させ張り付ける工法。

  - [ ] **張付けモルタル**：張付けモルタルは 2 度塗りとし、1 度目はこて厚をかけ塗り付け、総厚は 5～8mm とする。1 回の塗付け面積の限度は、2m²/ 人以内、かつ、20 分以内に張り終える面積とする。

  - [ ] **タイルの張付け**：上部から 1 段置きに水糸に合わせて張ったのち、間を埋めるように張る。また、タイル周辺からモルタルがはみ出すまで振動機を移動させながら、目違いのないよう通りよく張り付ける。振動工具の加振位置はタイル内の複数箇所とする。

□ **改良積上げ張り**：タイル裏面全面に張付けモルタルを平滑に塗り、役物の張り付け後、下段から 1 段ずつ張り上げる工法。

> □ **張付けモルタル**：タイル裏面全面に 7〜10mm の塗り厚で平らに均す。モルタルの塗置き時間は 5 分以内とする。

> □ **タイルの張付け**：タイル周辺からモルタルがはみ出すまで入念にたたき締め、通りよく張り付ける。また、1 日の張付け高さの上限は、1.5m 程度とする。ただし、三丁掛以上のタイルは高さ 1m 以下とする。

□ **改良圧着張り**：モルタル下地面に張付けモルタルを塗り、タイル裏面にも同じ張付けモルタルを塗ってタイルを張り付ける工法。

> □ **張付けモルタル**：下地面の張付けモルタルは 2 度塗りとし、1 度目はこて厚をかけ塗り付け、総厚は 4〜6mm とする。1 回の塗付け面積の限度は、2m² / 人以内、かつ、60 分以内に張り終える面積とする。タイル裏面の張付けモルタルは 1〜3mm の塗り厚で平らに均す。

> □ **タイルの張付け**：タイル裏面に張付けモルタルを塗り、タイル周辺からモルタルがはみ出すまでたたき締め、通りよく平らに張り付ける。

□ **マスク張り**：表張りユニットタイル裏面に厚さ 4mm の専用マスクをかぶせて張付け用モルタルを塗り、マスクを外してからユニットタイルをたたき込んで張り付ける工法。

> □ **張付けモルタル**：張付けモルタルは、裏面全面に金ごてで圧着して塗り付ける。なお、モルタルの塗置き時間は 5 分以内とする。

> □ **タイルの張付け**：縦横及び目地幅の通りをそろえて張り付け、目地部分に張付けモルタルがはみ出すまでたたき締める。表張り紙は、ユニットタイル張付け後、時期を見計らって水湿しをして紙をはがし、タイル表面に残った糊を取り除く。

□ **モザイクタイル張り**：下地に張付けモルタルを塗り付け、表張りユニットタイルをたたき込んで張り付ける工法。

> □ **張付けモルタル**：張付けモルタルは 2 度塗りとし、1 度目はこて厚をかけ塗り付け、総厚は 3〜5mm とする。また、1 回の塗付け面積の限度は、3m² / 人以内とし 20 分以内に張り終える面積とする。

☐ **タイルの張付け**：目地部分に張付けモルタルが盛り上がり、モルタルの水分で表張り紙が湿るまで十分にたたき押さえる。表張り紙は、ユニットタイル張付け後、時期を見計らって水湿しをしてはがし、著しいタイルの配列の乱れがある場合は、配列を直す。

☐ **張付けモルタル厚さ、1回の塗付け面積一覧表** よく出る

種別	張付けモルタル厚さ	1回の塗付け面積
密着張り	5〜8mm（下地面）	2m²/人以内
改良積上げ張り	7〜10mm（タイル裏面）	─
改良圧着張り	4〜6mm（下地面）	2m²/人以内
	1〜3mm（タイル裏面）	2m²/人以内
マスク張り	4mm（マスクの厚さ）	─
モザイクタイル張り	3〜5mm（下地面）	3m²/人以内

☐ **化粧目地**：タイル張付け後、24時間以上経過した後、張付けモルタルの硬化を見計らって、目地詰めを行う。密着張り、改良積上げ張り、改良圧着張りは目地ごて等で、マスク張り、モザイクタイル張りはすり込み目地として仕上げる。目地の深さは、タイル厚さの1/2以下とする。

☐ **床タイル圧着張り**：床において、下地モルタル（敷モルタル）の上に張付けモルタルを塗って、タイルを張る工法。

　☐ **張付けモルタル**：張付けモルタルは2度塗りとし、1度目はこて厚をかけ塗り付け、総厚は5〜7mmとする。1回の塗付け面積の限度は、2m²/人以下とする。

　☐ **タイルの張付け**：専用のハンマーなどでタイルの周辺からモルタルがはみ出すまで、入念にたたき押さえを行う。

　☐ **化粧目地**：目地の深さは歩行に支障のない程度の沈み目地とする。

有機系接着剤によるタイル後張り工法
☐ 施工条件

- **気温**：施工中又は施工後の気温が5℃以下になると予想される場合は、施工を行わない。
- **下地の乾燥**：下地表面の乾燥が不十分な場合は、下地を乾燥させる。

□ **有機系接着剤**

• **内装壁タイル接着張り**：施工箇所に応じたものとする。

種類	用途
タイプⅠ	長期にわたって水及び温水の影響を受ける箇所に用いるもの。
タイプⅡ	間欠的に水及び温水の影響を受ける箇所に用いるもの。
タイプⅢ	水及び温水の影響を受けない箇所に用いるもの。

• **外装壁タイル接着張り**：一液反応硬化形の変成シリコーン樹脂系又はウレタン樹脂系を標準とする。

□ **シーリング材**：一般に、打継ぎ目地・ひび割れ誘発目地は、ポリウレタン系シーリング材、伸縮調整目地は変成シリコーン系シーリング材を使用する。外壁に用いるシーリング材は、施工に先立ち、有機系接着剤による汚染が出ないことを確認する。

□ **タイル張り**：接着剤の1回の塗布面積の限度は、30分以内に張り終える面積とする（内装の場合は、かつ 3m² 以内）。接着剤は金ごて等を用いて平たんに塗布した後、くし目ごてを壁面に対して 60°の角度を保ち、くし目を立てる。内装の場合は、手でもみ込んで押さえ付ける。外装の場合は、たたき板、専用ハンマー、振動工具などで張り付ける。

例題

令和2年 午前 No.36

セメントモルタルによる壁タイル後張り工法に関する記述として、**最も不適当なもの**はどれか。

1. モザイクタイル張りの張付けモルタルは、2度塗りとし、総塗厚を 3mm 程度とした。
2. マスク張りの張付けモルタルは、ユニットタイル裏面に厚さ 4mm のマスク板をあて、金ごてで塗り付けた。
3. 改良積上げ張りの張付けモルタルは、下地モルタル面に塗厚 4mm 程度で塗り付けた。
4. 密着張りの化粧目地詰めは、タイル張付け後、24時間以上経過したのち、張付けモルタルの硬化を見計らって行った。

解答 3

解説 改良積上げ張りの張付けモルタルは、タイル裏面全面に 7～10mm の塗り厚で平らに均す。

8 ALC パネル工事

▶▶ **パパっとまとめ**

ALC パネルには外壁パネル、間仕切壁パネル、屋根パネル、床パネルなどがある。

外壁パネル構法 よく出る

☐ **縦型ロッキング構法**：躯体の層間変形に対して、縦向きに設置したパネルがロッキングして追従する構法。

  ☐ **取付け方法**：パネルの上下端部に締結した取付け金物を、各段に構造体に固定した下地鋼材に溶接などで固定する。

  ☐ **目地**：横目地、出隅部・入隅部の縦目地、他部材（間仕切りパネル等）との取合い部には目地幅 10〜20mm の伸縮目地を設ける。

☐ **横壁アンカー構法**：躯体の層間変形に対して、横向きに設置した上下段のパネル相互がずれ合い、追従する構法である。

  ☐ **取付け方法**：パネルの左右端に取付け金物を締結し、下地鋼材に溶接などで固定する。また、積上げ段数 5 段以下ごとにパネルの重量を支持する自重受け金物を設ける。

  ☐ **目地**：縦目地、出隅部・入隅部の縦目地、他部材（間仕切りパネル等）との取合い部には目地幅 10〜20mm の伸縮目地を設ける。また、自重受け金物を設けた横目地にも伸縮目地を設ける。

間仕切壁パネル構法

☐ **縦壁フットプレート構法** よく出る ：躯体の層間変形に対し、パネル上部が内面方向に対して可動（スライド）して追従する構法である。

  ☐ **取付け方法**：床面に固定したフットプレートなどの取付け金具にパネル下部を固定する。パネル上部の取付け部には 10〜20mm のクリアランスを設ける。

  ☐ **目地**：出隅部・入隅部の縦目地、他部材との取合い部には、10mm 以上の伸縮目地を設ける。耐火性能が要求される場合は、ロックウールなどの耐火目地材を使用する。

- [ ] **上部のかかり代**：面外方向の荷重に対してパネル上部の間仕切チャンネルへのかかり代を 10〜20mm 確保する。
- [ ] **パネルの一体化**：間仕切りパネルを一体化する目的で、長辺側面相互の接合に接着剤（シリカ系、セメント系、アクリル樹脂系等）を用いる。

屋根及び床パネル構法

- [ ] **敷設筋構法**：パネル間の目地部に、取付け金物と鉄筋を配置し、目地にモルタルを充填して取付ける構法。パネルの長辺目地に、長さ 1000mm 程度の目地鉄筋を取付け金物（スラブプレート）の穴に通し敷設する。
- [ ] **パネルの設置**：長辺は突き合わせ、短辺の接合部には 20mm 程度の目地を設ける。支持部材への有効なかかり代は支点間距離の 1/75 以上、かつ 40mm 以上とする。

その他の留意点

- [ ] **壁、間仕切パネルの孔あけ**：孔径はパネル幅の 1/6 以下とする。
- [ ] **床、屋根パネルの孔あけ**：孔径は 50mm 以下とする。
- [ ] **仮置き**：平積みし、1 段の高さは 1.0m 以下とし、総高 2.0m 以下とする。
- [ ] **取扱い時の欠け**：取扱い時に欠けが生じた場合、構造耐力上に支障がなければ、製造業者が指定する補修モルタルで補修して使用できる。

例題   令和 3 年　午前　No.39　改題

ALC パネル工事に関する記述として、**最も不適当なもの**はどれか。
1. パネルの取扱い時に欠けが生じたが、構造耐力上は支障がなかったため、製造業者が指定する補修モルタルで補修して使用した。
2. 外壁の縦壁ロッキング構法の横目地は伸縮目地とし、目地幅は 15mm とした。
3. 耐火性能が要求される伸縮目地には、モルタルを充填した。

解答 3
解説 耐火性能が要求される場合は、ロックウールなどの耐火目地材を使用する。

9 押出成形セメント板工事

▶▶ パパっとまとめ

押出成形セメント板（以下パネルという）は、中空層をもつセメント板で、外壁や間仕切壁に用いられる。保管する場合、平坦で乾燥した場所に平積みとし、積上げ高さは 1m 以内とする。

外壁パネル工法 よく出る

☐ **縦張り工法**：パネルの長辺を垂直方向にして、各段の構造体に固定した下地鋼材に取り付ける工法。

☐ **横張り工法**：パネルの長辺を水平方向にして、積上げ枚数 3 枚以下ごとに構造体に固定した自重受け金物で受け、下地鋼材に取り付ける工法。

☐ **パネル幅**：パネル幅の最小限度は、原則として、300mm とする。

☐ **取付け金物（Z クリップ）**：Z クリップは、下地鋼材に 30mm 以上のかかり代を確保し、取付けボルトが Z クリップのルーズホールの中心に位置するように取り付ける。

    ☐ **縦張り工法の場合**：Z クリップは、パネルがロッキングできるように正確かつ堅固に取り付ける。また、パネル上部に取り付ける Z クリップは、回転防止のため、溶接長さを 15mm 以上とする。

    ☐ **横張り工法の場合**：Z クリップは、パネルがスライドできるように正確かつ堅固に取り付ける。また、回転防止のため、溶接長さを 15mm 以上とする。

☐ **パネル相互の目地**：通常、パネル間の目地幅は、縦目地を 8mm 以上、横目地を 15mm 以上とする。

☐ **出隅及び入隅のパネル接合目地**：伸縮調整目地とする。通常、目地幅は 15mm 程度とし、シーリング材を充填する。

☐ **パネルの欠き込み・孔あけ**：原則として、欠き込みは行わない。やむを得ず行う場合は、強度計算により安全を確認するとともに、長辺方向に 500mm 以下、短辺方向にパネル幅の 1/2 以下、かつ 300mm 以下とする。ただし、切断後のパネルの残り部分の幅は 300mm 以上を確保する（孔あけの場合の短辺のみ 150mm 以上を確保する）。

7 仕上工事

161

□ **パネルの補修**：パネル強度に影響がある欠陥品は、原則パネル交換とするが、軽微な欠けなどは指定の補修材で補修する。

間仕切壁パネル工法

□ 横張り工法（外壁パネルに準ずる）と縦張り工法がある。

□ 縦張り工法
- **パネル上端**：スラブ等の下面に溝形鋼を取り付け、パネルを差し込む。または、スラブ下面に山形鋼を固定し、Zクリップで取り付ける。
- **パネル下端**：床面に山形鋼を取り付け、Zクリップで取り付ける。又は、パネル下部に取付け金物をセットし、パネルはタッピンねじ、床面はアンカーボルト等で固定する。

防水処理

□ **シーリング材**：パネル間の目地部や他部材との取合い部はシーリング材を充填する。一般にシーリング材は、変成シリコーン系シーリング材を用いる。

□ **2次的対策**：2次的な漏水対策が必要な場合、室内側にガスケット外側下部に水抜きパイプを設置する。

例題
令和2年　午前　No.44

　　外壁の押出成形セメント板張りに関する記述として、**最も不適当なものはどれか。**
1.　パネルの割付けにおいて、使用するパネルの最小幅は300mmとした。
2.　パネル取付け金物（Zクリップ）は、下地鋼材に30mmのかかりしろを確保して取り付けた。
3.　横張り工法のパネルは、積上げ枚数5枚ごとに構造体に固定した自重受け金物で受けた。
4.　縦張り工法のパネルは、層間変形に対してロッキングにより追従するため、縦目地を8mm、横目地を15mmとした。

解答　3
解説　横張り工法のパネルは、積上げ枚数3枚以下ごとに構造体に固定した自重受け金物で受ける。

10 屋根工事

金属製折板葺、金属板葺、心木なし瓦棒葺が同じ頻度で出題されている。
それぞれ使用する部材と部材寸法、取付け位置と取付け寸法を把握しておこう。

金属製折板葺

☐ タイトフレームの割付は、両端部のおさまりが同一となるように建物の桁行方向の中心から行い、墨出しは通りよく行う。

☐ タイトフレームの溶接は、タイトフレームの立上り部分の縁から10mm残し、受梁に底部両側を隅肉溶接する。

☐ タイトフレームの受梁に継手部分があったり、大梁の接合部で切れていたりする場合は、梁上に添え材を取り付けて溶接する。

☐ 重ね形の折板は、山ごとにタイトフレームに固定し、流れ方向の重ね部の緊結のボルト間隔は600mm程度とする。

☐ 端部用タイトフレームは、けらば包みの下地として間隔600mm程度で取り付ける。

☐ けらば包みの継手の重ねは、60mm以上とし、重ね内部にシーリング材を挟み込む。

☐ けらば包みを用いない場合は、折板の変形を防止するため、山間隔の3倍以上の長さの変形防止材を間隔1200mm以下に設置する。

☐ 止水面戸は、折板の水上の先端部分に雨水を止めるために設ける部品で、棟や水上部分の雨押えの仕舞に用いる。

☐ 水上部分の折板と壁との取り合い部分に設ける雨押えは、壁際の立上りを150mm以上とし、雨押えの先端にエプロンを取り付ける。

☐ 軒先の落とし口は、折板の底幅より小さく穿孔し、テーパー付きポンチで押し広げ、5〜10mm以上の尾垂れを付ける。

7

仕上工事

163

金属板葺

☐ 下葺きのルーフィング材は、野地面上に軒先と平行に敷き込み、軒先から上へ向かって張る。上下 (流れ方向) は 100mm 以上、左右 (長手方向) は 200mm 以上重ね合わせる。

☐ 塗装溶融亜鉛めっき鋼板を用いた屋根材に用いるドリリングねじは、亜鉛めっき製品とする。

☐ 葺板の周囲四辺にはぜを付ける。上はぜの折り返し幅は 15mm、下はぜの折り返し幅は 18mm 程度とする。

☐ 平葺の吊子は、葺板と同種同厚の材とし、幅 30mm、長さ 70mm 程度とする。

☐ 横葺の葺き板の継手位置は、縦に一直線状とならないよう千鳥に配置する。

心木なし瓦棒葺

☐ 一般部の葺き方は、通し吊子を 1 本置きに配置し、その両側に溝板を設置した後、中間に通し吊子をはめ合わせて留め付け、キャップ掛けを行う。

☐ 通し吊子は、平座金を付けたドリリングねじで、下葺、野地板を貫通させ母屋に固定する。

☐ 棟部の納めは、頂部の溝板を八千代折りして瓦棒の高さまで立上げ、水返しを設けて棟包みを取り付ける。

☐ 棟包みの継手は、できるだけ瓦棒に近い位置に設ける。

☐ 軒先の瓦棒の先端は桟鼻を用い、キャップ、溝板の立上り部分をつかみ込んで納める。

☐ けらば納めの端部の溝板の幅は、瓦棒の働き幅の 1/2 以下とする。

☐ 水上部分と壁との取り合い部分に設ける雨押えは、壁際の立上りを 120mm 以上立ち上げる。

　金属製折板葺き屋根工事に関する記述として、**最も不適当なもの**はどれか。

1.　タイトフレームの割付けは、両端部の納まりが同一となるように建物の桁行き方向の中心から行い、墨出しを通りよく行った。
2.　タイトフレームの受梁が大梁で切れる部分の段差には、タイトフレームの板厚と同厚の部材を添え材として用いた。
3.　水上部分の折板と壁との取合い部に設ける雨押えは、壁際の立上りを 150mm とし、雨押えの先端に止水面戸を取り付けた。
4.　軒先の落とし口は、折板の底幅より小さく穿孔し、テーパー付きポンチで押し広げ、10mm の尾垂れを付けた。

解答 3

解説 雨押えの先端にはエプロンを取り付ける。止水面戸は、折板の水上の先端に取り付ける。

　金属板葺屋根工事に関する記述として、**最も不適当なもの**はどれか。

1.　平葺の小はぜ掛けは、上はぜの折返し幅を 15mm、下はぜの折返し幅を 10mm とした。
2.　横葺の葺板の継手位置は、縦に一直線状とならないよう千鳥に配置した。
3.　平葺の吊子は、葺板と同種同厚の材とし、幅 30mm、長さ 70mm とした。
4.　塗装溶融亜鉛めっき鋼板を用いた金属板葺きのドリルねじ等の留付け用部材には、亜鉛めっき製品を使用した。

解答 1

解説 下はぜの折返し幅は 18mm 程度とする。毛細管現象を防ぐため、上はぜより下はぜの折返し幅を大きくする必要がある。

7

仕上工事

▶▶ パパっとまとめ

軽量鉄骨壁下地の出題頻度が高い。具体的な建て込みの方法や部材の設置間隔を覚えておこう。

軽量鉄骨壁下地

スタッド・ランナー等

部材 種類	スタッド (mm)	ランナー (mm)	振れ止め (mm)	出入口及びこれに 準ずる開口部の 補強材 (mm)	補強材取付 け用金物 (mm)	スタッドの 高さによる 区分
50形	50×45 ×0.8	52×40 ×0.8	19×10 ×1.2	—	—	高さ2.7m以下
65形	65×45 ×0.8	67×40 ×0.8		C-60×30 ×10×2.3	L-30 ×30×3	高さ4.0m以下
90形	90×45 ×0.8	92×40 ×0.8	25×10 ×1.2	C-75×45 ×15×2.3	L-50 ×50×4	高さ4.0mを 超え4.5m以下
100形	100×45 ×0.8	102×40 ×0.8		2C-75×45 ×15×2.3		高さ4.5mを 超え5.0m以下

☐ ランナー両端部は、端部から50mm内側を固定し、中間部は間隔900mm程度に打ち込みピン等で床、梁下、スラブ下等に固定する。

☐ 鉄骨梁に取り付く上部ランナーは、耐火被覆工事終了後、あらかじめ鉄骨梁に取り付けられた先付け金物又はスタットボルトにタッピンねじの類又は溶接で固定する。

☐ 軽量鉄骨天井下地に取り付く上部ランナーは、ランナーと野縁が直角な場合は野縁に、ランナーと野縁が平行な場合は野縁受けに、各々間隔900mm程度にタッピンねじの類又は溶接で固定する。

☐ スペーサーは各スタッドの端部を押さえ、間隔600mm程度に留め付ける。

☐ 上部ランナーの上端とスタッド天端の隙間は、10mm以下とする。

☐ 仕上げのボード類はスタッドに直接取り付けられるため、スタッドの建て込みは正確に行い、間隔の精度は±5mmに抑える。

□ スタッドがコンクリート壁に添え付く場合は、スタッドを上下ランナーに差し込み、端部及び間隔 900mm 程度に打ち込みピンなどで固定する。

□ 振れ止めは、床ランナー下端より間隔 1200mm ごとにスタッドに引き通し固定するが、上部ランナー上端から 400mm 以内に位置する振れ止めは、省略することができる。

□ 出入口などの開口補強で、65 形で補強材の長さが 4m を超える場合は、同材の補強材を 2 本抱き合わせ、上下端部及び間隔 600mm 程度に溶接したものを用いる。

□ そで壁端部の補強は、使用するスタッドの種類に応じた補強材を、スタッドに溶接などで固定し補強する。

軽量鉄骨天井下地

野縁等

種類 部材	19 形 (mm)	25 形 (mm)
シングル野縁	25 × 19 × 0.5	25 × 25 × 0.5
ダブル野縁	50 × 19 × 0.5	50 × 25 × 0.5
野縁受け	38 × 12 × 1.2	38 × 12 × 1.6
ハンガ	厚さ 2.0 以上	
クリップ	板厚 0.6 以上	板厚 0.8 以上
つりボルト	転造ねじ、ねじ外径 9.0 (有効径 8.1 以上)	
ナット	高さ 8.0	

□ 特記がない場合は、屋内は 19 形、屋外は 25 形とする。

□ 野縁受け、吊りボルト及びインサートの間隔は 900mm 程度とし、周辺部は端から 150mm 以内とする。

□ ダクトや配管によって吊りボルトの所定の間隔が確保できない場合は、アングル等の鋼材を別に設けて、吊りボルトを取り付ける。

□ 下地張りのある天井仕上げの野縁は、ダブル野縁を間隔 1800mm 程度とし、その間に 4 本のシングル野縁を間隔を揃えて配置する。

□ 野縁や野縁受けの隣り合うジョイントの位置は、互いに 1m 以上ずらして千鳥に配置する。

☐ 下地張りがなく野縁が壁等に突き付く場合で、天井目地を設ける場合は、厚さ0.5mm以上のコ形又はL形の亜鉛めっき鋼板を、野縁端部の小口に差し込むか、添え付けて留め付け、天井目地の目地底とする。

☐ 下地張りがなく野縁が壁に平行する場合は、端部の野縁をダブル野縁とする。

☐ 屋内の天井のふところが1.5m以上の場合は、原則として、施工用補強部材等を用いて、次により、吊りボルトの補強を行う（特定天井を除く）。

☐ 水平補強は、縦横方向に間隔1.8m程度で配置する。

☐ 斜め補強は、相対する斜め材を1組とし、縦横方向に間隔3.6m程度で配置する。

特定天井

吊り天井であって、次の3条件のいずれにも該当するもの。

☐ 居室、廊下その他、人が日常立ち入る場所に設けられるもの。

☐ 高さが6mを超える天井の部分で、その水平投影面積が200m^{2}を超えるものを含むもの。

☐ 天井面構成部材等の質量が2kg/m^{2}を超えるもの。

例題 1   令和2年 午前 No.38

軽量鉄骨壁下地に関する記述として、**最も不適当なもの**はどれか。
1. 鉄骨梁に取り付く上部ランナーは、耐火被覆工事の後、あらかじめ鉄骨梁に取り付けられた先付け金物に溶接で固定した
2. コンクリート壁に添え付くスタッドは、上下のランナーに差し込み、コンクリート壁に打込みピンで固定した。
3. スタッドは、上部ランナーの上端とスタッド天端との隙間が15mmとなるように切断した。
4. 上下のランナーの間隔が3mの軽量鉄骨壁下地に取り付ける振れ止めの段数は、2段とした。

解答 3

解説 上部ランナーの上端とスタッド天端の隙間は、10mm以下とする。

例題2

軽量鉄骨壁下地に関する記述として、**最も不適当なもの**はどれか。

1. ランナーは、両端部は端部から 50mm 内側で固定し、中間部は 900mm 間隔で固定した。

2. 振れ止めは、床ランナーから 1,200mm 間隔で、スタッドに引き通し、固定した。

3. スタッドの建込み間隔の精度は、± 5mm とした。

4. スペーサーは、各スタッドの端部を押さえ、900mm 間隔に留め付けた。

解答 4

解説 下スペーサーは各スタッドの端部を押さえ、間隔 600mm 程度に留め付ける。

例題3

特定天井に該当しない軽量鉄骨天井下地工事に関する記述として、**最も不適当なもの**はどれか。

1. 下地張りがなく、野縁が壁に突付けとなる場所に天井目地を設けるため、厚さ 0.5mm のコ形の亜鉛めっき鋼板を野縁端部の小口に差し込んだ。

2. 屋内の天井のふところが 1,500mm 以上ある吊りボルトは、縦横方向に間隔 3.6m で補強用部材を配置して水平補強した。

3. 吊りボルトの間隔が 900mm を超えたため、その吊りボルトの間に水平つなぎ材を架構し、中間から吊りボルトを下げる 2 段吊りとした。

4. 下地張りのある天井仕上げの野縁は、ダブル野縁を 1,800mm 程度の間隔とし、その間に 4 本のシングル野縁を間隔を揃えて配置した。

解答 2

解説 補強用部材の縦横方向の間隔は、1.8m 程度とする。

7

仕上工事

169

内壁コンクリート下地のセメントモルタル塗り、防水形合成樹脂エマルション系複層仕上塗材仕上げが毎年交互に出題されている。

出題内容は難しくないが、細かい数値を覚える必要がある。

内壁コンクリート下地のセメントモルタル塗り

□ 調合（容積比）及び塗厚の標準

下塗り ラス付け		むら直し 中塗り		上塗り			塗厚 (mm)
セメント	砂	セメント	砂	セメント	砂	混和材	
1	2.5	1	3	1	3	適量	20

□ 1回の塗厚は7mm以下とする。

□ 下塗りから上塗りまでの合計の塗厚は、20mmを標準とする。

□ 吸水調整材の塗布後、乾燥を確認してから下塗りを行う。

□ 下地処理をポリマーセメントペースト塗りとした場合は、乾燥しないうちに下塗りを行う。

□ 中塗りや上塗りの塗厚を均一にするため、むらが著しい場合は、下塗りの後に、むら直しを行う。

防水形合成樹脂エマルション系複層仕上塗材
（防水型複層塗材E）仕上げ

□ 仕上げの形状及び工法

仕上げの形状	主材の工法	所要量（kg/m²）		塗り回数
凸部処理 凹凸状	吹付け	下塗材	0.1以上	1
		増塗材	0.9以上	1
ゆず肌状	ローラー塗り	主材基層	1.7以上	2
		主材模様	0.9以上	1
		上塗材	0.25以上	2

※所要量は、希釈する前の使用質量とする。

※所要量は、2回塗りの場合、2回分の使用質量を示す。

□ 下塗りは、だれ、塗残しのないように均一に塗り付ける。

□ 増塗りは、下塗りの後に行い、出隅、入隅、目地部、開口部回り等に、はけ又はローラーにより、端部に段差のないように塗り付ける。

□ 主材基層塗りは、2回塗りとし、だれ、ピンホール及び塗残しのないよう下地を覆うように塗り付ける。

□ 主材模様塗りは、吹付けの場合、見本と同様の模様で均一に仕上がるように、仕上塗材の製造所の指定する吹付け条件により吹き付け、ローラー塗りの場合、見本と同様の模様で均一に仕上がるように、所定のローラーを用いて塗り付ける。

□ 凸部の処理は、主材の模様塗りが終わってから1時間以内に行う。

□ 上塗りは、2回塗りとし、色むら、だれ、光沢むら等が生じないように均一に、はけ、ローラー又はスプレーガンにより塗り付ける。

例題1

　内壁コンクリート下地のセメントモルタル塗りに関する記述として、**最も不適当なもの**はどれか。

1. 中塗りや上塗りの塗厚を均一にするため、下塗りの後に、むら直しを行った。
2. モルタルの塗厚は、下塗りから上塗りまでの合計で30mmとした。
3. 下地処理をポリマーセメントペースト塗りとしたため、乾燥しないうちに下塗りを行った。
4. 下塗り用モルタルの調合は、容積比でセメント1：砂2.5とした。

解答　2

解説　全塗厚は、20mmを標準とする。

7

仕上工事

防水形合成樹脂エマルション系複層仕上塗材（防水形複層塗材E）仕上げに関する記述として、**最も不適当なもの**はどれか。
1. 下塗材は、0.2kg/m² を1回塗りで、均一に塗り付けた。
2. 主材の基層塗りは、1.2kg/m² を1回塗りで、下地を覆うように塗り付けた。
3. 主材の模様塗りは、1.0kg/m² を1回塗りで、見本と同様の模様になるように塗り付けた。
4. 上塗材は、0.3kg/m² を2回塗りで、色むらが生じないように塗り付けた。

解答 2
解説 主材の基層塗りは、1.7kg/m² を2回塗りとする。

防水形合成樹脂エマルション系複層仕上塗材（防水形複層塗材E）仕上げに関する記述として、**最も不適当なもの**はどれか。
1. 下塗材の所要量は、試し塗りを行い、0.2kg/m² とした。
2. 出隅及び入隅の増塗りは、はけ又はローラーにより、端部で段差のないように塗り付けた。
3. 主材の基層塗りは2回塗りとし、所要量を1.7kg/m² とした。
4. 凸部処理は、主材の模様塗り後24時間経過してから行った。

解答 4
解説 凸部の処理は、主材の模様塗りが終わってから1時間以内に行う。

13 建具工事

> ▶▶ パパっとまとめ
> 鋼製建具工事とアルミニウム製建具工事が毎年交互に出題されている。
> 施工方法や材料の細かい数値を覚える必要がある。

鋼製建具

鋼製建具に使用する鋼板類の厚さ

区分		使用箇所	厚さ（mm）
窓	枠類	枠、方立、無目、ぜん板、額縁、水切り板	1.6
出入口	枠類	一般部分	1.6
		くつずり	1.5
	戸	かまち、鏡板、表面板	1.6
		力骨	2.3
		中骨	1.6
	その他	額縁、添え枠	1.6
補強板の類			2.3以上

※ 1枚の戸の有効幅が950mm又は有効高さが2400mm未満の建具

屋内に用いる鋼製軽量建具に使用する鋼板類の厚さ

区分		使用箇所	厚さ（mm）
枠類	一般部分		1.6
	くつずり		1.5
戸	表面板		0.6以上
	力骨、中骨		1.6
	召合せ 縦小口包み板 押縁	鋼板	0.6以上
		ステンレス鋼板	0.6以上
		アルミニウム押出形材	―
その他	額縁、添え枠		1.6
補強板の類			2.3以上

※ 1枚の戸の有効幅が950mm又は有効高さが2400mm未満の建具

7 仕上工事

173

☐ 外部に面する両面フラッシュ戸は、下部を除き、三方の見込み部を表面板で包む。

☐ 外部に面する鋼製建具枠の組立ては、溶接とする。

☐ 水掛かりのない屋内に使用する鋼製建具枠は、厚さ 2.3mm 以上の裏板補強のうえ小ねじ留めとすることができる。

☐ 戸の力骨は戸の四周に設け、中骨の間隔は 300mm 以下とする。

☐ 枠及び戸の取付け精度は、ねじれ、反り、はらみの許容差をそれぞれ 2mm 以内とする。

☐ 枠の取付けにおいて、倒れの取付け精度は、面外、面内とも 2mm 以内とする。

☐ 枠の取付け精度は、対角寸法差を 3mm 以内とする。

アルミニウム製建具

☐ 枠、くつずり、水切り板等のアンカーは、建具に適したものとし、両端から逃げた位置から、間隔 500mm 以下に取り付ける。

☐ 水切り板と下枠との取合いには、建具枠回りと同一のシーリング材を用いる。

☐ 外部建具枠回り充填モルタルに用いる砂の塩分含有量は、NaCl 換算で、0.04%（質量比）以下とする。

☐ 補強材、力骨、アンカー等は、鋼製又はアルミニウム合金製とする。鋼製のものは、亜鉛めっき等の接触腐食の防止措置を講ずる。

☐ 表面処理が陽極酸化被膜・着色陽極酸化被膜のアルミニウム製部材は、モルタルに接する箇所に耐アルカリ性の塗料を塗り付ける。

☐ 陽極酸化被膜に塗膜の性能を付加した陽極酸化塗装複合被膜のアルミニウム製部材は、耐食性、耐候性などの品質が向上しているため、モルタルに接する箇所の耐アルカリ性塗料塗りを省略できる。

☐ 建具の組立てにおいて、突付け部には、漏水防止のためシーリング材を充填する。

例題1

鋼製建具工事に関する記述として、**不適当なもの**を**2つ**選べ。

1. 内部建具の両面フラッシュ戸の見込み部は、上下部を除いた2方を表面板で包んだ。
2. 外部建具の両面フラッシュ戸の表面板は、厚さを0.6mmとした。
3. 両面フラッシュ戸の組立てにおいて、中骨は厚さを1.6mmとし、間隔を300mmとした。
4. ステンレス鋼板製のくつずりは、表面仕上げをヘアラインとし、厚さを1.5mmとした。
5. 枠及び戸の取付け精度は、ねじれ、反り、はらみともそれぞれ許容差を、4mm以内とした。

解答 2　5
解説 2. 外部建具の両面フラッシュ戸の表面板は、厚さ1.6mmとする。
　　　5. ねじれ、反り、はらみの許容差は、それぞれ2mm以内とする。

例題2

アルミニウム製建具工事に関する記述として、**最も不適当なもの**はどれか。

1. 表面処理が着色陽極酸化皮膜のアルミニウム製部材は、モルタルに接する箇所の耐アルカリ性塗料塗りを省略した。
2. 外部建具周囲の充填モルタルは、NaCl換算0.04%（質量比）まで除塩した海砂を使用した。
3. 建具枠のアンカーは、両端から逃げた位置から、間隔を500mm以下で取り付けた。
4. 水切りと下枠との取合いは、建具枠まわりと同一のシーリング材を使用した。

解答 1
解説 表面処理が着色陽極酸化被膜のアルミニウム製部材は、モルタルに接する箇所に耐アルカリ性の塗料を塗り付ける。表面処理が陽極酸化塗装複合被膜のアルミニウム製部材であれば耐アルカリ性塗料塗りを省略できる。

7

仕上工事

下塗りの塗料の種類、それぞれの工程における塗付け量、工程間隔時間について出題される。同じ設問肢が繰り返し出題されているので、苦手意識を持たず学習しよう。

コンクリート素地面の塗装

□ アクリル樹脂系非水分散形塗料塗り（NADE）

	工程	塗料その他	塗付け量 (kg/m²)	工程間隔時間
1	下塗り	アクリル樹脂系非水分散形塗料	0.10	3H 以上
2	パテかい	合成樹脂エマルションパテ	—	16H 以上
3	研磨	研磨紙 P220	—	—
4	中塗り	アクリル樹脂系非水分散形塗料	0.10	3H 以上
5	上塗り	アクリル樹脂系非水分散形塗料	0.10	48H 以上

※いわゆるシーラーを使用しないで、下塗り、中塗り、上塗りともに同一材料を用いる。
※工程2、3は、素地ごしらえで平滑化できなかった場合に、凹凸部を均一で平滑な面に仕上げる工程である。

□ 2 液形ポリウレタンエナメル塗り（2-UE）

	工程	塗料その他	塗付け量 (kg/m²)	工程間隔時間
1	下塗り	反応形合成樹脂シーラー	0.08	16H 以上
2	中塗り	2 液形ポリウレタンエナメル用中塗り	0.14	16H 以上
3	上塗り (1 回目)	建築用耐候性上塗り塗料 (2 液形ポリウレタン樹脂塗料)	0.10	16H 以上
4	上塗り (2 回目)	建築用耐候性上塗り塗料 (2 液形ポリウレタン樹脂塗料)	0.10	72H 以上

☐ アクリルシリコン樹脂エナメル塗り（2-ASE）

	工程	塗料その他	塗付け量 (kg/m²)	工程間隔 時間
1	下塗り	反応形合成樹脂シーラー	0.08	16H以上
2	中塗り	アクリルシリコン樹脂塗料用中塗り	0.14	16H以上
3	上塗り (1回目)	建築用耐候性上塗り塗料 (2液形シリコン樹脂塗料)	0.10	16H以上
4	上塗り (2回目)	建築用耐候性上塗り塗料 (2液形シリコン樹脂塗料)	0.10	72H以上

☐ 常温乾燥形ふっ素樹脂エナメル塗り（2-FUE）

	工程	塗料その他	塗付け量 (kg/m²)	工程間隔 時間
1	下塗り	反応形合成樹脂シーラー	0.08	16H以上
2	中塗り	常温乾燥形ふっ素樹脂塗料用中塗り	0.14	16H以上
3	上塗り (1回目)	建築用耐候性上塗り塗料 (2液形ふっ素樹脂塗料)	0.10	16H以上
4	上塗り (2回目)	建築用耐候性上塗り塗料 (2液形ふっ素樹脂塗料)	0.10	72H以上

※下塗りは素地に十分含浸させることにより、塗膜の付着性向上やぜい弱な素地の強化を目的とするため、はけ塗り、ローラーブラシ塗りとする。
※中塗りや上塗りは原則として吹付け塗りとする。

☐ 合成樹脂エマルションペイント塗り（EP）

	工程	塗料その他	塗付け量 (kg/m²)	工程間隔 時間
1	下塗り	合成樹脂エマルションシーラー、水	0.07	3H以上
2	中塗り	合成樹脂エマルションペイント、水	0.11	3H以上
3	上塗り	合成樹脂エマルションペイント、水	0.11	48H以上

※合成樹脂エマルションペイントにおいて、1種は主として屋外用、2種は主として屋内用とする。

☐ つや有合成樹脂エマルションペイント塗り（EP-G）

	工程	塗料その他	塗付け量 (kg/m²)	工程間隔 時間
1	下塗り	合成樹脂エマルションシーラー、水	0.07	3H以上
2	中塗り	つや有合成樹脂エマルションペイント、水	0.10	5H以上
3	上塗り	つや有合成樹脂エマルションペイント、水	0.10	48H以上

7
仕上工事

177

亜鉛めっき鋼面の塗装

☐ 常温乾燥形ふっ素樹脂エナメル塗り（2-FUE）

	工程	塗料その他	塗付け量（kg/m²）
1	下塗り	変性エポキシ樹脂プライマー	0.14
2	中塗り	鋼構造物用ふっ素樹脂塗料	0.14
3	上塗り	鋼構造物用ふっ素樹脂塗料	0.10

屋外の木質系素地面の塗装

☐ 木材保護塗料塗り（WP）

	工程	塗料その他	塗付け量（kg/m²）	工程間隔時間
1	下塗り	木材保護塗料	0.10 以上	24H 以上
2	上塗り（1 回目）	木材保護塗料	0.06 以上	24H 以上
3	上塗り（2 回目）	木材保護塗料	0.06 以上	72H 以上

※木材保護塗料は原液で使用することを基本とし、希釈はしない。
※原則として、下塗りは上塗りと同じ塗料を用いる。

例題 1

平成 29 年　午前　No.41

コンクリート素地面の塗装工事に関する記述として、**最も不適当な**
ものはどれか。
1. アクリル樹脂系非水分散形塗料塗りにおいて、中塗りを行う前に
研磨紙 P220 を用いて研磨した。
2. 2液形ポリウレタンエナメル塗りにおいて、中塗り後、上塗りま
での工程間隔時間を3時間とした。
3. 常温乾燥形ふっ素樹脂エナメル塗りの下塗りにおいて、塗料を素
地に浸透させるため、ローラーブラシ塗りとした。
4. 合成樹脂エマルションペイント塗りにおいて、流動性を上げるた
め、水で希釈して使用した。

解答 2
解説 2液形ポリウレタンエナメル塗りにおける中塗り後の工程間隔時間
は、16 時間以上とする。塗重ね前に前工程の乾燥が不十分なときは、
縮み、つやむら、しわなどの欠陥が生ずる場合がある。

例題2

コンクリート素地面の塗装工事に関する記述として、**最も不適当な**
ものはどれか。
1. 常温乾燥形ふっ素樹脂エナメル塗りにおいて、塗料を素地に浸透
   させるため、下塗りはローラーブラシ塗りとした。
2. 合成樹脂エマルションペイント塗りにおいて、屋内の水がかり部
   分は、塗料の種類を1種とした。
3. アクリル樹脂系非水分散形塗料塗りにおいて、中塗りを行う前に
   研磨紙P80を用いて研磨した。
4. つや有合成樹脂エマルションペイント塗りにおいて、最終養生時
   間を48時間とした。

解答 3
解説 アクリル樹脂系非水分散形塗料塗りは、主として屋内外の壁面などに
つや消しの平滑仕上げを目的として用いられるため、研磨紙は研磨材
の粒度が細かいP220を用いる。

例題3

塗装工事に関する記述として、**最も不適当なもの**はどれか。
1. 屋外の木質系素地面の木材保護塗料塗りにおいて、原液を水で希
   釈し、よく攪拌して使用した。
2. 亜鉛めっき鋼面の常温乾燥形ふっ素樹脂エナメル塗りにおいて、
   下塗りに変性エポキシ樹脂プライマーを使用した。
3. コンクリート面のアクリル樹脂系非水分散形塗料塗りにおいて、
   下塗り、中塗り、上塗りともに同一材料を使用し、塗付け量はそれ
   ぞれ0.10kg/m^{2}とした。
4. せっこうボード面の合成樹脂エマルションペイント塗りにおい
   て、気温が20℃であったため、中塗り後3時間経過してから、次の
   工程に入った。

解答 1
解説 木材保護塗料は通常、原液で使用する。希釈すると保護効果が低下し、
本来の性能を発揮することができない。希釈を必要とする場合は塗料
製造所の仕様に従い、専用又は指定の希釈材を用いる。

7

仕上工事

▶▶ パパっとまとめ

壁のせっこうボード張り、ビニル床シート張り、合成樹脂塗床が
同じ頻度で出題されている。
それぞれ使用する施工材料と施工方法、取付け位置と取付け寸法
を把握しておこう。

壁のせっこうボード張り

①軽量鉄骨壁下地、木製壁下地

☐ 軽量鉄骨壁下地、木製壁下地にせっこうボードを小ねじ等で直接張り付ける場合の留付け間隔は、中間部 300mm、周辺部 200mm 程度とし、周辺部は端部から 10mm 程度内側の位置で留め付ける。

☐ 木製壁下地にせっこうボードを釘で直接張り付ける場合、ボード厚の 3 倍程度の長さの釘を用い、釘頭が平らになるまで十分打ち付ける。

☐ 軽量鉄骨壁下地にせっこうボードをドリリングタッピンねじで直接張り付ける場合、下地の裏面に 10mm 以上の余長が得られる長さのねじを用い、ねじ頭がせっこうボードの表面より少しへこむように確実に締め込む。

②せっこう系接着剤による直張り工法

☐ ALC 下地、断熱材下地の場合は、プライマーを塗布して乾燥させ、ボードを張り付ける。

☐ 躯体から仕上がり面までの寸法は、ボード厚 +3mm 以上とし、厚さ 9.5mm のボードで 20mm 程度、厚さ 12.5mm のボードで 25mm 程度を標準とする。

☐ 一度に練る直張り用接着剤の量は、1 時間程度で使い切れる量とする。

☐ 直張り用接着材の盛上げ高さは、仕上げ厚さの 2 倍程度とする。

☐ ボード中央部の接着剤を塗り付ける間隔は、床上 1200mm 以下の部分は 200〜250mm、床上 1200mm を超える部分は 250〜300mm とする。

☐ 接着剤の乾燥、ボードの濡れ防止のために、ボード下端と床面の間にスペーサーを置いて 10mm 程度浮かした状態で、軽くたたきながら圧着する。

③テーパーエッジボードの継目処理

☐ 下塗り及びテープ貼りは、継目部分の溝にジョイントコンパウンド
を塗り付けた上にジョイントテープを貼る。グラスメッシュテープ
を使用する場合は、ジョイントコンパウンドによる下塗りを省略す
ることができる。

☐ 中塗りは、下塗りが乾燥した後、ジョイントテープが完全に覆われ、
ボード面と平らになるように、幅 150mm 程度に薄くジョイント
コンパウンドを塗り広げる。

☐ 上塗りは、中塗りの乾燥を確認後、むらを直すように薄くジョイント
コンパウンドを幅 200～250mm 程度に塗り広げて平滑にする。

ビニル床シート張り・ビニル床タイル張り
☐ 接着剤の種別と施工箇所

主成分による区分	施工箇所
酢酸ビニル樹脂系溶剤系／ビニル共重合樹脂系溶剤系／アクリル樹脂系エマルション形／ウレタン樹脂系／ゴム系ラテックス	一般の床幅木など
エポキシ樹脂系／ウレタン樹脂系	防湿層のない土間湿気及び水の影響を受けやすい箇所

☐ 接着剤を使用する場合で、施工中又は接着剤の硬化前に室温が 5℃
以下になることが予想される場合には、採暖などの措置を講じる。

☐ 張付けは、下地面に接着剤を均一に塗布した後、オープンタイムを
取り、張付け可能時間内に張り付ける。

☐ 床シートの張付けは、床シートを送り込みながら圧着棒を用いて空
気を押し出すように行い、その後 45kg ローラーで圧着する。

☐ 溶接棒による床シートの熱溶接工法の作業は床シートを張付け後
12 時間以上経過し、接着剤の硬化がある程度進んでから行う。接
着剤中の溶剤又は水が残留している段階で熱風溶接を行うと、溶剤
又は水が急激に蒸発し、継ぎ目の膨れや接着不良を発生する。

☐ 溶接作業は熱風溶接機を用い、床シートの溝部分と溶接棒を 180℃～
200℃の熱風で加熱溶接させる。溶接のスピードは 3～5m/min
程度とする。

☐ 床シートを立ち上げて幅木とする場合、天端は接着剤が硬化してか
ら切り揃え、必要に応じて端末はシーリング処理する。

合成樹脂塗床

□ 塗床工法の種類

種類 項目	コーティング 工法	流しのべ 工法	樹脂モルタル 工法	ライニング 工法
断面図	樹脂を比校的薄く塗布する 	骨材を混合したペースト状の樹脂を厚く流しのべる 	骨材や充填材を混合してモルタル状にした樹脂をこてで厚く塗る 	ガラス繊維などの補強材を積層し、樹脂を塗り重ねる
厚さ (mm)	0.05～0.2	0.8～2.0	3～10	1～5
特徴	施工が簡単で安価 耐熱性・耐薬品性・耐摩耗性に劣る 水回りには使えない	膜厚の管理が重要となる 平滑で美観性がよい 耐薬品性・耐摩耗性がよい	耐荷重性・耐衝撃性・耐摩耗性・耐薬品性・耐熱性がよい	耐衝撃性・耐クラック性・耐防水性に優れる フレーク片を混合したものは耐熱性・耐薬品性がさらに向上する

□ コーティング工法（薄膜型塗床工法）

	工程	面の処理等
1	プライマー塗り	下地面の清掃を行った後、プライマーを均一に塗り付ける。
2	下塗り	ローラーばけ、はけ等を用いて均一に塗り付ける。
3	上塗り	適度に硬化後、ローラーばけ、はけ等を用いて均一に塗り付ける。

□ 弾性ウレタン樹脂系塗床仕上げ

	仕上げの種類 工程	平滑仕上げ	防滑仕上げ	つや消し仕上げ
1	プライマー塗り	下地面の清掃を行った後、プライマーを均一に塗り付ける。		
2	弾性ウレタン樹脂系塗床材塗り	弾性ウレタン樹脂系塗床材を床面に流し、金ごて、ローラーばけ、はけ等で平滑に塗り付ける。		
3	表面仕上	―	工程2が適度に硬化した後、弾性ウレタン樹脂系塗床材に弾性骨材（ウレタンチップ等）を混合した材料を、リシンガン、ローラーばけ、はけ等で均一に塗り付けた後、トップコートを塗り付ける。	工程2が適度に硬化した後、つや消し材入りトップコートを塗り付ける。

☐ 樹脂モルタル工法

	工程	面の処理等
1	プライマー塗り	下地面の清掃を行った後、プライマーを均一に塗り付ける。
2	タックコート	気泡が残らないように平滑に塗り付ける。
3	樹脂モルタル塗り	こてむらがないよう平らに塗り付ける。
4	目止め	気泡が残らないように平滑に塗り付ける。
5	上塗り	気泡が残らないように平滑に塗り付ける。
6	骨材散布	工程5が硬化する前にむらがないように均一に散布する。
7	上塗り	適度に硬化後、均一に塗り付ける。

工程1～5：平滑仕上げ　　　工程1～7：防滑仕上げ

☐ プライマーは、下地の吸込みが激しく塗膜とならない部分には、先に塗ったプライマーの硬化後に再塗布する。

☐ 樹脂パテや樹脂モルタルでの下地調整は、プライマーの乾燥後に行う。

例題 1

令和2年　午前　No.43

　壁のせっこうボード張りに関する記述として、**最も不適当なもの**はどれか。

1. ボードの下端部は、床面からの水分の吸上げを防ぐため、床面から10mm程度浮かして張り付けた。
2. テーパーエッジボードの突付けジョイント部の目地処理における上塗りは、ジョイントコンパウンドを幅200～250mm程度に塗り広げて平滑にした。
3. 軽量鉄骨壁下地にボードを直接張り付ける際、ボード周辺部を固定するドリリングタッピンねじの位置は、ボードの端部から5mm程度内側とした。
4. 木製壁下地にボードを直接張り付ける際、ボード厚の3倍程度の長さの釘を用いて、釘頭が平らに沈むまで打ち込んだ。

解答 3

解説 ボード周辺部は端部から10mm程度内側の位置で留め付ける。ねじの位置がせっこうボードの端に寄り過ぎると、ボードの端欠けにより縁が破損してしまう。

7

仕上工事

183

令和3年　午前　No.37

ビニル床シート張りに関する記述として、**最も不適当なもの**はどれか。

1.　床シートの張付けは、気泡が残らないよう空気を押し出し、その後45kgローラーで圧着した。
2.　床シートの張付けは、下地に接着剤を塗布した後、オープンタイムをとってから張り付けた。
3.　防湿層のない土間コンクリートへの床シートの張付けには、ゴム系溶剤形の接着剤を使用した。
4.　熱溶接工法において、溶接作業は、床シートを張り付けた後、12時間以上経過してから行った。

解答 3

解説 防湿層のない土間コンクリートへの床シートの張付けには、エポキシ樹脂系の接着剤を使用する。

例題3

平成28年　午前　No.42

合成樹脂塗床に関する記述として、**最も不適当なもの**はどれか。

1.　プライマーは、下地の吸込みが激しく塗膜とならない部分には、先に塗ったプライマーの硬化後に再塗布した。
2.　エポキシ樹脂のコーティング工法のベースコートは、金ごてで塗り付けた。
3.　合成樹脂を配合したパテ材や樹脂モルタルでの下地調整は、プライマーの乾燥後に行った。
4.　エポキシ樹脂モルタル塗床で防滑仕上げに使用する骨材は、最終仕上げの1つ前の工程と同時に均一に散布した。

解答 2

解説 コーティング工法は、樹脂に着色材などの添加剤を配合した低粘度の液体をローラー、はけ等を用いて塗布する工法で、防塵床に多く使用される。

16 鉄筋コンクリート造の内部断熱工事

▶▶ パパっとまとめ

鉄筋コンクリート造の断熱工事における硬質ウレタンフォーム吹付け工法、押出法ポリスチレンフォーム打込み工法と張付け工法から出題される。

硬質ウレタンフォーム吹付け工法

☐ 自己接着性が高く、木材・コンクリートなどにも接着し、接着剤が不要である。

☐ 吹付け厚さは、確認ピンを用いて確認する。

☐ 下吹きが必要な場合は、施工箇所に厚さ5mm以下で吹付ける。

☐ 1層の吹き上げ厚さは、30mm以下とし、総厚さが30mmを超える場合は多層吹きとする。

☐ 1日の施工厚さは、80mmを超えないものとする。

☐ ウレタンフォームが厚く付き過ぎて表面仕上げ上支障となるところは、カッターナイフなどを用いて除去する。

押出法ポリスチレンフォーム打込み工法

☐ 断熱材の継目は突付けとし、テープ張りをしてコンクリートの流失を防止する。

☐ 窓枠回りの施工が困難な部分には、現場発泡の硬質ウレタンフォームを吹き付ける。

押出法ポリスチレンフォーム張付け工法

☐ 躯体面とのすき間が生じないように断熱材を全面接着とし、密着させて張り付ける。

7

仕上工事

185

令和元年 午前 No.43

鉄筋コンクリート造建築物の内部の断熱工事に関する記述として、**最も不適当なもの**はどれか。

1. 硬質ウレタンフォーム吹付け工法において、厚さ5mmの下吹きの後、多層吹きの各層の厚さは各々30mm以下とした。
2. 硬質ウレタンフォーム吹付け工法において、冷蔵倉庫で断熱層が特に厚かったため、1日の最大吹付け厚さを100mmとした。
3. 押出法ポリスチレンフォーム打込み工法において、断熱材の継目は突付けとし、テープ張りをしてコンクリートの流出を防止した。
4. 押出法ポリスチレンフォーム張付け工法において、躯体面とのすき間が生じないように断熱材を全面接着とし、密着させて張り付けた。

解答 2

解説 1日の施工厚さは、80mmを超えないものとする。厚くし過ぎると内部の発熱反応により燃焼の危険があり、クラックの発生要因ともなる。

令和3年 午前 No.38

鉄筋コンクリート造の断熱工事に関する記述として、**最も不適当なもの**はどれか。

1. 硬質ウレタンフォーム吹付け工法において、ウレタンフォームが厚く付きすぎて表面仕上げ上支障となるところは、カッターナイフで除去した。
2. 硬質ウレタンフォーム吹付け工法において、ウレタンフォームは自己接着性に乏しいため、吹き付ける前にコンクリート面に接着剤を塗布した。
3. 押出法ポリスチレンフォーム張付け工法において、セメント系下地調整塗材を用いて隙間ができないようにしてから、断熱材を全面接着で張り付けた。
4. 押出法ポリスチレンフォーム打込み工法において、窓枠回りの施工が困難な部分には、現場発泡の硬質ウレタンフォームを吹き付けた。

解答 2

解説 ウレタンフォームは自己接着性が高く、木材・コンクリートなどにも接着し、接着剤が不要である。

▶▶ ババっとまとめ

内部改修工事における既存床仕上材の撤去及び下地処理について出題される。既存床仕上材の種類によって使用する工具や撤去方法が異なることに注意する。

既存床仕上材の撤去方法

☐ ビニル床シート等の除去は、カッター等で切断し、スクレーパー等により他の仕上材に損傷を与えないよう行う。接着剤等は、ディスクサンダー等により、新規仕上げの施工に支障のないよう除去する。

☐ 合成樹脂塗床材の機械的除去工法は、ケレン棒、電動ケレン棒、電動はつり器具、ブラスト機械等により除去する。除去範囲は、下地がモルタル塗りの場合はモルタル下地共、コンクリート下地の場合はコンクリート表面から 3mm 程度とする。

☐ 乾式工法によるフローリングは、丸のこ等で適切な寸法に切断し、ケレン棒等ではがし取る。

☐ モルタル埋込み工法によるフローリングは、電動はつり器具、のみ等により、フローリングとモルタル部分をはつり取り、切片等を除去する。

☐ 磁器質床タイルの張替え部は、ダイヤモンドカッター等で存置部分と縁切りをし、タイル片を電動ケレン棒、電動はつり器具等により撤去する。

撤去後の下地処理

☐ 既存合成樹脂塗床面の上に同じ塗床材を塗り重ねる場合は、接着性を高めるため、既存仕上材の表面をディスクサンダー等により目荒しを行う。

☐ 既存床材撤去後の下地コンクリート又はモルタルの凹凸、段差部分等は、サンダー掛け、ポリマーセメントモルタルの充填等により補修し、コンクリート金ごて仕上げ程度に仕上げる。

7
仕上工事

187

　内装改修工事における既存床仕上げ材の撤去及び下地処理に関する記述として、**不適当なものを2つ**選べ。ただし、除去する資材は、アスベストを含まないものとする。

1.　ビニル床シートは、ダイヤモンドカッターで切断し、スクレーパーを用いて撤去した。

2.　磁器質床タイルは、目地をダイヤモンドカッターで縁切りし、電動斫り器具を用いて撤去した。

3.　モルタル塗り下地面の既存合成樹脂塗床材の撤去は、下地モルタルを残し、電動斫り器具を用いて下地モルタルの表面から塗床材のみを削り取った。

4.　既存合成樹脂塗床面の上に同じ塗床材を塗り重ねるため、接着性を高めるよう、既存仕上げ材の表面を目荒しした。

5.　新規仕上げが合成樹脂塗床のため、既存床材撤去後の下地コンクリート面の凹凸部は、エポキシ樹脂モルタルで補修した。

解答　1　3

解説　1.ビニル床シートの切断には、ダイヤモンドカッターではなく、カッターを用いる。

　　　3.合成樹脂塗床材の撤去にあたり、下地がモルタル塗りの場合は、モルタル下地共撤去する。

8

第8章
施工管理

▶▶ パパっとまとめ

施工計画の検討事項として、仮設計画、事前調査、仮設設備などがある。

仮設計画

☐ 塗料や溶剤等の引火性材料の保管場所は、建築物、仮設事務所、他の材料置場等から隔離した場所に設け、屋根、壁等を不燃材料で覆い、消火器等を設け、安全対策を講ずる。

☐ ガスボンベ類の貯蔵小屋は、周囲から離れた場所で、ガス漏れ等で充満しないように密閉しない。

☐ 工事で発生した残材をやむを得ず高さ3m以上の高所から投下する場合は、ダストシュートを設け、監視人を置く等の措置を講ずる。

☐ 工事現場の周囲に設ける仮囲いは高さ1.8m以上の板塀等とする。ただし、工事現場の周辺若しくは工事の状況により危害防止上支障がない場合においては、この限りでない。

☐ 作業員詰所は、工事用事務所に近く連絡や管理がしやすい場所で、職種数や作業員の増減に対応した大部屋方式とする。

☐ 施工者事務室と監理者事務室は、業務内容が違うため同一建物内でもそれぞれ独立して設ける。

事前調査

☐ 建設機械を使用する場合は、周辺道路の交通規制や埋設物、架空電線、電波障害等について調査する。

☐ セメントによって地盤改良された土の掘削において、沈砂層を設置して湧水を場外へ排水する場合は、水質調査を行って、pHの値が水質基準を満足していない場合には、中和処理を実施してから排水する。

☐ 工事現場の排水計画に当たり、公共下水道の排水方式の調査を行う。

☐ 設計による地盤調査が、山留計画に不十分であった場合には、追加のボーリング調査等を行う。

□ 山留計画に当たり、周囲の地盤の緩みを防止するため、事前に隣接建物の地盤の状況や基礎の調査を行う。

□ ベンチマークは相互に確認できる位置に2箇所以上設ける。

□ コンクリートポンプ車を前面道路に設置する場合は、道路使用許可申請書を警察署長に提出する。

□ 工事車両出入口、仮囲い及び足場の設置に伴う道路占用の計画では、歩道の有無と道路幅員について調査し、道路占用許可申請書を道路管理者に提出する。

□ 解体工事に当たり、近隣建物の所有者の立会いを得て、家屋調査を行う。

仮設設備

□ 工事用使用電力量が3kW未満は臨時電灯、3kW〜50kW未満は低圧受電、50kW〜2000kW未満は高圧受電、2000kW以上は特別高圧受電とする。

□ 工事用使用電力量を算出する場合、コンセントから使用する電動工具・照明器具（電灯・投光器等）の同時使用係数は1.0として計画する。

□ 工事用の照明設備における作業面の照度は、普通の作業で150ルクス以上とする。

□ 屋外に使用する使用電圧が300V以下の移動電線は、1種キャブタイヤケーブル及びビニルキャブタイヤケーブル以外のキャブタイヤケーブルとする。

□ 工事用給水設備における工事事務所の使用水量は、50リットル/人・日とする。

□ 仮設用便所は、男性用と女性用に区別する。

• 男性用小便所数：同時に就業する男性作業員30人以内ごとに1個。

• 男性用大便所便房数：同時に就業する男性作業員60人以内ごとに1個。

• 女性用便房数：同時に就業する女性作業員20人以内ごとに1個。

仮設計画に関する記述として、**最も不適当なもの**はどれか。

1. 塗料や溶剤等の保管場所は、管理をしやすくするため、資材倉庫の一画を不燃材料で間仕切り、設ける計画とした。
2. ガスボンベ類の貯蔵小屋は、壁の1面を開口とし、他の3面は上部に開口部を設ける計画とした。
3. 工事で発生した残材を、やむを得ず高所から投下するので、ダストシュートを設ける計画とした。
4. 仮囲いは、工事現場の周辺や工事の状況により危害防止上支障がないので、設けない計画とした。

解答 1

解説 塗料や溶剤等の引火性材料の保管場所は、建築物、仮設事務所、他の材料置場等から隔離した場所に設け、屋根、壁等を不燃材料で覆い、消火器等を設け、安全対策を講ずる。

建築工事における事前調査に関する記述として、**最も不適当なもの**はどれか。

1. 鉄骨工事の計画に当たり、周辺道路の交通規制や架空電線について調査した。
2. セメントによって地盤改良された土の掘削に当たり、沈砂槽を設置して湧水を場外へ排水することとしたため、水質調査を省略した。
3. 解体工事の計画に当たり、近隣建物の所有者の立会いを得て、近隣建物の現状について調査した。
4. 工事車両出入口、仮囲い及び足場の設置に伴う道路占用の計画に当たり、歩道の有無と道路幅員について調査した。

解答 2

解説 セメントによって地盤改良された土の掘削において、沈砂層を設置して湧水を場外へ排水する場合は、水質調査を行って、pH の値が水質基準を満足していない場合には、中和処理を実施してから排水する。

例題3

仮設設備の計画に関する記述として、**最も不適当なもの**はどれか。

1. 工事用の給水設備において、水道本管からの供給水量の増減に対する調整のため、2時間分の使用水量を確保できる貯水槽を設置する計画とした。
2. 工事用の溶接用ケーブル以外の屋外に使用する移動電線で、使用電圧が300Vのものは、1種キャブタイヤケーブルを使用する計画とした。
3. 作業員の仮設便所において、男性用大便所の便房の数は、同時に就業する男性作業員が60人ごとに、1個設置する計画とした。
4. 工事用の照明設備において、普通の作業を行う作業面の照度は、150ルクスとする計画とした。

解答 2

解説 屋外に使用する使用電圧が300V以下の移動電線は、1種キャブタイヤケーブル及びビニルキャブタイヤケーブル以外のキャブタイヤケーブルとする。

例題4

仮設設備の計画に関する記述として、**最も不適当なもの**はどれか。

1. 必要な工事用使用電力が60kWのため、低圧受電で契約する計画とした。
2. 工事用使用電力量の算出において、コンセントから使用する電動工具の同時使用係数は、1.0として計画した。
3. 作業員の洗面所の数は、作業員45名当たり3連槽式洗面台1台として計画した。
4. 仮設の給水設備において、工事事務所の使用水量は、1人1日当たり50Lを見込む計画とした。

解答 1

解説 工事用使用電力量が3kw未満は臨時電灯、3kw～50kw未満は低圧受電、50kw～2000kw未満は高圧受電、2000kw以上は特別高圧受電とする。60kwの場合は高圧受電で契約する。

▶▶ パパっとまとめ

施工計画の検討事項として、仮設備や仮囲い、建物等の仮設計画が重要な項目となる。

施工管理項目

☐ **品質管理**：施工手段を確認、修正しながら、所定の品質・形状の建築物を築造することを目的として管理する。

☐ **安全管理**：労働者や第三者に危険が生じないように、安全管理体制の整備、各種工事の危険防止対策、現場の整理整頓、安全施設の整備等を目的として管理する。

☐ **工程管理**：工事の進捗状況を調べ、遅れや進みすぎがある場合は、その原因を調査し、対策をたてることを目的として管理する。

事前調査 よく出る

☐ 工事に先立ち事前調査を行い、その結果に基づいて工事全般の施工内容、施工方法、仮設計画及び工程について記載した施工計画書を作成する。調査項目及び内容は下表のとおりである。

項目	内容
地形・地質	地形状況、周辺民家、土質、地下水、支持層
気象・水文	降雨、積雪、風、気温、日照、地震
電力・水	工事用電源、工事用取水
交通状況	道路状況、通学路、交通規制、行事、催し
環境・公害	騒音、振動、廃棄物、地下水
用地・利権	用途地域、境界、建蔽率
労力・資材	労働者確保、下請業者、価格、支払い条件
施設・建物	事務所、病院、機械修理工場、警察、消防
支障物	地上障害物、地下埋設物、電波障害

躯体工事の施工計画

☐ 順打ち工法：切梁支保工などで山留壁を支え、基礎地中梁から上へ
地下躯体を施工する方法。

☐ 逆打ち工法：1階床・梁を先行施工して、順次下へ地下階の床を構
築し、最後に基礎躯体を造る方法。地下躯体工事と並行して上部躯
体を施工できるため、工期短縮が図れる。

☐ 埋戻し：透水性の悪い山砂を用いた埋戻しは、戻し厚さ300mm程
度ごとにローラー、ランマーなどで締め固める。

☐ 既製杭工事のプレボーリング埋込み工法：支持層への到達確認は、
アースオーガー駆動用電動機の電流値又は掘削抵抗電流値と掘削時
間を積算した積分電流値を用いる。

☐ 場所打ちコンクリート杭工事のリバース工法：2次スライム処理は、
サクションポンプ又はエアリフトなどにより行う。

☐ 場所打ちコンクリート杭工事の安定液を使用したアースドリル工
法：1次孔底処理は、底ざらいバケットにより行う。

☐ 場所打ちコンクリート杭工事のコンクリートの打込み：打込み中は、
トレミー管の先端がコンクリート中に2m以上入るように保持す
る。

☐ 鉄筋工事：柱や梁の先組工法と機械式継手により工期短縮が図れる。

☐ ガス圧接継手：圧接当日に鉄筋冷間直角切断機を用いて鉄筋の切断
を行う場合、圧接端面はグラインダー研削を必要としない。ただし、
ばりが発生した場合は、ばりなどが夾殺物として圧接面に介入しな
いようにディスクグランダーで除去する必要ある。

☐ 型枠工事MCR工法：型枠に専用シートを取り付けて、打設したコ
ンクリートの表面にアリ足状の凹凸を設け、モルタルとのかみ合わ
せをよくしてはく離を防止する。外壁タイル張り仕上げに有効。

☐ 独立柱の型枠工事：4本の棒状の金具を組合せ、柱の型枠の周囲を
四方から締付けて固定するコラムクランプという特殊金物がある。

☐ コンクリートの練り混ぜから打込み終了までの時間：外気温25℃
以下の場合120分以内、25℃を超える場合90分以内。

☐ プレキャストコンクリートの現場接合：狭い空間に鉄筋やシャー
コッターがあり締固めが困難な場合は、高流動コンクリートを使用

- □ 高力ボルト用の孔あけ：板厚にかかわらず**ドリル孔あけ**。
- □ 高力ボルト用以外の孔あけ：板厚 13mm 以下は、せん断孔あけも可。
- □ 鉄骨建方：建方の進行とともに、小区画に区切って**建入れ直し**を行い、建方精度を確保する。建方が完了してからでは誤差が大きく、調整が困難となる。
- □ **水平積上げ方式**：下から上へ 1 節ずつ組み上げるので、建入れ修正が容易で鉄骨骨組みの安定性に優れる。高層向き。
- □ **建逃げ方式**：敷地の奥から順に最上階まで組み上げながらクレーンを移動するため、移動式クレーンを効率よく使えるので工期短縮が図れる。中低層向き。
- □ **巻付け耐火被覆**：施工中の粉塵の飛散がなく、被覆厚さの管理も容易。

仕上工事の施工計画

- □ 改質アスファルトシート防水トーチ工法：露出防水用改質アスファルトシートの重ね部は、砂面をあぶって砂を沈め、100mm 重ね合わせる。
- □ 外壁乾式石張り工法：石材の裏面と躯体の間隔は標準 70mm。
- □ タイル改良圧着張り：1 回の張付けモルタルの塗付け面積 2m^2 以内 / 人、下地面の張付けモルタルの塗厚 4〜6mm。
- □ タイル改良積上げ張り：二丁掛けタイルの張付け高さ限度 1.5m/日。
- □ 内壁モルタル塗り：1 回の塗厚 7mm 以下、全厚標準 20mm。
- □ 鉄鋼面の化成皮膜処理による塗装の素地ごしらえ：製作工場にて、りん酸塩処理後、湯洗い乾燥。
- □ メタルカーテンウォール工事：**躯体付け金物**は、鉄骨躯体の製作に合わせてあらかじめ鉄骨製作工場で取り付ける。
- □ 無塗装の鋼製手すり：海岸近くの屋外に設置する場合は、めっき層の厚い**溶融亜鉛めっき**とする。
- □ 防火性能を表す施工管理ラベル：1 区分（1 室）ごとに 2 枚以上貼り付けて表示する。

施工計画に関する記述として、**最も不適当なもの**はどれか。
1. 鉄骨工事において、建方精度を確保するため、建方の進行とともに、小区画に区切って建入れ直しを行う計画とした。
2. 大規模、大深度の工事において、工期短縮のため、地下躯体工事と並行して上部躯体を施工する逆打ち工法とする計画とした。
3. 鉄筋工事において、工期短縮のため、柱や梁の鉄筋を先組み工法とし、継手は機械式継手とする計画とした。
4. 鉄骨工事において、施工中の粉塵の飛散をなくし、被覆厚さの管理を容易にするため、耐火被覆はロックウール吹付け工法とする計画とした。

解答 4

解説 ロックウール吹付け工法は、施工中の粉塵飛散があり、吹付け厚さ・かさ密度のバラツキが避けられない。

躯体工事の施工計画に関する記述として、**最も不適当なもの**はどれか。
1. 場所打ちコンクリート杭工事において、安定液を使用したアースドリル工法の 1 次孔底処理は、底ざらいバケットにより行うこととした。
2. 鉄骨工事において、板厚が 13mm の部材の高力ボルト用の孔あけ加工は、せん断孔あけとすることとした。
3. ガス圧接継手において、鉄筋冷間直角切断機を用いて圧接当日に切断した鉄筋の圧接端面は、グラインダー研削を行わないこととした。
4. 土工事において、透水性の悪い山砂を用いた埋戻しは、埋戻し厚さ 300mm ごとにランマーで締め固めながら行うこととした。

解答 2

解説 高力ボルト用の孔あけは、板厚にかかわらずドリル孔あけとする。

8

施工管理

197

コンクリートの調合に関する記述として、**最も不適当なもの**はどれか。

1. 　市街地での大規模な地下のある建築工事において、1 階の床・梁を先行施工し、これを資機材の搬入用の作業構台とすることができる逆打ち工法とする計画とした。
2. 　鉄骨造の建方は，建入れ修正が容易で鉄骨骨組みの安定性に優れる，建逃げ方式とする計画とした。
3. 　鉄筋工事において，工期短縮のため柱と梁の鉄筋を地組みとするので，継手は機械式継手とする計画とした。
4. 　型枠工事において，外壁タイル張りのはく離防止のため，MCR 工法とする計画とした。

解答 2
解説 建入れ修正が容易で鉄骨骨組みの安定性に優れるのは水平積上げ方式である。

仕上工事の施工計画に関する記述として、**最も不適当なもの**はどれか。

1. 　改質アスファルトシート防水トーチ工法において、露出防水用改質アスファルトシートの重ね部は、砂面をあぶって砂を沈め、100mm 重ね合わせることとした。
2. 　メタルカーテンウォール工事において、躯体付け金物は、鉄骨躯体の製作に合わせてあらかじめ鉄骨製作工場で取り付けることとした。
3. 　タイル工事において、改良圧着張り工法の張付けモルタルの 1 回の塗付け面積は、タイル工 1 人当たり 4m² とすることとした。
4. 　塗装工事において、亜鉛めっき鋼面の化成皮膜処理による素地ごしらえは、りん酸塩処理とすることとした。

解答 3
解説 タイル工事において、改良圧着張り工法の張付けモルタルの 1 回の塗付け面積は、タイル工 1 人あたり 2m² 以内とする。

3 材料の保管・工事の記録・届出

学習 /

▶▶ **パパっとまとめ**

建築材料の品質の低下や変形を防止するため、保管・取扱いには
細心の注意を払う必要がある。縦置き、平積み、段積み等があり、
高さや段数の制限を覚えよう。
労働基準監督署長への計画の届出には、15日前までと30日前
までがある。

材料の保管

☐ 既製コンクリート杭：2段に積む場合、同径のものを並べ、枕材を
同一鉛直面上にして仮置き。

☐ プレキャストコンクリートの床部材：平積みの場合、上下の台木が
鉛直線上に同一となるようにして、積み重ね段数は6段以下。

☐ 押出成形セメント板：平積みとし、積上げ高さは1m以下。

☐ ALCパネル：平積みとし、1段の積上げ高さは1m以下、2段まで。

☐ 防水用の袋入りアスファルト：積み重ねは10段以下。

☐ 砂付きストレッチルーフィング：ラップ部分（張付け時の重ね分部
で砂が付いていない）を上にして、縦置き。

☐ 高力ボルト：搬入された包装のまま、等級、サイズ、数量等を確認
し、箱の積上げ高さは3～5段程度。

☐ 被覆アーク溶接棒：吸湿しているおそれがある場合、乾燥器で乾燥
してから使用。

☐ フローリング：屋内のコンクリートに置く場合、吸湿を防ぐため
シートを敷き、角材を並べた上に平積み。

☐ 長尺ビニール床シート：屋内の乾燥した場所に縦置き。

☐ ロール状に巻いたカーペット：屋内の乾燥した平坦な場所に3段ま
での俵積み。

☐ 板ガラス：車輪付き裸台で搬入し、乾燥した場所にそのまま保管。

☐ 木製建具（障子・襖）：縦置き。

☐ 木製建具（フラッシュ戸）：平積み。

8

施工管理

199

建設業者が作成する建設工事の記録等

□ 営業に関する図書の保存期間は、引渡し日から 10 年間保存。

- 建設工事の施工上の必要に応じて作成し、又は発注者から受領した完成図。
- 建設工事の施工上の必要に応じて作成した工事内容に関する発注者との打合せ記録（請負契約の当事者が相互に交付したものに限る）。
- 施工体系図。

□ 承認あるいは協議を行わなければならない事項については、経過内容の記録を作成し、建設業者と監理者の双方で確認したものを監理者に提出する。

□ 監理者の立会いのうえ施工するものと設計図書で指定された工事において、監理者の指示により立会いなく施工する場合は、工事写真などの記録を整備して監理者に提出する。

□ 工事施工により近隣建物への影響が予想される場合は、近隣住民など利害関係者立会いのもと、現状の建物の写真記録をとる。

□ 設計図書に定められた品質が証明されていない材料は、現場内への搬入前に試験を行い、記録を整備する。

□ 試験及び検査については、設計図書に示す条件に対する適合性を証明するに足る資料を添えて記録を作成する。

□ 既製コンクリート杭工事の施工サイクルタイム記録、電流計や根固め液の記録等は、発注者から直接建設工事を請け負った建設業者が保存する期間を定め、当該期間保存する。

労働基準監督署長への計画の届出

工事開始日の 14 日前までに届出る。

種類	規模
□ 建築工事	高さ 31 mを超える建築物又は工作物の建設、改造、解体又は破壊
□ 掘削工事	掘削の高さ又は深さが 10 m以上である地山の掘削 （掘削面の下方に労働者が立ち入る場合）
□ 石綿作業	建築物に吹き付けられている石綿等の除去、封じ込め又は囲い込みの作業

工事開始日の 30 日前までに届出る

種類	規模
□ 型枠支保工	支柱の高さが 3.5 m以上
□ 架設通路	高さ及び長さがそれぞれ 10 m以上で設置期間が 60 日以上
□ つり足場、張出し足場	高さに関係なく設置期間が 60 日以上
□ 足場（つり足場、張出し足場以外）	高さ 10 m以上で設置期間が 60 日以上
□ クレーン	つり上げ荷重 3t 以上
□ デリック	つり上げ荷重 2t 以上
□ エレベーター	積載荷重 1t 以上
□ 建設用リフト	積載荷重 0.25t 以上でガイドレールの高さが 18 m以上
□ ゴンドラ	すべて

例題 1

令和 3 年　午前　No.42

　工事現場における材料の取扱いに関する記述として、**最も不適当なもの**はどれか。
1.　既製コンクリート杭は、やむを得ず 2 段に積む場合、同径のものを並べ、まくら材を同一鉛直面上にして仮置きする。
2.　被覆アーク溶接棒は、吸湿しているおそれがある場合、乾燥器で乾燥してから使用する。
3.　砂付ストレッチルーフィングは、ラップ部（張付け時の重ね部分）を下に向けて縦置きにする。
4.　プレキャストコンクリートの床部材を平積みで保管する場合、台木を 2 箇所とし、積み重ね段数は 6 段以下とする。

解答 3

解説 砂付ストレッチルーフィングは、接着不良にならないように砂の付いていないラップ部分を上に向けて縦置きとする。又、ラップ部分の保護のため 2 段積みは行わないものとする。

8
施工管理

201

例題2

建設業者が作成する建設工事の記録等に関する記述として、**最も不適当なもの**はどれか。

1. 発注者から直接工事を請け負った建設業者が作成した発注者との打合せ記録のうち、発注者と相互に交付したものではないものは、保存しないこととした。

2. 承認あるいは協議を行わなければならない事項について、建設業者はそれらの経過内容の記録を作成し、監理者と双方で確認したものを監理者に提出することとした。

3. 設計図書に定められた品質が証明されていない材料について、建設業者は現場内への搬入後に試験を行い、記録を整備することとした。

4. 既製コンクリート杭工事の施工サイクルタイム記録、電流計や根固め液の記録等は、発注者から直接工事を請け負った建設業者が保存する期間を定め、当該期間保存することとした。

解答 3

解説 現場内への搬入前に受入検査を行い、記録を整備する。

例題3

労働基準監督署長への計画の届出に関する記述として、「労働安全衛生法」上、**誤っているもの**はどれか。

1. 高さが10m以上の枠組足場を設置するに当たり、組立てから解体までの期間が60日以上の場合、当該工事の開始の日の30日前までに、届け出なければならない。

2. 耐火建築物に吹き付けられた石綿を除去する場合、当該仕事の開始の日の14日前までに、届け出なければならない。

3. 掘削の深さが10m以上の地山の掘削の作業を労働者が立ち入って行う場合、当該仕事の開始の日の30日前までに、届け出なければならない。

4. 高さが31mを超える建築物を解体する場合、当該仕事の開始の日の14日前までに、届け出なければならない。

解答 3

解説 掘削の高さまたは深さが10m以上の地山の掘削の作業を行う仕事は、建築工事計画届を作業開始の14日前までに労働基準監督署長に届け出なければならない。

▶▶ パパっとまとめ

施工計画の検討事項として、仮設備や仮囲い、建物等の仮設計画が重要な項目となる。

工程管理手順

☐ 下記のような PDCA サイクルを回すことが基本である。

Plan（計画）：工程計画 → Do（実施）：工事 →
Check（検討）：計画と実施の比較 → Act（処置）：工程修正

• 工程計画は下記の手順に基づいて検討し、作成する。

①工程の施工手順の検討 → ②適切な施工期間の策定 →
③工種別工程の相互調整を図る → ④忙しさの程度の均等化を図る →
⑤工期内完了に向けての工程表作成

☐ 工程計画策定においては、施工計画における、事前調査項目の結果を反映させる。

項目	内容
気象・天候	• 工事地域の降水量、積雪量、風速等のデータを収集し、天候による作業への影響日数を考慮する。
交通・周辺状況	• 通学路等の交通規制時間、現場周辺の行事や催しの日程を確認し、工事への影響を考慮する。
労力・資材	• 工事地域における、労力、資材、機材の調達状況をあらかじめ調査し、工程計画に反映する。

総合工程表 よく出る

☐ 総合工程表：全体工程表、基本工程表とも呼ばれ、各工事を総合的に組合せ、施工順序を期間に合わせて表示するものである。総合工程表によって全ての工事の施工時期や工事相互の関係が把握できるようにする。

8 施工管理

工程計画と工程表

- [ ] 工程計画は、各作業の手順計画を立て、次に日程計画を立てる。
- [ ] 使用可能な前面道路の幅員及び交通規制に応じて、使用重機及び搬入車両の能力を考慮した工程計画を立てる。
- [ ] 工事用機械が連続して作業を実施し得るように作業手順を定め、工事用機械の不稼働をできるだけ少なくする。
- [ ] 工程計画には、大別して積上方式（順行型）と割付方式（逆行型）があり、工期が制約されている場合は、割付方式を採用することが多い。
- [ ] 山均しは、作業員、施工機械、資機材などの投入量の均等化を図ることにより、合理的な工程計画を立てるものである。
- [ ] 工程短縮を図るために行う工区の分割は、各工区の作業数量がほぼ均等になるように計画する。
- [ ] 工期の調整は、工法、労働力、作業能率及び作業手順などを見直すことにより行う。
- [ ] 工程表は、休日や天候を考慮した実質的な作業可能日数を暦日換算した日数を用いて作成する。
- [ ] マイルストーンは、工事の進捗を表す主要な日程上の区切りを示す指標であり、特定の工程が終了する日や重要な要素を持つ日に設定する。
- [ ] バーチャートは、作業間の関連性が明確になりにくい工程表のため、前工程の遅れによる後工程への影響が理解しにくい。
- [ ] Sチャートは、時間と出来高の関係を示した工程表で、工事の進捗度の把握に用いられる。
- [ ] 算出した工期が指定工期を超える場合は、クリティカルパス上に位置する作業について、作業方法の変更や作業員増員等を検討する。

工期と費用

- [ ] 工期を短縮すると、直接費は増加する。
- [ ] 工期を短縮すると、間接費は減少する。
- [ ] 最適工期は、直接費と間接費の和が最小となる時の工期である。
- [ ] 総工事費は、工期を最適な工期より短縮しても、延長しても増加する。

□ 間接費は、一般に工期の長短に相関して増減する。

□ どんなに直接費を投入しても、ある限度以上には短縮できない時間をクラッシュタイムという。

タクト手法

□ タクト手法は、同一設計内容の基準階を多く有する高層建築物の仕上工事の工程計画手法として、適している。

□ 作業を繰り返し行うことによる習熟効果によって生産性が向上するため、工事途中でのタクト期間の短縮又は作業者数の削減をすることができる。

□ 一連の作業は同一の日程で行われ、次の工区へ移動することになるので、各工程は切れ目なく実施できる。

□ 各作業の進捗が密接に関連しているため、1つの作業の遅れは全体の作業を停滞させる原因となる。

□ 設定したタクト期間では終わることができない一部の作業については、当該作業の作業期間をタクト期間の整数倍に設定する。

鉄骨工事の工程計画

□ 建方用機械の鉄骨建方作業占有率は、60〜70％程度として計画する。

□ タワークレーンの1回のクライミングに要する日数は、1回当たり1.5日として計画する。

□ タワークレーンによる鉄骨建方の取付け歩掛りは、1台1日当たり40〜45ピースで計画する。

□ トラッククレーンによる鉄骨建方の取付け歩掛りは、1台1日当たり30〜35ピースで計画する。

□ 鉄骨のガスシールドアーク溶接による現場溶接は、人日当たり6mm換算で80m程度として計画する。

□ 現場溶接は、溶接工1人1日当たりボックス柱で2本、梁で5箇所程度として計画する。

□ トルシア形高力ボルトの締付け作業能率は、1人1日当たり150〜200本程度として計画する。

令和 2 年　午後　No.54

工程計画の立案に関する記述として、**最も不適当なもの**はどれか。

1.　工程計画には、大別して積上方式と割付方式とがあり、工期が制約されている場合は、割付方式を採用することが多い。

2.　算出した工期が指定工期を超える場合は、クリティカルパス上に位置する作業について、作業方法の変更や作業員増員等を検討する。

3.　作業員、施工機械、資機材等の供給量のピークが一定の量を超えないように山崩しを行うことで、工期を短縮できる。

4.　業員、施工機械、資機材等の供給量が均等になるように、山均しを意図したシステマティックな工法の導入を検討する。

解答　3

解説　人員、機械、資材の量を考慮して、労働者の投入人数などをなるべく一定にし、バランスの取れた経済的な工程計画にするものが、山積工程表であり、山崩しを行うことで、工期短縮は出来ない。

令和 3 年　午後　No.45

一般的な事務所ビルの新築工事における鉄骨工事の工程計画に関する記述として、**最も不適当なもの**はどれか。

1.　タワークレーンによる鉄骨建方の取付け歩掛りは、1 台 1 日当たり 80 ピースとして計画した。

2.　建方工程の算定において、建方用機械の鉄骨建方作業の稼働時間を 1 台 1 日当たり 5 時間 30 分として計画した。

3.　トルシア形高力ボルトの締付け作業能率は、1 人 1 日当たり 200 本として計画した。

4.　鉄骨のガスシールドアーク溶接による現場溶接の作業能率は、1 人 1 日当たり 6mm 換算で 80m として計画した。

解答　1

解説　タワークレーンによる鉄骨建方の取付け歩掛りは、1 台 1 日当たり 40～45 ピースとして計画する。

例題 3

　建築工事の工期とコストの一般的な関係として、**最も不適当なもの**はどれか。

1. 最適工期は、直接費と間接費の和が最小となるときの工期である。
2. 間接費は、工期の短縮に伴って減少する。
3. 直接費は、工期の短縮に伴って増加する。
4. 総工事費は、工期に比例して増加する。

解答 4

解説 総工費は、工期を最適な工期より短縮しても、延長しても増加する。

例題 4

　タクト手法に関する記述として、**最も不適当なもの**はどれか。

1. 作業を繰り返し行うことによる習熟効果によって生産性が向上するため、工事途中でのタクト期間の短縮や作業者数の削減を検討する。
2. タクト手法は、同一設計内容の基準階を多く有する高層建築物の仕上工事の工程計画手法として、適している。
3. 設定したタクト期間では終わることができない一部の作業については、当該作業の作業期間をタクト期間の整数倍に設定する。
4. 各作業が独立して行われているため、1 つの作業に遅れがあってもタクトを構成する工程全体への影響は小さい。

解答 4

解説 各作業の進捗が密接に関連しているため、1 つの作業に遅れがあると、タクトを構成する工程全体への影響は大きい。

8
施工管理

▶▶ **パパっとまとめ**

> ネットワーク式工程表とは、工事全体を一つの流れに表すもの
> で、作業の手順、作業に必要な日数、作業進行の度合い及び工期
> に影響する作業が一目で判明する。
> ネットワークを利用する管理として、山積図を作成することによ
> り所要人員、機械、資材の量を工程ごとに積上げ、山崩しを行い
> 余裕時間の範囲内で平均化を図り必要最小限の量を算定する。

ネットワーク式工程表

☐ 各作業の開始点（イベント）と終点（イベント）を矢線（アロー）→
で結び、矢線の上に作業名、下に作業日数を書き入れアクティビ
ティとして表す。全作業のアクティビティを連続的にネットワーク
として表示したもので、作業進度と作業間の関連も明確となる。

ネットワーク式工程表の作成及び日程計算

例として下図のようなネットワーク式工程表を作成し、日程計算を
行ってみる。

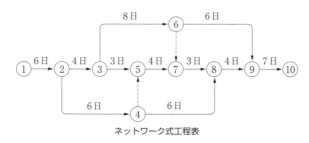

ネットワーク式工程表

☐ ダミー：所要時間 0 の擬似作業で点線で表す。

④→⑤及び⑥→⑦の点線

☐ クリティカルパス：作業開始から終了までの経路の中で、所要日数
が最も長い経路である（トータルフロートがゼロとなる線を結んだ
経路）。①→②→③→⑥→⑦→⑧→⑩の経路で日数は 6+4+8+3
+4+7 日となる

- 最早開始時刻：作業を最も早く開始できる時刻（イベントに到達する最大値）。

  例：イベント④における最早開始時刻　6＋6 ＝ 12日

- 最遅開始時刻：作業を遅くとも始めなければならない最後の時刻（ネットワークの最終点から逆算したイベントまでの最小値）。

  例：イベント④における最遅開始時刻　32-7-4-6 ＝ 15日

- トータルフロート：最早開始時刻と最遅開始時刻の最大の余裕時間。

  例：イベント④におけるトータルフロート　15-12 ＝ 3日

- フリーフロート：遅れても他の作業に全く影響を与えない余裕時間。

  例：イベント④におけるフリーフロート　15-12 ＝ 3日

- ディペンデントフロート：トータルフロートからフリーフロートを減じて得られる。ディペンデントフロートは、後続作業のトータルフロートに影響を及ぼすようなフロート（余裕時間）である。

  例：イベント④におけるディペンデントフロート　3-3 ＝ 0日

例題 1

　ネットワーク工程表に用いられる用語に関する記述として、**最も不適当なもの**はどれか。
1. ディペンデントフロート（DF）は、最遅結合点時刻（LT）からフリーフロート（FF）を減じて得られる。
2. 最遅開始時刻（LST）は、後続の最早結合時刻（ET）から作業日数（D）を減じて得られる。
3. 最遅結合点時刻（LT）は、工期に影響することなく、各結合点が許される最も遅い時刻である。
4. 最早終了時刻（EFT）は、最早開始時刻（EST）に作業日数（D）を加えて得られる。

解答 1

解説 フリーフロート（FF）はその作業についてだけ使用できるフロートで、FF内でのフロートに使用においては、後続作業のフロートに影響を及ぼさない。つまりディペンデントフロート（DF）は、トータルフロート（TF）からフリーフロート（FF）を減じて得られる。

例題2

　ネットワーク工程表に関する記述として、**最も不適当なもの**はどれか。
1.　トータルフロートは、当該作業の最遅終了時刻（LFT）から当該
　作業の最早終了時刻（EFT）を差し引いて求められる。
2.　ディペンデントフロートは、後続作業のトータルフロートに影響
　を与えるフロートである。
3.　クリティカルパス以外の作業でも、フロートを使い切ってしまう
　とクリティカルパスになる。
4.　フリーフロートは、その作業の中で使い切ってしまうと後続作業
　のフリーフロートに影響を与える。

解答　4

解説　フリーフロートは、その作業の中で使い切ってしまっても他の作業に
全く影響を与えない余裕時間のことである。

例題3

　次の条件の工事の総所要日数として、**正しいもの**はどれか。
　ただし、（　）内は各作業の所要日数である。
　条件
　イ、作業A（3日）及びB（4日）は、同時に着工できる。
　ロ、作業C（6日）は、作業A及びBが完了後、作業を開始できる。
　ハ、作業D（5日）及びE（8日）は、作業Bが完了後、作業を開始
　　できる。
　ニ、作業F（4日）は、作業C及びDが完了後、作業を開始できる。
　ホ、作業E及びFが完了したとき、全工事は完了する。

1.　11日
2.　12日
3.　13日
4.　14日

解答　4

解説　条件からクリティカルパス上の作業は、作業B（4日）＋作業C（6
日）＋作業F（4日）となり、所要日数＝4+6+4+14日となる。

例題4

平成28年 午後 No.56

図に示すネットワーク工程表に関する記述として、**誤っているもの**はどれか。

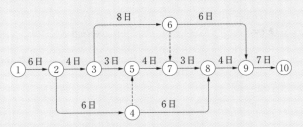

1. 作業⑥→⑨の最遅終了日は、25日である。
2. 作業⑦→⑧の最早開始日は、18日である。
3. 作業⑤→⑦のフリーフロートは、2日である。
4. 作業⑥→⑨のトータルフロートは、1日である。

解答 3

解説 設問のネットワーク工程表の各イベントについて、最早開始時刻（○）と最遅終了時刻（□）を求めると、下記のようになる。

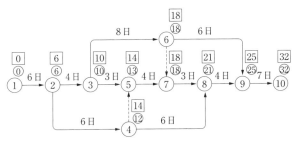

1. 作業⑥→⑨の最遅終了日は、イベント⑨の最遅終了時刻で25日である。（正）

2. 作業⑦→⑧の最早開始日は、イベント⑦の最早開始時刻で18日である。（正）

3. 作業⑤→⑦のフリーフロートは、イベント⑦の最早開始時間18日－イベント⑤の最早開始時間13日－作業日4日＝1日（誤）

4. 作業⑥→⑨のトータルフロートは、イベント⑨の最遅終了時刻25日－イベント⑥の最早開始時刻18日－作業日数6日＝1日（正）

8 施工管理

211

6 | 品質管理と管理図

> ▶▶ パパっとまとめ
>
> 品質の安定と向上を図るための取り組みを理解する。
> 品質管理（Quality Control）の手段として、品質管理図が「QC
> 七つ道具」として用いられる。

品質管理の用語

- [ ] 層別：1つの集団をなんらかの特徴によりいくつかの層に分割すること。

- [ ] 母集団の大きさ：母集団に含まれるサンプリング単位の数。

- [ ] 抜取検査方式：定められたサンプルの大きさ、及びロットの合格の判定基準を含んだ規定の方式。

- [ ] 目標値：仕様書で述べられる、望ましい又は基準となる特性の値。

- [ ] 誤差：観測値又は測定結果から真の値を引いた値。

- [ ] かたより：観測値又は測定結果の期待値から真の値を引いた値。

- [ ] ばらつき：観測値又は測定結果の大きさが揃っていないこと。

- [ ] 不適合：要求事項を満たしていないこと。

- [ ] 予防処置：起こりうる不適合又はその他の望ましくない起こりうる状況の原因を除去するための処置。

- [ ] 是正処置：検出された不適合又はその他の検出された望ましくない状況の原因を除去するための処置。

- [ ] トレーサビリティ：対象の履歴亜適用又は所在を追跡できること。

- [ ] ロット：等しい条件下で生産され、又は生産されたと思われるものの集まり。

- [ ] 品質マニュアル：品質に関して組織を指揮し亜管理するためのマネジメントシステムを規定する文書。

- [ ] 工程（プロセス）管理：工程（プロセス）の出力である製品又はサービスの特性のばらつきを低減し、維持する活動。

品質管理の基本

☐ 品質に及ぼす影響は、施工段階よりも計画段階で検討する方が、より効果的である。

☐ 品質管理は、品質計画の目標レベルに合わせて行う。

☐ 品質確保のための作業標準ができたら、作業がそのとおり行われているかどうかの管理に重点を置く。

☐ 検査を厳しく行うより、工程（プロセス）の最適化を図ることの方が優れた品質管理である。

☐ 品質の目標値を大幅に上回る品質は過剰品質として、工期、コストの面からも必要ない。

品質管理の手段（QC 七つ道具）

☐ パレート図：項目別に層別して出現頻度数の大きさの順に並べるとともに、累積和を示した図であり、不適合の重点順位を知るために用いられる。

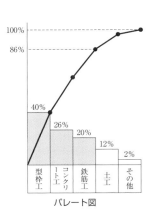

パレート図

☐ 特性要因図：特定の結果と原因系の関係を系統的に表し、重要と思われる原因への対策の手を打っていくために用いられる。

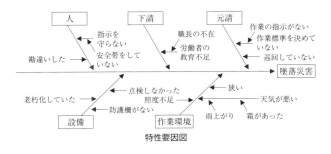

特性要因図

□ 管理図：観測値若しくは統計量を時間順又はサンプル番号順に表し、工程が管理状態にあるかどうかを評価するために用いられる。

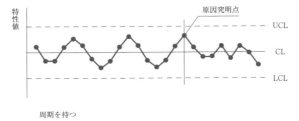

周期を持つ

管理図

□ **チェックシート**：欠点や不良項目などのデータを取るため又は作業の点検確認をするために用いられる。

□ **ヒストグラム**：計量特性の度数分布のグラフ表示で、製品の品質の状態が規格値に対して満足のいくものか等を判断するために用いられる。

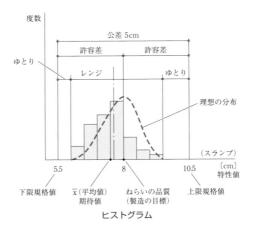

ヒストグラム

□ 散布図：対応する2つの特性を横軸と縦軸にとり、観測値を打点して作るグラフ表示で、主に2つの変数間の相関関係を調べるために用いられる。

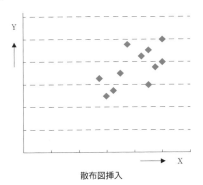

散布図挿入

□ 層別：データをグループ（層）ごとに分けて分析する手法で、正確に情報が把握でき、問題の原因判別につながる有効な手段である。

例題 1

令和1年　午後　No.58

品質管理の用語に関する記述として、**最も不適当なもの**はどれか。
1. 品質マニュアルとは、品質に関して組織を指揮し、管理するためのマネジメントシステムを規定する文書のことである。
2. 工程（プロセス）管理とは、工程（プロセス）の出力である製品又はサービスの特性のばらつきを低減し、維持する活動のことである。
3. 是正処置とは、起こりうる不適合又はその他の望ましくない起こりうる状況の原因を除去するための処置のことである。
4. 母集団の大きさとは、母集団に含まれるサンプリング単位の数のことである。

解答　3
解説　**是正処置**とは、「検出された不適合又はその他の**検出された望ましくない状況の原因を除去するための処置**」の事であり、**再発防止のために行う処置**をいう。設問は予防処置のことである。

品質管理に用いる図表に関する記述として、**最も不適当なもの**はどれか。
1. パレート図は、観測値若しくは統計量を時間順又はサンプル番号
   順に表し、工程が管理状態にあるかどうかを評価するために用いら
   れる。
2. ヒストグラムは、計量特性の度数分布のグラフ表示で、製品の品
   質の状態が規格値に対して満足のいくものか等を判断するために
   用いられる。
3. 散布図は、対応する2つの特性を横軸と縦軸にとり、観測値を打
   点して作るグラフ表示で、主に2つの変数間の相関関係を調べるた
   めに用いられる。
4. チェックシートは、欠点や不良項目などのデータを取るため又は
   作業の点検確認をするために用いられる。

解答 1
解説 パレート図は、出現度数を項目別、大きさ順に並べた棒グラフで、累
積和を折れ線で表したもので、重要な問題を発見し、どの不良項目を
重点的に取り組むかを明確にするために用いる。設問は管理図の説明
である。

品質管理図に関する記述として、**最も不適当なもの**はどれか。
1. $\overline{\mathrm{X}}$（エックスバー）管理図は、サンプルの個々の観測値を用いて
   工程水準を評価するための計量値管理図である。
2. np（エヌピー）管理図は、サンプルサイズが一定の場合に、所与
   の分類項目に該当する単位の数を評価するための計数値管理図で
   ある。
3. R（アール）管理図は、群の範囲を用いて変動を評価するための
   計量値管理図である。
4. s（エス）管理図は、群の標準偏差を用いて変動を評価するための
   計量値管理図である。

解答 1
解説 $\overline{\mathrm{X}}$（エックスバー）管理図は、**群の平均値**を用いて**群間の違いを評価**す
るための計量値管理図である。

▶▶ パパっとまとめ

建築物の品質が設計図や仕様書で定めた条件を満たしているか、
決められた方法で検査し、記録する。
許容差は小さく、建築工事に高い精度が求められている。

品質管理検査の種類

☐ 検査：適切な測定、試験、又はゲージ合せを伴った、観測及び判定
による適合性評価のこと。

☐ 購入検査：提出された検査ロットを購入してよいかどうかを判定す
るために行う検査で、品物を外部から購入する場合に適用する。

☐ 受入検査：依頼した原材料、部品、製品などを受け入れる段階で行う
検査で、生産工程に一定の品質水準のものを流すことを目的で行う。

☐ 中間検査：不良なロットが次工程に渡らないように、事前に取り除
くことによって損害を少なくするために行う。

☐ 最終検査：製品として完成したものが要求事項を満足しているかど
うかを判定する場合に適用する。

☐ 抜取検査：ロットから一部を抜き取って検査し、その結果をロットの
品質水準に照らし合わせてロットの合否を判断する場合に適用する。

☐ 巡回検査：検査を行う時点を指定せず、検査員が随時工程をパト
ロールしながら行う場合に適用する。

☐ 全数検査：工程の品質状況が悪く継続的に不良率が大きく、決めら
れた品質水準に修正しなければならない場合に適用する。

☐ 間接検査：供給側が行った検査の成績書を確認して受入検査を省略
する検査。長期にわたって供給側の検査結果が良く、使用実績も良
好な品物を受け入れる場合に適用する。

☐ 非破壊検査：品物を試験してもその商品価値が変わらない検査であ
る。

☐ 無試験検査：工程が安定状態にあり、品質状況が定期的に確認でき、
そのまま次工程に流しても損失は問題にならない場合に適用する。

8 施工管理

217

コンクリート工事の検査と管理値

- [ ] 1回の構造体コンクリート強度の判定に用いる供試体は、適当な間隔を置いた3台の運搬車から1個ずつ採取した試料により、3個作製する。
- [ ] 普通コンクリートの荷下し地点における空気量は4.5%、許容差は± 1.5%とする。

普通コンクリートの荷卸し地点におけるスランプの許容差

スランプ	許容差
□ 8〜18cm 以下	± 2.5cm
□ 21cm 以下	± 1.5cm

高流動コンクリートの荷卸し地点におけるスランプフローの許容差

スランプフロー	許容差
□ 45〜55cm	± 7.5cm
□ 60cm	± 10cm

部材の位置及び断面寸法の許容差の標準値

項　目		許容差
□ 位置	設計図書に示された位置に対する各部材の位置	± 20mm
□ 断面寸法	柱、梁、壁の断面寸法及びスラブの厚さ	0〜20mm
	基礎及び基礎梁の断面寸法	0〜50mm

コンクリート仕上りの平坦さ

コンクリートの内装仕上	平坦さ
□ コンクリートが見え掛りとなる場合 □ 仕上げ厚さが極めて薄い場合 □ 非常に良好な平たんさ及び表面状態が必要な場合	3 mにつき 7mm 以下
□ 仕上げ厚さが 7mm 未満の場合 □ 良好な平たんさが必要な場合	3 mにつき 10mm 以下
□ 仕上げ厚さが 7mm 以上の場合 □ 下地の影響を受けにくい仕上げの場合	1 mにつき 10mm 以下

鉄骨工事の管理値

製品検査における許容差

項　　目		許容差
□梁の長さ		± 3mm
□柱の長さ	長さ 10 m未満	± 3mm
	長さ 10 m以上	± 4mm
□階高		± 3mm

建方の許容差

項　　目	許容差
□ 通り芯と構造用アンカーボルトの位置のずれ	± 3mm
□ 通り芯と建方用アンカーボルトの位置のずれ	± 5mm
□ 柱据付け面となるベースモルタル天端の高さ	± 3mm
□ 柱の倒れ	柱 1 節の高さの 1/1000 以下 かつ 10mm 以下

□ スタッド溶接後のスタッドの傾きの許容差は、5°以内とする。

その他の工事の管理値

□ 硬質吹付けウレタンフォーム断熱材の吹付け厚さの許容差は、0〜10mm とする。

□ プレキャストコンクリートカーテンウォール部材の取付け位置の寸法許容差のうち、目地の幅については、特記のない場合± 5mm とする。

ガス圧接継手の検査と
外観検査で不合格となった圧接部の処置

□ 外観検査は、圧接のふくらみの直径及び長さ、圧接面のずれ、圧接部における鉄筋中心軸の偏心量、圧接部の折れ曲がりなどについて、ノギス、スケールを用いて目視で行う。

外観検査で不合格となった圧接部の処置

不合格の内容	不良圧接の補正
ふくらみの直径や長さが規定値に満たない場合 圧接部の折曲がりが規定値を超えた場合	再加熱して修正
鉄筋中心軸の偏心量が規定値を超えた場合 圧接面のずれが規定値を超えた場合 形状が著しく不良な場合	圧接部を切取り再圧接

- [ ] 1検査ロットは、1組の作業班が1日に施工した圧接箇所とする。
- [ ] 超音波探傷試験の抜取検査は、1検査ロットに対して無作為に30か所抽出して行う。
- [ ] 超音波探傷試験による抜取検査で不合格となったロットについては、試験されていない残り全数に対して超音波探傷試験を行う。

壁面タイル張り工事の試験及び検査
- [ ] 引張接着力試験は、所定の接着強度が発現したと予想される時期（施工後2週間以上経過）に行う。
- [ ] 引張接着力試験の試験体は、目地部分をコンクリート面まで切断して周囲と絶縁したものとする。
- [ ] 引張接着力試験の試験体の個数は、100m² ごと及びその端数につき1個以上、かつ、全体で3個以上とする。
- [ ] 二丁掛け以上の大きさのタイル張りの引張接着力試験は、力のかかり方が集中し、正しい結果が得られないことがあるので、タイルを小口平の大きさに切断した試験体で行う。
- [ ] 接着剤張りのタイルと接着剤の接着状況の確認は、タイル張り直後にタイルをはがして行う。
- [ ] タイルの浮きの打音検査は、打診用テストハンマーを用いて行う。

仕上げ工事における試験及び検査
- [ ] アルミニウム製建材の陽極酸化被膜の厚さの測定は、過電流式測定器を用いて行う。
- [ ] 室内空気中に含まれるホルムアルデヒドの濃度測定は、パッシブ型採取機器を用いて行う。
- [ ] 現場搬入時の造作材の含水率は、高周波水分計を用いて15%以下であることを確認する。
- [ ] 塗装素地のモルタル面のアルカリ度は、pHコンパレータを用いて塗装直前にpH9以下であることを確認する。
- [ ] 防水工事における下地コンクリートの乾燥状態の確認は、高周波水分計を用いて下地水分の測定を行う。
- [ ] 鉄鋼面の塗装の塗膜厚の確認は、硬化乾燥後に電磁膜厚計を用いて行う。

□ 外部に面するシーリング材は、施工に先立ち、接着性試験を行う。製造所が異なる場合は、同一種類のものであっても、製造所ごとに行う。

例題 1

品質管理における検査に関する記述として、**最も不適当なもの**はどれか。

1. 中間検査は、不良なロットが次工程に渡らないよう事前に取り除くことによって、損害を少なくするために行う検査である。
2. 間接検査は、購入者側が受入検査を行うことによって、供給者側の試験を省略する検査である。
3. 非破壊検査は、品物を試験してもその商品価値が変わらない検査である。
4. 全数検査は、工程の品質状況が悪いために不良率が大きく、決められた品質水準に修正しなければならない場合に適用される検査である。

解答 2

解説 間接検査は、供給者側が検査を行うことによって、購入者側の受入れ試験を省略する検査である。

例題 2

建築施工の品質を確保するための管理値に関する記述として、**最も不適当なもの**はどれか。

1. 鉄骨工事において、一般階の柱の階高寸法は、梁仕口上フランジ上面間で測り、その管理許容差は、±3mm とした。
2. コンクリート工事において、ビニル床シート下地のコンクリート面の仕上がりの平坦さは、3m につき 7mm 以下とした。
3. カーテンウォール工事において、プレキャストコンクリートカーテンウォール部材の取付け位置の寸法許容差のうち、目地の幅は、±5mm とした。
4. 断熱工事において、硬質吹付けウレタンフォーム断熱材の吹付け厚さの許容差は、±5mm とした。

解答 4

解説 設計図書で指定された吹付け厚さを下回ると必要な断熱性能が得られないため、許容差にー（マイナス）は認められない。許容差は、0〜10mm である。

8
施工管理

鉄筋のガス圧接継手の外観検査の結果、不合格となった圧接部の処置に関する記述として、**最も不適当なもの**はどれか。
1. 圧接部のふくらみの直径や長さが規定値に満たない場合は、再加熱し加圧して所定のふくらみに修正する。
2. 圧接部の折曲がりが規定値を超えた場合は、再加熱して折曲がりを修正する。
3. 圧接部における鉄筋中心軸の偏心量が規定値を超えた場合は、再加熱し加圧して偏心を修正する。
4. 圧接面のずれが規定値を超えた場合は、圧接部を切り取って再圧接する。

解答 3

解説 圧接部における鉄筋中心軸の偏心量が規定値を超えた場合は、圧接部を切り取って再圧接する。

壁面の陶磁器質タイル張り工事における試験に関する記述として、**最も不適当なもの**はどれか。
1. 引張接着力試験の試験体の個数は、300m^2 ごと及びその端数につき1個以上とした。
2. 接着剤張りのタイルと接着剤の接着状況の確認は、タイル張り直後にタイルをはがして行った。
3. セメントモルタル張りの引張接着力試験は、タイル張り施工後、2週間経過してから行った。
4. 二丁掛けタイル張りの引張接着力試験は、タイルを小口平の大きさに切断した試験体で行った。

解答 1

解説 壁面タイル張り工事における引張接着力試験の試験体の個数は、100m^2 ごと及びその端数につき1個以上、かつ、全体で3個以上とする。

▶▶ パパっとまとめ

労働災害の基本的事項を理解する。
災害の重さや頻度を表す計算式、労働損失日数の基準について問われる。

労働災害

☐ 労働者：所定の事業又は事務所に使用される者で、賃金を支払われる者。

☐ 重大災害：一時に 3 名以上の労働者が死傷又は罹病した災害。

☐ 度数率：災害発生の頻度を示したもので、100 万延べ実労働時間当たりの労働災害による死傷者数で表す。

$$度数率 = \frac{労働災害による死傷者数}{延労働時間数} \times 1,000,000$$

☐ 強度率：災害の重さの程度を示したもので、1,000 延べ実労働時間当たりの延べ労働損失日数で表す。

$$強度率 = \frac{労働損失日数}{延労働時間数} \times 1,000$$

☐ 年千人率：災害発生の頻度を示したもので、1,000 人当たりの 1 年間に発生した死傷者数で表す。

$$年千人率 = \frac{1 年間の死傷者数}{1 年間の平均労働者数} \times 1,000$$

☐ 労働損失日数：労働災害により労働不能となった日数。

労働損失日数の基準

☐ 死亡	7,500 日
☐ 永久全労働不能	7,500 日
☐ 永久一部労働不能	身体障害等級に応じて 50〜5,500 日
☐ 一時労働不能	暦日による休業日数に 300/365 を乗じた日数

8
施工管理

令和1年 午後 No.64

労働災害に関する記述として、**最も不適当なもの**はどれか。

1. 一般に重大災害とは、一時に3名以上の労働者が死傷又は罹病した災害をいう。
2. 年千人率は、1,000人当たりの1年間に発生した死傷者数で表すもので、災害発生の頻度を示す。
3. 労働損失日数は、死亡及び永久全労働不能の場合、1件につき5,000日としている。
4. 強度率は、1,000延労働時間当たりの労働損失日数で表すもので、災害の重さの程度を示す。

解答 3

解説 労働損失日数は、死亡及び永久全労働不能の場合、1件につき7,500日としている。

例題2

平成30年 午後 No.64

次に示すイ～ニの災害を、平成28年の建築工事における死亡災害の発生件数の多い順から並べた組合せとして、**適当なもの**はどれか。

(災害の種類)
イ. 建設機械等による災害
ロ. 墜落による災害
ハ. 電気、爆発火災等による災害
ニ. 飛来、落下による災害

1. イ ロ ニ ハ
2. ロ イ ニ ハ
3. イ ハ ロ ニ
4. ロ ハ イ ニ

解答 2

解説 建設業の死亡災害は、わずかに減少傾向であるものの、全産業の中で建設業の占める割合は依然として大きい。死亡者数としては、「墜落・転落」が突出しており、次いで「崩壊・倒壊」「はさまれ・巻き込まれ」となっている。この順位は例年変わりない。厚生労働省の統計では、建設業として分類されており、土木工事も含まれている。

9 公衆災害防止対策

学習 /

▶▶▶ パパっとまとめ
市街地の建築工事における災害防止対策は「建設工事公衆災害防止対策要綱（建築工事等編）」から出題される。

飛来落下による危険防止

☐ 施工者は、建築工事等を施工する部分が、作業場の境界の近くで、かつ、高い場所にあるとき、その他はつり、除却、外壁の修繕等に伴う落下物によって作業場の周辺に危害を及ぼすおそれがあるときは、建築基準法の定めるところにより、作業場の周囲その他危害防止上必要な部分を**ネット**類又は**シート**類で覆う等の防護措置を講じなければならない。

粉塵対策

☐ 施工者は、建築工事等に伴い粉塵発生のおそれがある場合には、発生源を**散水**などにより湿潤な状態に保つ、発生源を**覆う**等、粉塵の発散を防止するための措置を講じなければならない。

仮囲い・出入口

☐ 施工者は、工事期間中、原則として作業場の周辺にその地盤面からの高さが 1.8m（特に必要がある場合は 3m）以上の板塀その他これに類する仮囲いを設け、適切に維持管理しなければならない。

☐ 仮囲いの出入口は、できる限り交通の支障がない箇所に設け、工事に必要がない限りこれを閉鎖しておくとともに、公衆の出入りを禁ずる旨の掲示を行う。

外部足場に関する措置

☐ 建築工事等を行う部分が、地盤面からの高さが 10m 以上の場合にあっては 1 段以上、20m 以上の場合にあっては 2 段以上の防護柵を設けること。

☐ 防護棚は、隙間がないもので、落下の可能性のある資材等に対し十分な強度及び耐力を有する適正な構造であること。

8
施工管理

225

☐ 各防護棚は、外部足場の外側から水平距離で 2m 以上突出させ、水平面となす角度を 20 度以上とし、風圧、振動、衝撃、雪荷重等で脱落しないよう骨組に堅固に取り付けること。

落下物による危害の防止

☐ 施工者は、屋外での工事期間が長期間に渡る場合及び歩行者の多い場合においては、原則として、防護構台を設置する。

☐ 施工者は、道路上に防護構台を設置する場合や防護棚を道路上空に設ける場合には、道路管理者及び所轄警察署長の許可を受けるとともに、協議に基づく必要な安全対策を講じなければならない。

一般交通を制限する場合の措置

☐ 制限した後の道路の車線が 1 車線となる場合にあっては、その車道幅員は 3m 以上とし、2 車線となる場合にあっては、その車道幅員は 5.5m 以上とする。

歩行者用通路の確保

☐ 発注者及び施工者は、やむを得ず通行を制限する必要がある場合、歩行者が安全に通行できるよう車道とは別に歩行者用通路を確保しなければならない。

☐ 歩行者用通路は、幅 0.90m 以上（高齢者や車椅子使用者等の通行が想定されない場合は幅 0.75m 以上）、有効高さは、2.1m 以上とする。

☐ 特に歩行者の多い箇所においては幅 1.5m 以上、有効高さは 2.1m 以上とする。

荷受構台

☐ 施工者は、荷受け構台が作業場の境界に近接している場合には、構台の周辺に手すりや幅木を設ける等落下物による危害を防止するための設備を設けなければならない。

例題 1

市街地の建築工事における災害防止対策に関する記述として、**最も不適当なもの**はどれか。

1. 外部足場に設置した工事用シートは、シート周囲を35cmの間隔で、隙間やたるみが生じないように緊結した。
2. 歩行者が多い箇所であったため、歩行者が安全に通行できるよう、車道とは別に幅1.5mの歩行者用通路を確保した。
3. 防護棚は、外部足場の外側からのはね出し長さを水平距離で2mとし、水平面となす角度を15°とした。
4. 飛来落下災害防止のため、鉄骨躯体の外側に設置する垂直ネットは、日本産業規格（JIS）に適合した網目寸法15mmのものを使用した。

解答　3

解説　防護棚のはね出し長さは、外部足場の外側から水平距離で2mとし、水平面となす角度は20°以上とする。

例題 2

市街地の建築工事における公衆災害防止対策に関する記述として、**最も不適当なもの**はどれか。

1. 工事現場周囲の道路に傾斜があったため、高さ3mの鋼板製仮囲いの下端は、隙間土台コンクリートで塞いだ。
2. 飛来落下物による歩行者への危害防止等のために設置した歩道防護構台は、構台上で雨水処理し、安全のために照明を設置した。
3. 鉄筋コンクリート造の建物解体工事において、防音と落下物防護のため、足場の外側面に防音パネルを設置した。
4. 外部足場に設置した防護棚の敷板は、厚さ1.6mmの鉄板を用い、敷板どうしの隙間は3cm以下とした。

解答　4

解説　防護棚は、隙間がないものとする。

8
施工管理

10 事業者の講ずべき措置

 学習 /

▶▶ パパっとまとめ

特定元方事業者は、同じ場所で違う会社の労働者が混在して作業することによって生ずる労働災害を防止するため、統括管理が義務付けられている。また、すべての事業者には、労働災害の防止の基準を守り、労働者の安全と健康を確保することが義務付けられている。

特定元方事業者の講ずべき措置

☐ 特定元方事業者及びすべての関係請負人が参加する協議組織を設置し、定期的に開催すること。

☐ 随時、特定元方事業者と関係請負人との間及び関係請負人相互間における連絡及び調整を行うこと。

☐ 毎作業日に少なくとも一回、作業場所を巡視すること。

☐ 関係請負人が行う労働者の安全又は衛生のための教育に対する指導及び援助として、教育を行う場所の提供、教育に使用する資料の提供等を行うこと。

☐ 仕事の工程に関する計画及び作業場所における機械、設備等の配置に関する計画を作成すること。

事業者の講ずべき措置

☐ 事業者は、高さが 2m 以上の箇所で作業を行なう場合、墜落により労働者に危険を及ぼすおそれのあるときは、足場を組み立てる等の方法により作業床を設けなければならない。

☐ 事業者は、高さが 2m 以上の箇所で作業を行なう場合において、強風、大雨、大雪等の悪天候のため、危険が予想されるときは、労働者を作業に従事させてはならない。

☐ 事業者は、高さが 2m 以上の箇所で作業を行なうときは、作業を安全に行なうため必要な照度を保持しなければならない。

□ 事業者は、高さ又は深さが 1.5m をこえる箇所で作業を行なうとき
　は、当該作業に従事する労働者が安全に昇降するための設備等を設
　けなければならない。

□ 事業者は、3m 以上の高所から物体を投下するときは、適当な投下
　設備を設け、監視人を置く等労働者の危険を防止するための措置を
　講じなければならない。

事業者が、作業区域に関係労働者以外の
労働者の立入を禁止する作業

□ つり足場、張出し足場又は高さが 2m 以上の構造の足場の組立て、
　解体又は変更の作業。

□ 高さが 5m 以上の鉄骨造建築物の組立て、解体又は変更の作業。

□ 軒の高さが 5m 以上の木造建築物の構造部材の組立て又はこれに
　伴う屋根下地若しくは外壁下地の取付けの作業。

□ 高さが 5m 以上のコンクリート造の工作物の解体又は破壊の作業。

□ 型枠支保工の組立て又は解体の作業。

事業者が行わなければならない点検（作業開始前点検）

□ 車両系建設機械のブレーキ及びクラッチなど。

□ 高所作業車の制動装置、操作装置、作業装置の機能。

□ 作業構台の手すり等及び中桟等の取り外し及び脱落の有無。

□ つり足場の墜落防止設備及び落下防止設備の取りはずしの有無。

□ つり足場以外の足場の墜落防止設備の取り外し及び脱落の有無。

□ 貨物自動車の荷掛けに使用する繊維ロープ。

令和 3 年　午後　No.53

　労働災害を防止するため、特定元方事業者が講ずべき措置として、「労働安全衛生規則」上、**定められていないもの**はどれか。

1.　特定元方事業者と関係請負人との間及び関係請負人相互間における、作業間の連絡及び調整を随時行うこと。
2.　仕事の工程に関する計画及び作業場所における主要な機械、設備等の配置に関する計画を作成すること。
3.　関係請負人が雇い入れた労働者に対し、安全衛生教育を行うための場所を提供すること。
4.　特定元方事業者及び特定の関係請負人が参加する協議組織を設置し、会議を随時開催すること。

解答　4
解説　協議組織には、特定元方事業者及びすべての関係請負人が参加する。

例題 2

令和 2 年　午後　No.68

　事業者が行わなければならない点検に関する記述として、「労働安全衛生規則」上、**誤っているもの**はどれか。

1.　作業構台における作業を行うときは、その日の作業を開始する前に、作業を行う箇所に設けた手すり等及び中桟等の取り外し及び脱落の有無について点検を行わなければならない。
2.　高所作業車を用いて作業を行うときは、その日の作業を開始する前に、制動装置、操作装置及び作業装置の機能について点検を行わなければならない。
3.　つり足場における作業を行うときは、その日の作業を開始する前に、脚部の沈下及び滑動の状態について点検を行わなければならない。
4.　繊維ロープを貨物自動車の荷掛けに使用するときは、その日の使用を開始する前に、繊維ロープの点検を行わなければならない。

解答　3
解説　つり足場は上から吊り下げる形の足場であるから、脚部の沈下及び滑動は存在しない。つり足場の点検は、墜落防止設備及び落下防止設備の取りはずしの有無である。

作業主任者

パパっとまとめ

作業主任者を選任しなければならない作業と職務内容を整理する。

作業主任者を選任しなければならない作業（建築関係）

作業の種類	作業の内容
□ 地山の掘削	掘削面の高さが2m以上となる地山の掘削
□ 型枠支保工	型枠支保工の組立て又は解体
□ 足場	つり足場、張出し足場又は高さが5m以上の構造の足場の組立て、解体又は変更
□ 鉄骨造建築物	高さが5m以上の鉄骨造建築物の組立て、解体又は変更
□ 木造建築物	軒の高さが5m以上の木造建築物の構造部材の組立て又はこれに伴う屋根下地若しくは外壁下地の取付け
□ コンクリート造の工作物	高さが5m以上のコンクリート造の工作物の解体又は破壊

作業主任者の職務（建築関係作業の基本的な職務）

□ 作業の方法及び順序を決定し、作業を直接指揮すること。

□ 器具及び工具を点検し、不良品を取り除くこと。

□ 要求性能墜落制止用器具等及び保護帽の使用状況を監視すること。

石綿作業主任者の特殊な職務

□ 作業に従事する労働者が石綿等の粉じんにより汚染され、又はこれらを吸入しないように、作業の方法を決定し、労働者を指揮すること。

はい作業主任者の特殊な職務

□ 作業を行う箇所を通行する労働者を安全に通行させるため、その者に必要な事項を指示すること。

□ はいくずしの作業を行うときは、はいの崩壊の危険がないことを確認した後に当該作業の着手を指示すること。

□ 昇降設備を昇降するための設備及び保護帽の使用状況を監視すること。

「労働安全衛生法」上、作業主任者を選任しなければならない作業はどれか。
1.　掘削面の高さが2mの地山の掘削作業
2.　高さが3mのコンクリート造の工作物の解体作業
3.　高さが4mの単管足場の組立作業
4.　高さが5mの鉄筋コンクリート造建築物のコンクリート打設作業

解答　1

解説　コンクリート造の工作物の解体作業と単管足場の組立作業では、ともに高さが5m以上の場合に作業主任者を選任しなければならない。
　　　コンクリート打設作業では、作業主任者の選任の必要はない。

作業主任者の職務として、「労働安全衛生法」上、**定められていない**ものはどれか。
1.　型枠支保工の組立て等作業主任者は、作業中、要求性能墜落制止用器具等及び保護帽の使用状況を監視すること。
2.　有機溶剤作業主任者は、作業に従事する労働者が有機溶剤により汚染され、又はこれを吸入しないように、作業の方法を決定し、労働者を指揮すること。
3.　建築物等の鉄骨の組立て等作業主任者は、作業の方法及び順序を作業計画として定めること。
4.　はい作業主任者は、はい作業をする箇所を通行する労働者を安全に通行させるため、その者に必要な事項を指示すること。

解答　3

解説　建築物等の鉄骨の組立て等作業主任者の職務の1つに、作業の方法及び労働者の配置を決定し、作業を直接指揮することがある。
　　　作業の方法及び順序等の作業計画は、事業者が定める。

> ▶▶ パパっとまとめ
> ·····
> 建設作業における具体的な安全対策については、事業者の責務として「労働安全衛生規則」及び関連する安全規則に定められている。
> 足場については毎年出題され、クレーン等安全規則とゴンドラ安全規則については毎年交互に出題されている。

足場の安全対策

☐ 足場用墜落防止設備:高さ 85cm 以上の手すり、高さ 35cm 以上 50cm 以下の中桟。

☐ つり足場の作業床:幅 40cm 以上、かつ、隙間なし。

☐ その他の足場の作業床:幅 40cm 以上、床材間の隙間 3cm 以下、床材と建地との隙間 12cm 未満。

☐ 単管足場の壁つなぎの間隔:垂直方向 5m 以下、水平方向 5.5m 以下。

☐ 単管足場の建地の間隔:桁行方向 1.85m 以下、張間方向 1.5m 以下。

☐ 単管足場の建地を鋼管 2 本組とする部分:建地の最高部から測って 31m を超える部分。

☐ 単管足場の建地間の積載荷重:400kg 以下。

☐ 高さ 5m 以上のわく組足場の壁つなぎの間隔:垂直方向 9m 以下、水平方向 8m 以下。

☐ 枠組足場に設ける水平材:最上階及び 5 層以内ごと。

☐ 高さ 20m を超える枠組足場の主枠:高さ 2m 以下、主枠間の間隔 1.85m 以下。

☐ 枠組足場の使用高さ:通常使用の場合 45m 以下。

☐ 高さ 8m 以上の登り桟橋:7m 以内ごとに踊り場設置。

☐ 移動はしご:幅 30cm 以上。

8

施工管理

クレーン等安全規則

☐ クレーンの落成検査における荷重試験は、クレーンに定格荷重の1.25倍に相当する荷重の荷をつって、つり上げ、走行、旋回、トロリの横行等の作動を行う。

☐ 吊り上げ荷重が0.5t以上5t未満のクレーンの運転の業務に労働者を就かせるときは、当該業務に関する安全のための特別の教育を行わなければならない。

☐ 吊り上げ荷重が1t未満の移動式クレーンの運転の業務に労働者を就かせるときは、当該業務に関する安全のための特別の教育を行わなければならない。

☐ 吊り上げ荷重が1t以上5t未満の移動式クレーン（小型移動式クレーン）の運転の業務には、小型移動式クレーン運転技能講習を修了した者を就かせる。

☐ 事業者は、移動式クレーンを用いて作業を行なうときは、移動式クレーンの運転について一定の合図を定め、合図を行なう者を指名して、その者に合図を行なわせなければならない。

☐ 事業者は、移動式クレーンに係る作業を行うときは、当該移動式クレーンの上部旋回体と接触することにより労働者に危険が生ずるおそれのある箇所に労働者を立ち入らせてはならない。

☐ 事業者は、強風のため、移動式クレーンに係る作業の実施について危険が予想されるときは当該作業を中止し、移動式クレーンが転倒するおそれのあるときは、当該移動式クレーンのジブの位置を固定させる等により移動式クレーンの転倒による労働者の危険を防止するための措置を講じなければならない。

☐ つり上げ荷重が1t以上のクレーン、移動式クレーン若しくはデリックの玉掛けの業務には、玉掛け技能講習を修了した者を就かせる。

☐ つり上げ荷重が1t未満のクレーン、移動式クレーン又はデリックの玉掛けの業務に労働者をつかせるときは、当該労働者に対し、当該業務に関する安全のための特別の教育を行わなければならない。

☐ 玉掛用ワイヤロープの安全係数については、6以上とする。

☐ 玉掛用ワイヤロープひとよりの間において、切断している素線の数が10%以上のものは使用禁止とする。

☐ 玉掛用ワイヤロープの直径の減少が公称径の 7%を超えるものは使用禁止とする。

ゴンドラ安全規則

☐ ゴンドラの操作の業務に労働者をつかせるときは、当該業務に関する安全のための特別の教育を行なわなければならない。

☐ 事業者は、ゴンドラを使用して作業を行なうときは、ゴンドラの操作について一定の合図を定め、合図を行なう者を指名して、その者に合図を行なわせなければならない。ただし、ゴンドラを操作する者に単独で作業を行なわせるときは、この限りでない。

☐ つり下げのためのワイヤロープが 1 本であるゴンドラにあっては、要求性能墜落制止用器具等（安全帯等）は当該ゴンドラ以外のものに取り付けなければならない。

☐ 事業者は、ゴンドラを使用して作業を行なう場所については、当該作業を安全に行なうため必要な照度を保持しなければならない。

☐ ゴンドラを使用して作業を行うときは、その日の作業を開始する前に、ワイヤロープが通っている箇所の状態などの点検を行う。

☐ ゴンドラは、原則として 1 月以内ごとに 1 回の定期自主検査を行う。

☐ 定期自主検査を行なったときは、その結果を記録し、これを 3 年間保存する。

☐ ゴンドラの検査証の有効期間は 1 年とする。

例題 1

令和 3 年　午後　No.52

足場に関する記述として、**最も不適当なもの**はどれか。
1. 移動はしごは、丈夫な構造とし、幅は 30cm 以上とする。
2. 枠組足場の使用高さは、通常使用の場合、45m 以下とする。
3. 作業床は、つり足場の場合を除き、床材間の隙間は 3cm 以下、床材と建地の隙間は 12cm 未満とする。
4. 登り桟橋の高さが 15m の場合、高さの半分の位置に 1 箇所踊場を設ける。

解答 4　　**解説** 高さ 8m 以上の登り桟橋には、7m 以内ごとに踊り場を設ける。高さ 15m の登り桟橋の場合、高さの半分の位置では 7.5m となり、7m を超えてしまう。

8

施工管理

235

例題2

クレーン又は移動式クレーンに関する記述として、「クレーン等安全規則」上、**誤っているもの**はどれか。

1. 移動式クレーンの運転についての合図の方法は、事業者に指名された合図を行う者が定めなければならない。
2. クレーンに使用する玉掛け用ワイヤロープひとよりの間において、切断している素線の数が10%以上のものは使用してはならない。
3. つり上げ荷重が0.5t以上5t未満のクレーンの運転の業務に労働者を就かせるときは、当該業務に関する安全のための特別の教育を行わなければならない。
4. 強風により作業を中止した場合であって移動式クレーンが転倒するおそれがあるときは、ジブの位置を固定させる等の措置を講じなければならない。

解答 1

解説 移動式クレーンの運転についての合図の方法は事業者が定め、合図を行なう者を指名して、その者に合図を行なわせる。

例題3

ゴンドラに関する記述として、「ゴンドラ安全規則」上、**誤っているもの**はどれか。

1. ゴンドラの操作の業務に労働者をつかせるときは、当該業務に関する安全のための特別の教育を行わなければならない。
2. つり下げのためのワイヤロープが2本のゴンドラでは、安全帯をゴンドラに取り付けて作業を行うことができる。
3. ゴンドラの検査証の有効期間は2年であり、保管状況が良好であれば1年を超えない範囲内で延長することができる。
4. ゴンドラを使用する作業を、操作を行う者に単独で行わせる場合は、操作の合図を定めなくてもよい。

解答 3

解説 ゴンドラの検査証の有効期間は1年である。

9

第9章

法規

▶▶ パパっとまとめ
> 毎回3問出題されている。用語の定義は建築基準法第2条と施行令第1条にまとめられているので、法令集に目を通しておこう。広範囲からの出題であるが、重要な用語と数値は繰り返し出題されている。

用語の定義

☐ 建築物：屋根及び柱若しくは壁を有するもの、建築物に附属する門・塀、観覧のための工作物、地下若しくは高架の工作物内に設ける施設、建築設備（プラットホームの上家は建築物ではない）

☐ 特殊建築物：災害時に人的被害が大きくなるおそれのある建物で、戸建て住宅・事務所以外のほとんどの建築物

☐ 居室：人が継続的に使用する室（玄関・廊下・洗面所・トイレ・浴室は含まない）

☐ 主要構造部：建築物の構造上重要な壁・柱・床・梁・屋根・階段。構造上重要でない間仕切壁、最下階の床、小ばり、局部的な小階段、屋外階段等を除く。

☐ 建築設備：建築物に設ける電気、ガス、給水、排水、換気、暖房、冷房、消火、排煙若しくは汚物処理の設備又は煙突、昇降機若しくは避雷針

☐ 主要構造部：建築物の構造上重要な壁、柱、床、はり、屋根又は階段

☐ 大規模の修繕（模様替）：主要構造部の1種以上について行う過半の修繕（模様替）

☐ 耐水材料：れんが、石、人造石、コンクリート、アスファルト、陶磁器、ガラスなど

☐ 敷地：一の建築物又は用途上不可分の関係にある二以上の建築物のある一団の土地

☐ 地階：床が地盤面下にある階で、床面から地盤面までの高さがその階の天井の高さの1/3以上のもの

建築確認を受ける必要のある建築物

☐ 特殊建築物：その用途に供する部分の床面積の合計が 200m² 超

☐ 木造建築物：階数 3 以上、延べ面積 500m² 超、高さ 13m 超、軒高 9m 超のいずれか

☐ 木造以外の建築物：階数 2 以上、延べ面積 200m² 超のいずれか

☐ 都市計画区域、準都市計画区域内等における建築物

建築確認を受ける必要のある建築設備・工作物

☐ 建築設備：エレベーター、エスカレーター等

☐ 工作物：高さ 6m 超の煙突、高さ 4m 超の広告塔、高さ 8m 超の高架水槽、高さ 2m 超の擁壁等

建築確認等の手続き

☐ 防火地域及び準防火地域外における建築物の増築、改築、又は移転に係る部分の床面積の合計が 10m² 以内のときは、建築確認の必要はない。

☐ 中間検査：階数が 3 以上である共同住宅の 2 階の床及びこれを支持する梁に鉄筋を配置する特定工程を終えたとき、申請する。

☐ 完了検査：工事が完了した日から 4 日以内に建築主事に到達するように検査の申請をする。

☐ 用途変更：変更部分の床面積 200m² 以下の特殊建築物は建築確認を受ける必要はない。

☐ 仮使用：避難施設等に関する工事を含む建築物は、特定行政庁が、安全上、防火上及び避難上支障がないと認めたとき、建築主事が検査の申請を受理した日から 7 日を経過したときは、検査済証の交付を受ける前であっても、仮に、当該建築物を使用することができる。

☐ 除却届：床面積の合計が 10m² を超える除却工事の施工者は、建築主事を経由して、その旨を都道府県知事に届ける。

一級建築士である工事監理者を定めなければならない建築物

☐ 学校、病院、映画館、百貨店等で、延べ面積 1,500m² 超

☐ 木造の建築物で、高さ 13m 超、軒高 9m 超のいずれか

- [ ] 鉄筋コンクリート造、鉄骨造等で、延べ面積が 300m² 超、高さ 13m 超、軒高 9m 超のいずれか
- [ ] 延べ面積が 1,000m² 超、且つ、階数 2 以上

建築監視員

- [ ] 建築基準法令の規定に違反した建築物に関する建築主、工事の請負人（請負工事の下請人を含む）、現場管理者に対して、当該工事の施工の停止を命ずることができる。
- [ ] 建築物の工事施工者に、当該工事の施工の状況に関する報告を求めることができる。
- [ ] 床面積が 200m² 超の特殊建築物、階数 3 以上で床面積 100m² 以上 200m² 以下の特殊建築物、階数 5 以上で延べ面積が 1,000m² 超の事務所に供する建築物の劣化が進み、そのまま放置すれば著しく保安上危険となると認める場合、相当の猶予期限を付けて、所有者に対し除却、修繕、使用中止、使用制限を勧告することができる。

適用の除外

- [ ] 文化財保護法の規定によって重要文化財等に指定又は仮指定された建築物には適用されない。
- [ ] 条例の定めるところにより現状変更の規制及び保存のための措置が講じられている建築物（保存建築物）であって、特定行政庁が建築審査会の同意を得て指定したものには適用されない。
- [ ] 建築基準法又はこれに基づく命令若しくは条例の規定の施行又は適用の際現に存する建築物が、規定の改正等によりこれらの規定に適合しなくなった場合、これらの規定は当該建築物に適用されない。

防火区画

- [ ] 面積区画

主要構造部を耐火構造とした建築物、準耐火建築物で、延べ面積が 1,500m² を超えるものは、原則として床面積の合計 1,500m³ 以内ごとに 1 時間準耐火基準に適合する準耐火構造とした床若しくは壁又は特定防火設備で区画する。

□ 高層区画

建築物の 11 階以上の部分で、各階の床面積の合計が 100m² を超えるものは、原則として床面積の合計 100m² 以内ごとに耐火構造の床若しくは壁又は特定防火設備で区画する。

□ 竪穴区画

主要構造部を準耐火構造で、地階又は 3 階以上に居室のある建築物の竪穴部分とその他の部分について、準耐火構造の床若しくは壁又は防火設備で区画する。

ただし、階数 3 以下で延べ面積 200m² 以下の一戸建て住宅の吹抜き、階段部分は除外する。

□ 異種用途区画

建築物の一部が特殊建築物の場合は、その部分とその他の部分とを 1 時間準耐火基準に適合する準耐火構造とした床若しくは壁又は特定防火設備で区画する。

□ 防火区画を貫通する配管等

給水管、配電管その他の管が防火区画を貫通する場合は、当該管と準耐火構造の防火区画との隙間をモルタルその他の不燃材料で埋める。

□ 無窓の居室等の主要構造部

政令で定める窓その他の開口部を有しない居室は、その居室を区画する主要構造部を耐火構造とし、又は不燃材料で造る。

内装制限

□ 制限を受ける構造及び床面積の映画館・病院・共同住宅・百貨店・飲食店等

居室の天井、壁（床面から 1.2m 以下の部分を除く）

通路と階段の天井、壁

□ 自動車車庫・自動車修理工場

構造・床面積に関係なく、該当部分及び通路の天井、壁

□ 地階の映画館・病院・共同住宅・百貨店・飲食店等

構造・床面積に関係なく、居室・通路・階段の天井、壁

□ 住宅の火気使用室

階数が 2 以上の建築物の最上階以外の階の火気使用室の天井、壁

□ 床面積 50m² 超の無窓の居室

居室・通路・階段の天井、壁

避難設備

☐ 劇場、映画館、演芸場、観覧場、公会堂又は集会場における客席からの出口の戸は、内開きとしてはならない。

☐ 高さ31m超の建築物には、原則として、非常用の昇降機を設ける。

☐ 劇場、集会場、床面積1,500m²超の物販店、病院、児童福祉施設、ホテル、共同住宅等には、規模により2以上の直通階段を設置する。

☐ 共同住宅の住戸内、病院の病室、学校、体育館等は、非常用照明設備の設置の適用外とする。

例題1
令和2年 午後 No.71

建築確認等の手続きに関する記述として、「建築基準法」上、**誤っているもの**はどれか。

1. 防火地域及び準防火地域内において、建築物を増築しようとする場合、その増築部分の床面積の合計が10m²以内のときは、建築確認を受ける必要はない。
2. 延べ面積が150m²の一戸建ての住宅の用途を変更して旅館にしようとする場合、建築確認を受ける必要はない。
3. 鉄筋コンクリート造3階建ての共同住宅において、2階の床及びこれを支持する梁に鉄筋を配置する特定工程に係る工事を終えたときは、中間検査の申請をしなければならない。
4. 確認済証の交付を受けた建築物の完了検査を受けようとする建築主は、工事が完了した日から4日以内に建築主事に到達するように、検査の申請をしなければならない。

解答 1

解説 防火地域及び準防火地域**外**であれば、増築、改築又は移転に係る部分の床面積の合計が10m²以内のときは建築確認を要しない。(建築基準法第6条第2項)

例題2

次の記述のうち、「建築基準法」上、**誤っているもの**はどれか。

1. 床面積の合計が 10m² を超える建築物を除却しようとする場合においては、原則として、当該除却工事の施工者は、建築主事を経由して、その旨を都道府県知事に届け出なければならない。

2. 避難施設等に関する工事を含む建築物の完了検査を受けようとする建築主は、建築主事が検査の申請を受理した日から 7 日を経過したときは、検査済証の交付を受ける前であっても、仮に、当該建築物を使用することができる。

3. 鉄筋コンクリート造 3 階建共同住宅の 3 階の床及びこれを支持する梁に鉄筋を配置する工事の工程は、中間検査の申請が必要な特定工程である。

4. 木造 3 階建の戸建て住宅を、大規模の修繕をしようとする場合においては、確認済証の交付を受けなければならない。

解答 3

解説 階数が 3 以上である共同住宅の 2 階の床及びこれを支持するはりに鉄筋を配置する工事の工程において、中間検査の申請が必要となる。
（建築基準法第 7 条の 3 第 1 項第 1 号、建築基準法施行令第 11 条）

例題3

次の記述のうち、「建築基準法」上、**誤っているもの**はどれか。

1. 建築主は、延べ面積が 1,000m² を超え、かつ、階数が 2 以上の建築物を新築する場合、一級建築士である工事監理者を定めなければならない。

2. 特定行政庁は、飲食店に供する床面積が 200m² を超える建築物の劣化が進み、そのまま放置すれば著しく保安上危険となると認める場合、相当の猶予期限を付けて、所有者に対し除却を勧告することができる。

3. 建築監視員は、建築物の工事施工者に対して、当該工事の施工の状況に関する報告を求めることができる。

4. 建築主事は、建築基準法令の規定に違反した建築物に関する工事の請負人に対して、当該工事の施工の停止を命じることができる。

9

法規

解答 4

解説 特定行政庁は、法令違反であることが明らかな工事中の建築物について、緊急性のある場合は、当該建築物の建築主、請負人、現場管理者に対して当該工事の停止を命じることができる。特定行政庁から命じられた建築監視員がこの権限を行う。(建築基準法第9条、第9条の2)

例題4   令和元年　午後　No.73

防火区画に関する記述として、「建築基準法」上、**誤っているもの**はどれか。

1. 5階建ての共同住宅の用途に供する建築物は、共同住宅の部分と自動車車庫の用途に供する部分とを1時間準耐火基準に適合する準耐火構造とした床若しくは壁又は特定防火設備で区画しなければならない。

2. 主要構造部を耐火構造とした建築物で、延べ面積が1,500m²を超えるものは、原則として床面積の合計1,500m²以内ごとに1時間準耐火基準に適合する準耐火構造とした床若しくは壁又は特定防火設備で区画しなければならない。

3. 主要構造部を準耐火構造とした階数が3で延べ面積が200m²の一戸建ての住宅における吹抜きとなっている部分及び階段の部分については、当該部分とその他の部分とを準耐火構造の床若しくは壁又は防火設備で区画しなければならない。

4. 建築物の11階以上の部分で、各階の床面積の合計が100m²を超えるものは、原則として床面積の合計100m²以内ごとに耐火構造の床若しくは壁又は防火設備で区画しなければならない。

解答 3

解説 竪穴区画では、階数3以下で延べ面積200m²以内の一戸建て住宅の吹き抜き、階段部分は除外している。(建築基準法施行令第112条第11項第2項)

例題5

建築物の内装制限に関する記述として、「建築基準法」上、**誤っている**ものはどれか。

1. 自動車車庫の用途に供する特殊建築物は、構造及び床面積に関係なく、原則として、内装制限を受ける。
2. 主要構造部を耐火構造とした学校の1階に設ける調理室は、内装制限を受けない。
3. 内装制限を受ける百貨店の売場から地上に通ずる主たる廊下の室内に面する壁のうち、床面からの高さが1.2m以下の部分は、内装制限を受けない。
4. 主要構造部を耐火構造とした地階に設ける飲食店は、原則として、内装制限を受ける。

解答　3

解説　避難経路となる廊下、階段、その他の通路の壁は、全面が内装制限の対象となる。(建築基準法第35条の2、建築基準法施行令第128条の5)

例題6

避難施設等に関する記述として、「建築基準法」上、**誤っているもの**はどれか。

1. 小学校には、非常用の照明装置を設けなければならない。
2. 集会場で避難階以外の階に集会室を有するものは、その階から避難階又は地上に通ずる2以上の直通階段を設けなければならない。
3. 映画館の客用に供する屋外への出口の戸は、内開きとしてはならない。
4. 高さ31mを超える建築物には、原則として、非常用の昇降機を設けなければならない。

解答　1

解説　小学校は、非常用照明設備の設置の適用外とする。(建築基準法第35条、建築基準法施行令第126条の4第1項第3号)

9

法規

▶▶ **パパっとまとめ**

下請代金の総額で、特定建設業・一般建設業の許可区分が決まり、現場に置く技術者の種類も変わる。また、請負代金の額で現場に置く技術者が専任かどうかが決まる。それぞれの金額も押さえておこう。

建設業の許可

☐ 許可の種類と許可区分

金額：消費税込

種類	知事許可	営業所が一つの都道府県内にある場合
	大臣許可	営業所が複数の都道府県にある場合
区分	特定	元請となる工事の下請代金の総額が • 建築工事業で 6,000 万円以上 • その他の工事業で 4,000 万円以上
	一般	元請となる工事の下請代金の総額が • 建築工事業で 6,000 万円未満 • その他の工事業で 4,000 万円未満 下請を使わず、工事のすべてを自社で施工

☐ 許可対象の建設工事は 29 業種、業種ごとに許可が必要。

☐ 許可の有効期間は 5 年、更新しないと失効。

☐ 許可の更新は、有効期間満了の日前 30 日までに許可申請書を提出。

☐ 一般建設業の許可を受けた者が、特定建設業の許可を受けたときは、その業種に係る一般建設業の許可は失効する。

☐ 許可を受けてから 1 年以内に営業を開始せず、又は引き続いて 1 年以上営業を休止した場合は、許可の取り消しとなる。

☐ 許可を受けた建設業を廃止したときは、30 日以内に許可者に届け出る。

☐ 許可を受けようとする建設業に係る建設工事に関し 10 年以上実務の経験を有する者を、一般建設業の営業所に置く専任の技術者とすることができる。

☐ 許可を受けた建設業の工事を請負う場合、当該工事に附帯する他の業種の工事を請負うことができる。

附帯工事を請負う方法
1．附帯工事の主任技術者を設置して自ら施工する
2．附帯工事の業種の建設業許可業者に請け負わせる

☐ 許可を受けずにできる工事（軽微な建設工事）

金額：消費税込

建築一式工事	1 件の請負代金の額が 1,500 万円未満の工事
	延べ面積が 150m² 未満の木造住宅工事
建築一式工事以外の工事	1 件の請負代金の額が 500 万円未満の工事
営業所及び建設現場に技術者の設置は不要	

☐ 特定建設業の許可を受けようとする者は、発注者との間の請負契約で、その請負代金の額が 8,000 万円以上であるものを履行するに足りる財産的基礎を有すること。

☐ 特定建設業の許可に係る建設業のうち、指定建設業は、土木工事業、建築工事業、電気工事業、管工事業、鋼構造物工事業、舗装工事業、造園工事業の 7 業種。

☐ 建築一式工事以外の工事を請負う建設業者であっても、特定建設業者となることができる。

請負契約書の記載事項

☐ 工事内容

☐ 請負代金の額

☐ 工事着手の時期及び工事完成の時期

☐ 工事を施工しない日又は時間帯の定めをするときは、その内容

☐ 請負代金の全部又は一部の前金払又は出来形部分に対する支払の定めをするときは、その支払の時期及び方法

☐ 当事者の一方から設計変更又は工事着手の延期若しくは工事の全部若しくは一部の中止の申出があった場合における工期の変更、請負代金の額の変更又は損害の負担及びそれらの額の算定方法に関する定め

☐ 天災その他不可抗力による工期の変更又は損害の負担及びその額の算定方法に関する定め

- [ ] 価格等の変動若しくは変更に基づく請負代金の額又は工事内容の変更
- [ ] 工事の施工により第三者が損害を受けた場合における賠償金の負担に関する定め
- [ ] 注文者が工事に使用する資材を提供し、又は建設機械その他の機械を貸与するときは、その内容及び方法に関する定め
- [ ] 注文者が工事の全部又は一部の完成を確認するための検査の時期及び方法並びに引渡しの時期
- [ ] 工事完成後における請負代金の支払の時期及び方法
- [ ] 工事の目的物が種類又は品質に関して契約の内容に適合しない場合におけるその不適合を担保すべき責任又は当該責任の履行に関して講ずべき保証保険契約の締結その他の措置に関する定めをするときは、その内容
- [ ] 各当事者の履行の遅滞その他債務の不履行の場合における遅延利息、違約金その他の損害金
- [ ] 契約に関する紛争の解決方法

現場代理人・監督員の選任の通知

- [ ] 請負人は、請負契約の履行に関し工事現場に現場代理人を置く場合においては、当該現場代理人の権限に関する事項及び当該現場代理人の行為についての注文者の請負人に対する意見の申出の方法を、書面により注文者に通知しなければならない。
- [ ] 注文者は、請負契約の履行に関し工事現場に監督員を置く場合においては、当該監督員の権限に関する事項及び当該監督員の行為についての請負人の注文者に対する意見の申出の方法を、書面により請負人に通知しなければならない。

工事の予定価格による見積期間

- [ ] 500万円未満の場合は1日以上
- [ ] 500万円以上5000万円未満の場合は10日以上
- [ ] 5000万円以上の場合は15日以上

請負契約のその他の通則

- [ ] 注文者は、自己の取引上の地位を不当に利用して、建設工事を施工するために通常必要と認められる原価に満たない金額を請負代金の額とする請負契約を締結してはならない。

- [ ] 注文者は、請負契約の締結後、自己の取引上の地位を不当に利用して、建設工事に使用する資材や機械器具の購入先を指定して請負人に購入させ、その利益を害してはならない。

- [ ] 注文者は、建設工事を施工するために通常必要と認められる期間に比して著しく短い期間を工期とする請負契約を締結してはならない。

- [ ] 建設業者は、建設工事の注文者から請求があったときは、請負契約が成立するまでの間に、建設工事の見積書を交付しなければならない。

- [ ] 多数の者が利用する施設又は共同住宅を新築する建設工事を請負った場合、建設業者はいかなる方法をもってするかを問わず、一括して他人に請け負わせてはならない。

- [ ] 注文者は、請負人に対して、建設工事の施工につき著しく不適当と認められる下請負人があるときは、あらかじめ注文者の書面による承諾を得て選定した下請負人である場合を除き、その変更を請求することができる。

- [ ] 請負人は、建設工事の施工について工事監理を行う建築士から工事を設計図書のとおりに実施するよう求められた場合において、これに従わない理由があるときは、直ちに、注文者に対して、その理由を報告しなければならない。

元請負人の義務

- [ ] 元請負人は、その請け負った建設工事を施工するために必要な工程の細目、作業方法その他元請負人において定めるべき事項を定めようとするときは、あらかじめ、下請負人の意見をきかなければならない。

- [ ] 元請負人は、請負代金の出来形部分に対する支払を受けたときは、当該支払の対象となった建設工事を施工した下請負人に対して、出来形部分に相応する下請代金を、当該支払を受けた日から1月以内で、かつ、できる限り短い期間内に支払わなければならない。

9

法規

- [ ] 元請負人は、前払金の支払を受けたときは、下請負人に対して、資材の購入、労働者の募集その他建設工事の着手に必要な費用を前払金として支払うよう適切な配慮をしなければならない。

- [ ] 元請負人は、下請負人からその請け負った建設工事が完成した旨の通知を受けたときは、当該通知を受けた日から 20 日以内で、かつ、できる限り短い期間内に、その完成を確認するための検査を完了しなければならない。

- [ ] 元請負人は、下請負人の請負った建設工事の完成を確認した後、下請負人が申し出たときは、特約がされている場合を除き、直ちに、目的物の引渡しを受けなければならない。

- [ ] 特定建設業者が注文者となった下請契約において、下請代金の支払期日が定められなかったときは、下請負人が完成した工事目的物の引き渡しを申し出た日から起算して 50 日を経過する日を支払期日とみなす。

- [ ] 発注者から直接建設工事を請け負った特定建設業者は、当該建設工事の下請負人が、その下請負に係る建設工事の施工に関し、関係法令に違反しないよう、当該下請負人の指導に努め、違反していると認めたときは、当該下請負人に対し、違反している事実を指摘して、その是正を求めるように努めなければならない。

- [ ] 特定建設業者は、発注者から直接建築一式工事を請け負った場合において、下請契約の総額が 6,000 万円以上になるときは、建設工事の適正な施工を確保するため、施工体制台帳を作成し、工事現場ごとに備え置かなければならない。

工事現場に置く技術者

- [ ] 建設業者は、その請け負った建設工事を施工するときは、工事現場における建設工事の施工の技術上の管理をつかさどる主任技術者を置かなければならない。

- [ ] 発注者から直接建設工事を請け負った特定建設業者は、下請契約の総額が建築一式工事で 6,000 万円以上、その他の工事で 4,000 万円以上になる場合は、工事現場における建設工事の施工の技術上の管理をつかさどる監理技術者を置かなければならない。

□ 政令で定める公共性のある施設又は多数の者が利用する施設に関する重要な建設工事で、工事1件の請負代金の額が建築一式工事で7,000万円以上、その他の工事で3,500万円以上になる場合、主任技術者又は監理技術者は、現場ごとに、専任とする。

□ 専任の主任技術者を必要とする建設工事のうち、密接な関係のある二以上の建設工事を同一の建設業者が同一の場所又は近接した場所において施工するものについては、同一の専任の主任技術者がこれらの建設工事を管理することができる。

□ 専任となった監理技術者は、発注者から請求があったときは、監理技術者資格者証を提示しなければならない。

□ 監理技術者資格者証の有効期間は5年。

□ 専任の者でなければならない監理技術者は、当該選任の期間中のいずれの日においても、その日の前5年以内に行われた国土交通大臣の登録を受けた講習を受講していなければならない。

例題 1

建設業の許可に関する記述として、「建設業法」上、**誤っているもの**はどれか。

1. 建設業の許可は、一般建設業と特定建設業の区分により、建設工事の種類ごとに受ける。
2. 建設業者は、許可を受けた建設業に係る建設工事を請け負う場合においては、当該建設工事に附帯する他の建設業に係る建設工事を請け負うことができる。
3. 建設業の許可を受けた建設業者は、許可を受けてから3年以内に営業を開始せず、又は引き続いて1年以上営業を休止した場合、当該許可を取り消される。
4. 特定建設業の許可を受けようとする者は、発注者との間の請負契約で、その請負代金の額が8,000万円以上であるものを履行するに足りる財産的基礎を有していなければならない。

解答 3

解説 建設業の許可を受けた建設業者は、許可を受けてから1年以内に営業を開始せず、又は引き続いて1年以上営業を休止した場合は、許可の取り消しとなる。（建設業法第29条第1項第4号）

9
法規

平成28年　午後　No.74

建設業の許可に関する記述として、「建設業法」上、**誤っているもの**はどれか。

1.　工事1件の請負代金の額が500万円に満たない建設工事のみを請け負うことを営業とする者は、建設業の許可を受けなくてもよい。
2.　内装仕上工事など建築一式工事以外の工事を請け負う建設業者であっても、特定建設業者となることができる。
3.　一般建設業の許可を受けた者が、当該許可に係る建設業について、特定建設業の許可を受けたときは、一般建設業の許可は、その効力を失う。
4.　許可を受けた建設業を廃止したときは、50日以内にその旨を届け出なければならない。

解答 4

解説 許可を受けた建設業を廃止したときは、30日以内にその旨を届け出なければならない。（建設業法第12条第1項第5号）

例題3　　令和元年　午後　No.74　令和2年　午後　No.74　改題

建設業の許可に関する記述として、「建設業法」上、**誤っているもの**はどれか。

1.　工事1件の請負代金の額が建築一式工事にあっては1,500万円に満たない工事または延べ面積が150m^{2}に満たない木造住宅工事のみを請負う場合は、建設業の許可を必要としない。
2.　建設業の許可の更新を受けようとする者は、有効期間満了の日前30日までに許可申請書を提出しなければならない。
3.　建設業の許可を受けようとする者は、複数の都道府県の区域内に営業所を設けて営業をしようとする場合、それぞれの都道府県知事の許可を受けなければならない。
4.　特定建設業の許可を受けた者でなければ、発注者から直接請負った建設工事を施工するために、建設工事業にあっては下請代金の額の総額が6,000万円以上の下請契約を締結してはならない。

解答 3

解説 2以上の都道府県の区域内に営業所を設けて営業をしようとする場合は、国土交通大臣の許可を受けなければならない。（建設業法第3条第1項）

令和3年 午後 No.65

建設工事の請負契約に関する記述として、「建設業法」上、**誤っているもの**はどれか。

1. 建設工事の請負契約書には、契約に関する紛争の解決方法に該当する事項を記載しなければならない。
2. 建設業者は、建設工事の注文者から請求があったときは、請負契約が成立するまでの間に、建設工事の見積書を交付しなければならない。
3. 請負人は、建設工事の施工について工事監理を行う建築士から工事を設計図書のとおりに実施するよう求められた場合において、これに従わない理由があるときは、直ちに、注文者に対して、その理由を報告しなければならない。
4. 注文者は、工事現場に監督員を置く場合においては、当該監督員の権限に関する事項及びその行為についての請負人の注文者に対する意見の申出の方法を、書面により請負人の承諾を得なければならない。

解答 4

解説 注文者は、請負契約の履行に関し工事現場に監督員を置く場合においては、当該監督員の権限に関する事項及び当該監督員の行為についての請負人の注文者に対する意見の申出の方法を、書面により請負人に通知しなければならない。（建設業法第19条の2第2項）

例題5

平成30年 午後 No.75

請負契約に関する記述として、「建設業法」上、**誤っているもの**はどれか。

1. 請負人は、請負契約の履行に関し工事現場に現場代理人を置く場合に、注文者の承諾を得て、現場代理人に関する事項を、情報通信の技術を利用する一定の方法で通知することができる。
2. 特定建設業者は、発注者から直接建築一式工事を請け負った場合に、下請契約の請負代金の総額が6,000万円以上になるときは、施工体制台帳を工事現場ごとに備え置き、発注者の閲覧に供しなければならない。

9
法規

3. 注文者は、請負人に対して、建設工事の施工につき著しく不適当と認められる下請負人があるときは、あらかじめ注文者の書面等による承諾を得て選定した下請負人である場合であっても、その変更を請求することができる。

4. 注文者は、工事一件の予定価格が 5,000 万円以上である工事の請負契約の方法が随意契約による場合であっても、契約の締結までに建設業者が当該建設工事の見積りをするための期間は、原則として、15 日以上を設けなければならない。

解答 3

解説 注文者は、請負人に対して、建設工事の施工につき著しく不適当と認められる下請負人があるときは、その変更を請求することができる。ただし、あらかじめ注文者の書面による承諾を得て選定した下請負人については、この限りでない。(建設業法第 23 条第 1 項)

例題 6

令和元年　午後　No.76

元請負人の義務に関する記述として、「建設業法」上、**誤っているもの**はどれか。

1. 元請負人は、前払金の支払を受けたときは、下請負人に対して、資材の購入、労働者の募集その他建設工事の着手に必要な費用を前払金として支払うよう適切な配慮をしなければならない。

2. 元請負人が請負代金の出来形部分に対する支払を受けたときは、当該支払の対象となった建設工事を施工した下請負人に対して出来形部分に相応する下請代金を、当該支払を受けた日から 1 月以内で、かつ、できる限り短い期間内に支払わなければならない。

3. 元請負人は、下請負人からその請け負った建設工事が完成した旨の通知を受けたときは、当該通知を受けた日から 1 月以内で、かつ、できる限り短い期間内に、その完成を確認するための検査を完了しなければならない。

4. 元請負人は、下請負人の請け負った建設工事の完成を確認した後、下請負人が申し出たときは、特約がされている場合を除き、直ちに、目的物の引渡しを受けなければならない。

解答 3

解説 元請負人は、下請負人からその請け負った建設工事が完成した旨の通知を受けたときは、当該通知を受けた日から20日以内で、かつ、できる限り短い期間内に、その完成を確認するための検査を完了しなければならない。(建設業法第24条の4第1項)

例題 7

　工事現場に置く技術者に関する記述として、「建設業法」上、**誤っているもの**はどれか。

1.　発注者から直接建築一式工事を請け負った特定建設業者は、下請契約の総額が6,000万円以上の工事を施工する場合、監理技術者を工事現場に置かなければならない。

2.　工事一件の請負金額の額が6,000万円である診療所の建築一式工事において、工事の施工の技術上の管理をつかさどるものは、工事現場ごとに専任の者でなければならない。

3.　専任の主任技術者を必要とする建設工事のうち、密接な関係のある2以上の建設工事を同一の建設業者が同一の場所又は近接した場所において施工するものについては、同一の専任の主任技術者がこれらの建設工事を管理することができる。

4.　発注者から直接防水工事を請け負った特定建設業者は、下請契約の総額が3,500万円の工事を施工する場合、主任技術者を工事現場に置かなければならない。

解答 2

解説 重要な建設工事として指定されている建設工事のうち、工事現場ごとに専任の技術者を必要とする建設工事は、工事1件の請負代金の額が建築一式工事にあっては7,000万円以上、その他の工事にあっては3,500万円以上である。(建設業法第26条第3項、建設業法施行令第27条)

9

法規

3 労働基準法

▶▶ パパっとまとめ

年少者、妊産婦及び女性の危険有害業務の就業制限については年少者労働基準規則、女性労働基準規則でそれぞれ細かく決められている。難解な条文ではないので一読で理解できる。数値を押さえておくこと。

労働契約

☐ この法律で定める基準に達しない労働条件を定める労働契約は、その部分については無効とする。この場合において、無効となった部分は、この法律で定める基準による。

☐ 労働契約は、期間の定めのないものを除き、一定の事業の完了に必要な期間を定めるもののほかは、原則として 3 年を超える期間について締結してはならない。

☐ 労働契約期間の例外として、専門的知識等を有する労働者との間に締結される労働契約及び満 60 歳以上の労働者との間に締結される労働契約は 5 年を超える期間について締結してはならない。

☐ 使用者は、労働者が業務上負傷し、又は疾病にかかり療養のために休業する期間及びその後 30 日間は、解雇してはならない。ただし、やむを得ない事由のために事業の継続が不可能となった場合においては、この限りでない。

☐ 使用者は、労働者を解雇しようとする場合においては、少くとも 30 日前にその予告をしなければならない。

☐ 労働者が、退職の場合において、使用期間、業務の種類、その事業における地位、賃金又は退職の事由（退職の事由が解雇の場合にあっては、その理由を含む）について証明書を請求した場合においては、使用者は、遅滞なくこれを交付しなければならない。

☐ 使用者は、労働者の死亡又は退職の場合において、権利者の請求があった場合においては、7 日以内に賃金を支払い、積立金、保証金、貯蓄金その他名称の如何を問わず、労働者の権利に属する金品を返還しなければならない。

労働時間

☐ 使用者は、労働時間が 6 時間を超える場合においては少くとも 45 分、8 時間を超える場合においては少くとも 1 時間の休憩時間を労働時間の途中に与えなければならない。

☐ 使用者は、休憩時間を自由に利用させなければならない。

☐ 使用者は、労働者に対して、毎週少くとも 1 回又は 4 週間を通じ 4 日以上の休日を与えなければならない。

☐ 労働時間、休憩及び休日に関する規定は、監督若しくは管理の地位にある者については適用しない。

年少者

☐ 親権者又は後見人は、未成年者に代って労働契約を締結してはならない。

☐ 未成年者は、独立して賃金を請求することができる。親権者又は後見人は、未成年者の賃金を代って受け取ってはならない。

☐ 使用者は、満 18 歳に満たない者を午後 10 時から午前 5 時までの間において使用してはならない。ただし、交替制によって使用する満 16 歳以上の男性については、この限りでない。

☐ 使用者は、満 18 歳に満たない者を、30kg を超える重量物の取扱いの業務に就かせてはならない。

☐ 使用者は、満 18 歳に満たない者を、クレーンの玉掛けの業務に就かせてはならない。ただし、2 人以上の者によって行う玉掛けの業務における補助作業の業務を除く。

☐ 使用者は、満 18 歳に満たない者を、高さが 5m 以上の場所で、墜落により労働者が危害を受けるおそれのあるところにおける業務に就かせてはならない。

☐ 使用者は、満 18 歳に満たない者を、足場の組立、解体又は変更の業務に就かせてはならない。ただし、地上又は床上における補助作業の業務を除く。

9
法規

女性

□ 使用者は、妊産婦であるか否かにかかわらず、女性を30kg以上の重量物を断続作業として取り扱う業務及び20kg以上の重量物を継続作業として取り扱う業務に就かせてはならない。

例題1

労働契約に関する記述として、「労働基準法」上、**誤っているもの**はどれか。

1. 使用者は、労働者の退職の場合において、請求があった日から、原則として、7日以内に賃金を支払い、労働者の権利に属する金品を返還しなければならない。

2. 満60歳以上の労働者との間に締結される労働契約は、契約期間の定めのないものを除き、一定の事業の完了に必要な期間を定めるもののほかは、5年を超える期間について締結してはならない。

3. 使用者は、労働者が業務上負傷し、休業する期間とその後30日間は、やむを得ない事由のために事業の継続が不可能となった場合においても解雇してはならない。

4. 使用者は、試期間中の者で14日を超えて引き続き使用されるに至った者を解雇しようとする場合、原則として、少なくとも30日前にその予告をしなければならない。

解答 3

解説 使用者は、労働者が業務上負傷し、または疾病にかかり療養のために休業する期間及びその後30日間は、解雇してはならない。ただし、やむを得ない事由のために事業の継続が不可能となった場合においては、この限りでない。(労働基準法第19条)

労働時間等に関する記述として、「労働基準法」上、**誤っているもの**はどれか。

1.　労働時間、休憩及び休日に関する規定は、監督又は管理の地位にある者には適用されない。
2.　使用者は、労働時間が 8 時間を超える場合には、少なくとも 1 時間の休憩時間を労働時間の途中に与えなければならない。
3.　使用者は、労働者の合意があれば休憩時間中であっても、留守番等の軽微な作業であれば命ずることができる。
4.　使用者は、労働者に対し毎週少なくとも 1 回の休日を与えるか、又は 4 週間を通じ 4 日以上の休日を与えなければならない。

解答　3
解説　使用者は、休憩時間を自由に利用させなければならない。（労働基準法第 34 条第 3 項）

次の記述のうち、「労働基準法」上、**誤っているもの**はどれか。

1.　満 18 才に満たない者を、足場の組立、解体又は変更の業務のうち地上又は床上における補助作業の業務に就かせてはならない。
2.　満 18 才に満たない者を、高さが 5m 以上の場所で、墜落により危害を受けるおそれのあるところにおける業務に就かせてはならない。
3.　満 18 才に満たない者を、原則として午後 10 時から午前 5 時までの間において使用してはならない。
4.　満 18 才に満たない者を、単独で行うクレーンの玉掛けの業務に就かせてはならない。

解答　1
解説　使用者は、満 18 才に満たない者を、足場の組立、解体又は変更の業務に就かせてはならない。ただし、地上又は床上における補助作業の業務を除く。（年少者労働基準規則第 8 条第 1 項第 25 号）

9
法規

▶▶ パパっとまとめ

建設業は、他の産業と同じように事業場の規模による安全管理体制があるほか、元請と下請が混在する特殊な業態による安全衛生管理体制がある。事業場で使用される労働者数と配置する管理者を覚えよう。

事業場の規模による安全衛生管理体制

☐ 事業者は、常時 100 人の労働者を使用する事業場では、総括安全衛生管理者を選任し、その者に安全管理者、衛生管理者の指揮をさせなければならない。

☐ 事業者は、常時 50 人の労働者を使用する事業場では、安全管理者を選任し、総括安全衛生管理者が統括管理すべき業務のうち安全に係る技術的事項を管理させなければならない。

☐ 事業者は、常時 50 人の労働者を使用する事業場では、衛生管理者を選任し、総括安全衛生管理者が統括管理すべき業務のうち衛生に係る技術的事項を管理させなければならない。

☐ 事業者は、常時 10 人以上 50 人未満の労働者を使用する事業場では、安全衛生推進者を選任し、安全衛生業務について権限と責任を有する者の指揮を受けて当該業務を担当させなければならない。

☐ 事業者は、常時 50 人の労働者を使用する事業場では、産業医を選任し、労働者の健康管理等を行わせなければならない。

☐ 事業者は、常時 50 人の労働者を使用する事業場では、安全委員会及び衛生委員会、又は安全衛生委員会を設け、労働者の安全衛生に関する事項を調査審議させ、事業者に対して意見を述べさせなければならない。

特定事業の事業場における安全衛生管理体制

※特定事業とは、下請負人を使用する建設業、造船業に属する事業のこと
※特定元方事業者とは、特定事業を行う請負人のこと

☐ 特定元方事業者は、常時50人の労働者を使用する事業場では、その労働者及び関係請負人の労働者の作業が同一の場所において行われることによって生ずる労働災害を防止するため、統括安全衛生責任者を選任し、労働災害防止に関して指揮及び統括管理をさせなければならない。

☐ 統括安全衛生責任者を選任した特定元方事業者は、その事業場に専属の元方安全衛生管理者を選任し、統括安全衛生責任者が行う職務のうち技術的事項を管理させなければならない。

☐ 建設業の元方事業者は、その労働者及び関係請負人の労働者が一の場所において主要構造部が鉄骨造又は鉄骨鉄筋コンクリート造である建築物の建設の仕事を行い、労働者の総数が常時20人以上50人未満の場合、店社安全衛生管理者を選任しなければならない。

☐ 特定元方事業者が統括安全衛生責任者を選任した事業場では、特定元方事業者以外の請負人で、当該仕事を自ら行うものは、安全衛生責任者を選任し、その者に統括安全衛生責任者との連絡をさせなければならない。

安全衛生教育

☐ 事業者は、労働者（常時、臨時、日雇等雇用形態を問わず）を雇い入れたとき、労働者の作業内容を変更したときは、従事する業務に関する安全又は衛生のための教育を行わなければならない。

☐ 事業者は、従事する業務に関する安全又は衛生のため必要な事項の全部又は一部に関し十分な知識及び技能を有していると認められる労働者については、当該事項についての雇い入れ時の安全衛生教育を省略することができる。

☐ 事業者は、危険又は有害な業務に労働者を就かせるときは、当該業務に関する安全又は衛生のための特別の教育を行わなければならない。

☐ 事業者は、新たに職務に就くこととなった職長その他の作業中の労働者を直接指導又は監督する者（作業主任者を除く）に対し、安全又は衛生のための教育を行わなければならない。

- [ ] 事業者は、事業場における安全衛生の水準の向上を図るため、危険又は有害な業務に現に就いている者に対し、その従事する業務に関する安全又は衛生のための教育を行うように努めなければならない。
- [ ] 就業制限に係る業務に就くことができる者が当該業務に従事するときは、これに係る免許証その他その資格を証する書面を携帯していなければならない。
- [ ] 事業者は、中高年齢者その他労働災害の防止上その就業に当たって特に配慮を必要とする者については、これらの者の心身の条件に応じて適正な配置を行うように努めなければならない。

就業制限

（免許を必要とするもの）
- [ ] 吊り上げ荷重が 5t 以上のクレーン・デリックの運転の業務
- [ ] 吊り上げ荷重が 1t 以上の移動式クレーンの運転の業務
  （吊り上げ荷重が 5t 未満の移動式クレーンの運転の業務は、技能講習の修了で可能）

（技能講習の修了を必要とするもの）
- [ ] 最大荷重が 1t 以上のフォークリフトの運転の業務
- [ ] 機体重量が 3t 以上の建設機械の運転の業務
- [ ] 最大荷重が 1t 以上のショベルローダー又はフォークローダーの運転の業務
- [ ] 最大積載量が 1t 以上の不整地運搬車の運転の業務
- [ ] 作業床の高さが 10m 以上の高所作業車の運転の業務
- [ ] 吊り上げ荷重が 1t 以上のクレーン・移動式クレーン・デリックの玉掛けの業務
- [ ] 吊り上げ荷重が 1t 以上 5t 未満の移動式クレーン（小型移動式クレーン）の運転の業務

例題1

　建設業の事業場における安全衛生管理体制に関する記述として、「労働安全衛生法」上、**誤っているもの**はどれか。

1. 事業者は、常時50人の労働者を使用する事業場では、安全衛生推進者を選任しなければならない。
2. 事業者は、常時50人の労働者を使用する事業場では、安全管理者を選任しなければならない。
3. 事業者は、常時50人の労働者を使用する事業場では、産業医を選任しなければならない。
4. 事業者は、常時50人の労働者を使用する事業場では、衛生管理者を選任しなければならない。

解答 1

解説 安全衛生推進者を選任しなければならない事業場は、常時10人以上50人未満の労働者を使用する事業場である。（労働安全衛生法第12条の2、労働安全衛生規則第12条の2）

例題2

　建設業の事業場における安全衛生管理体制に関する記述として、「労働安全衛生法」上、**誤っているもの**はどれか。

1. 統括安全衛生責任者を選任すべき特定元方事業者は、元方安全衛生管理者を選任しなければならない。
2. 安全衛生責任者は、安全管理者又は衛生管理者の資格を有する者でなければならない。
3. 統括安全衛生責任者は、その事業の実施を統括管理する者でなければならない。
4. 元方安全衛生管理者は、その事業場に専属の者でなければならない。

解答 2

解説 安全衛生責任者は、元請と下請の労働者が混在する事業場で、特定元方事業者が統括安全衛生責任者を選任しなければならない場合において、仕事を自ら行う関係請負人（下請事業者）が各々選任する。安全衛生責任者は、統括安全衛生責任者との連絡調整を行う。（労働安全衛生法第16条第1項）

9

法規

労働者の就業に当たっての措置に関する記述として、「労働安全衛生法」上、**正しいもの**はどれか。

1. 事業者は、従事する業務に関する安全又は衛生のため必要な事項の全部又は一部に関し十分な知識及び技能を有していると認められる労働者については、当該事項についての雇入れ時の安全衛生教育を省略することができる。

2. 就業制限に係る業務に就くことができる者が当該業務に従事するときは、これに係る免許証その他その資格を証する書面の写しを携帯していなければならない。

3. 元方安全衛生管理者は、作業場において下請負業者が雇入れた労働者に対して、雇入れ時の安全衛生教育を行わなければならない。

4. 事業者は、作業主任者の選任を要する作業において、新たに職長として職務に就くことになった作業主任者について、法令で定められた安全又は衛生のための教育を実施しなければならない。

解答 1

解説 2. 免許証その他その資格を証する書面の写しではなく、本証を携帯していなければならない。(労働安全衛生法第61条第3項)

3. 下請負業者が雇い入れた労働者への安全衛生教育は、下請負人が行う。元方安全衛生管理者は、下請負業者が行う安全衛生教育に対する指導及び援助を行う。(労働安全衛生法第30条第4号)

4. 作業主任者は、労働災害を防止するための管理を必要とする一定の作業について、その作業の区分に応じて選任が義務付けられている。安全衛生教育ではなく、技能講習を修了した者のうちから選任し、当該作業に従事する労働者の指揮などを行わせる。(労働安全衛生法第14条)

例題4

令和3年　午後　No.69

建設現場における業務のうち、「労働安全衛生法」上、都道府県労働局長の当該業務に係る**免許を必要とする**ものはどれか。

1. 最大積載量が1t以上の不整地運搬車の運転の業務
2. 動力を用い、かつ、不特定の場所に自走することができる機体重量が3t以上のくい打機の運転の業務
3. 作業床の高さが10m以上の高所作業車の運転の業務
4. つり上げ荷重が5t以上の移動式クレーンの運転の業務

解答 4

解説 吊り上げ荷重が5t未満の移動式クレーン（小型移動式クレーン）の運転の業務であれば、小型移動式クレーン運転技能講習を修了した者を就かせることができるが、吊り上げ荷重が5t以上の場合は移動式クレーン運転士免許が必要である。（クレーン等安全規則第68条）

例題5

令和元年　午後　No.79

建築工事現場における就業制限に関する記述として、「労働安全衛生法」上、**誤っている**ものはどれか。

1. 小型移動式クレーン運転技能講習を修了した者は、つり上げ荷重が5t未満の移動式クレーンの運転の業務に就くことができる。
2. フォークリフト運転技能講習を修了した者は、最大荷重が1t以上のフォークリフトの運転の業務に就くことができる。
3. クレーン・デリック運転士免許を受けた者は、つり上げ荷重が5t以上の移動式クレーンの運転の業務に就くことができる。
4. 高所作業車運転技能講習を修了した者は、作業床の高さが10m以上の高所作業車の運転の業務に就くことができる。

解答 3

解説 クレーン・デリック運転士免許と移動式クレーン運転士免許は別の資格である。吊り上げ荷重が5t以上の移動式クレーンの運転の業務に就くには、移動式クレーン運転士免許が必要である。（労働安全衛生法第61条第1項、労働安全衛生規則第41条別表第3）

9

法規

5 廃棄物の処理及び清掃に関する法律

▶▶ パパっとまとめ

廃棄物の排出の抑制と廃棄物の適正な分別、保管、収集、運搬、再生、処分等の処理について規定している。この法律でいう産業廃棄物管理票とは、マニフェストのことである。

建設工事に係る産業廃棄物

☐ 工作物の新築、改築又は除去に伴って生じた紙くず、木くず、繊維くず

☐ ゴムくず、金属くず、ガラスくず

☐ 工作物の新築、改築又は除去に伴って生じたコンクリートの破片その他これに類する不要物

☐ 事業活動に伴って生じた汚泥

産業廃棄物の処理

☐ 事業者は、工事に伴って発生した産業廃棄物を自ら処理しなければならない。

☐ 事業者は、自らその産業廃棄物の運搬又は処分を行う場合には、産業廃棄物処理基準に従わなければならない。

☐ 産業廃棄物の収集又は運搬に当たっては、運搬車の車体の外側に、産業廃棄物運搬車である旨の事項を見やすいように表示し、かつ、当該運搬車に環境省令で定める書面を備え付けておかなければならない。

☐ 産業廃棄物の収集又は運搬を業として行おうとする者は、当該業を行おうとする区域を管轄する都道府県知事の許可を受けなければならない。

☐ 事業者が自らその産業廃棄物を運搬する場合は都道府県知事の許可を必要としない。

☐ 事業者は、その産業廃棄物の運搬又は処分を他人に委託する場合には、産業廃棄物の引渡しと同時に当該産業廃棄物の運搬を受託した者に対し、産業廃棄物管理票を交付しなければならない。

- [ ] 事業者は、産業廃棄物管理票を交付した場合、管理票の写しを、交付した日から5年間保存しなければならない。
- [ ] 事業者は、産業廃棄物の運搬又は処分を委託する場合には、委託契約は書面により行い、環境省令で定める書面とともにその契約の終了の日から5年間保存しなければならない。

産業廃棄物の運搬又は処分を委託する場合の委託契約書の内容

- [ ] 委託する産業廃棄物の種類及び数量
- [ ] 産業廃棄物の運搬を委託するときは、運搬の最終目的地の所在地
- [ ] 産業廃棄物の処分又は再生を委託するときは、その処分又は再生の場所の所在地、その処分又は再生の方法及びその処分又は再生に係る施設の処理能力
- [ ] 委託契約の有効期間
- [ ] 委託者が受託者に支払う料金

例題

令和元年　午後　No.80

次の記述のうち、「廃棄物の処理及び清掃に関する法律」上、**誤って**いるものはどれか。

ただし、特別管理産業廃棄物を除くものとする。

1. 事業者は、工事に伴って発生した産業廃棄物を自ら処理しなければならない。
2. 事業者は、工事に伴って発生した産業廃棄物を自ら運搬する場合、管轄する都道府県知事の許可を受けなければならない。
3. 事業者は、産業廃棄物の運搬又は処分を委託した場合、委託契約書及び環境省令で定める書面を、その契約の終了の日から5年間保存しなければならない。
4. 事業者は、産業廃棄物の運搬又は処分を委託した際に産業廃棄物管理票を交付した場合、管理票の写しを、交付した日から5年間保存しなければならない。

解答 2

解説 事業者が自らその産業廃棄物を運搬する場合は都道府県知事の許可を必要としない。(廃棄物の処理及び清掃に関する法律第14条第1項)

9
法規

6 建設工事に係る資材の 再資源化等に関する法律

学習 /

▶▶ パパっとまとめ

特定建設資材の分別解体と再資源化を促進し、解体工事業者の登録制度により、資源の有効利用と廃棄物の適正な処理を図ることを目的とする。
解体分別の対象となる建設工事についての数値を覚えよう。

特定建設資材

☐ コンクリート（セメント・砂利・砂を水で練った塊のこと）

☐ コンクリート及び鉄から成る建設資材

☐ 木材

☐ アスファルト・コンクリート

分別解体等をしなければならない建設工事

☐ 建築物の解体工事であって、当該解体工事に係る部分の床面積の合計が 80m² 以上であるもの

☐ 建築物の新築又は増築の工事あって、当該工事に係る部分の床面積の合計が 500m² 以上であるもの

☐ 建築物の解体工事以外の工事であって、その請負代金の額が 1 億円以上であるもの

☐ 建築物以外の解体工事又は新築工事等であって、その請負代金の額が 500 万円以上であるもの

分別解体と再資源化の実施

☐ 建設業を営む者は、建設資材廃棄物の発生を抑制するとともに、分別解体等及び建設資材廃棄物の再資源化等に要する費用を低減するよう努めなければならない。

☐ 建設業を営む者は、建設資材廃棄物の再資源化により得られた建設資材を使用するよう努めなければならない。

□ 対象建設工事の発注者又は自主施工者は、解体する建築物等の構造や使用する特定建設資材の種類などについて、工事に着手する日の7日前までに、都道府県知事に届け出なければならない。

□ 対象建設工事の請負契約の当事者は、分別解体等の方法、解体工事に要する費用その他の主務省令で定める事項を書面に記載し、署名又は記名押印をして相互に交付しなければならない。

□ 対象建設工事の元請業者は、特定建設資材廃棄物の再資源化等が完了したときは、その旨を工事の発注者に書面で報告するとともに、再資源化等の実施状況に関する記録を作成し、これを保存しなければならない。

例題　　　　　　　　　　　　　令和2年　午後　No.80

「建設工事に係る資材の再資源化等に関する法律」上、特定建設資材を用いた建築物等の解体工事又は新築工事等のうち、分別解体等をしなければならない建設工事に**該当しないもの**はどれか。

1. 建築物の増築工事であって、当該工事に係る部分の床面積の合計が 500m² の工事
2. 建築物の大規模な修繕工事であって、請負代金の額が 8,000 万円の工事
3. 建築物の解体工事であって、当該工事に係る部分の床面積の合計が 80m² の工事
4. 擁壁の解体工事であって、請負代金の額が 500 万円の工事

解答　2

解説　建築物の修繕工事で分別解体等をしなければならないのは、その請負代金の額が1億円以上の場合である。（建設工事に係る資材の再資源化等に関する法律施行令第2条第1項第3号）

9
法規

▶▶
パパっとまとめ

建設工事に伴って発生する相当範囲にわたる騒音について規制している。

建設工事として行われる作業のうち、著しい騒音を発生する作業として指定された8種類の作業を「特定建設作業」という。

□ 指定地域内において特定建設作業を伴う建設工事を施工しようとする者は、特定建設作業の開始の日の7日前までに市町村長に届け出なければならない。

届け出事項及び添付書類

□ 氏名又は名称及び住所並びに法人にあっては、その代表者の氏名

□ 建設工事の目的に係る施設又は工作物の種類

□ 特定建設作業の場所及び実施の期間

□ 騒音の防止の方法

□ 当該特定建設作業の場所の付近の見取図その他環境省令で定める書類

指定区域内における特定建設作業の実施の届出を必要とする作業（作業を開始した日に終わらない作業の場合）

□ くい打機（もんけんを除く）、くい抜機、くい打くい抜機を使用する作業（くい打機をアースオーガーと併用する作業を除く）

□ びょう打機を使用する作業

□ さく岩機を使用する作業で、作業地点が連続的に移動する作業にあっては、1日における作業に係る2地点間の最大距離が50mを超えない作業

□ 空気圧縮機（電動機以外の原動機を用いるものであって、その原動機の定格出力が15kW以上のもの）を使用する作業（さく岩機の動力として使用する作業を除く）

□ コンクリートプラント（混練機の混練容量が 0.45m³ 以上のもの）又はアスファルトプラント（混練機の混練重量が 200kg 以上のもの）を設けて行う作業（モルタルを製造するためにコンクリートプラントを設けて行う作業を除く）

□ バックホウ（環境大臣が指定するものを除き、原動機の定格出力が 80kW 以上のもの）を使用する作業

□ トラクターショベル（環境大臣が指定するものを除き、原動機の定格出力が 70kW 以上のもの）を使用する作業

□ ブルドーザー（環境大臣が指定するものを除き、原動機の定格出力が 40kW 以上のもの）を使用する作業

例題

令和 2 年　午後　No.81

「騒音規制法」上、指定地域内における特定建設作業の実施の届出に関する記述として、**誤っているもの**はどれか。

ただし、作業はその作業を開始した日に終わらないものとする。

1. さく岩機を使用する作業であって、作業地点が連続的に移動し、1 日における当該作業に係る 2 地点間の距離が 50m を超える作業は、特定建設作業の実施の届出をしなければならない。
2. さく岩機の動力として使用する作業を除き、電動機以外の原動機の定格出力が 15kW 以上の空気圧縮機を使用する作業は、特定建設作業の実施の届出をしなければならない。
3. 環境大臣が指定するものを除き、原動機の定格出力が 40kW 以上のブルドーザーを使用する作業は、特定建設作業の実施の届出をしなければならない。
4. 環境大臣が指定するものを除き、原動機の定格出力が 80kW 以上のバックホウを使用する作業は、特定建設作業の実施の届出をしなければならない。

解答　1

解説　さく岩機を使用する作業では、連続的な 1 日の移動距離が 50m を超えない作業の場合に特定建設作業の実施の届出を必要とする。（騒音規制法施行令別表第 2　2 号）

▶▶ パパっとまとめ

建設工事に伴って発生する相当範囲にわたる振動について規制している。

建設工事として行われる作業のうち、著しい振動を発生する作業として指定された4種類の作業を「特定建設作業」という。

□ 指定地域内において特定建設作業を伴う建設工事を施工しようとする者は、特定建設作業の開始の日の7日前までに市町村長に届け出なければならない。

届け出事項及び添付書類

□ 氏名又は名称及び住所並びに法人にあっては、その代表者の氏名

□ 建設工事の目的に係る施設又は工作物の種類

□ 特定建設作業の種類、場所、実施期間及び作業時間

□ 振動の防止の方法

□ 当該特定建設作業の場所の付近の見取図その他環境省令で定める書類

指定地域内における特定建設作業の規制基準

□ 特定建設作業の振動が、特定建設作業の場所の敷地の境界線において、75dB を超える大きさのものでないこと。

□ 特定建設作業の振動が、良好な住居の環境を保全するため、特に静穏の保持を必要とする区域にあっては午後7時から翌日の午前7時までの時間において行われる特定建設作業に伴って発生するものでないこと。

□ 特定建設作業の振動が、特定建設作業の全部又は一部に係る作業の期間が当該特定建設作業の場所において連続して6日を超えて行われる特定建設作業に伴って発生するものでないこと。

□ 特定建設作業の振動が、日曜日その他の休日に行われる特定建設作業に伴って発生するものでないこと。

例題 1

指定地域内における特定建設作業の実施の届出に関する記述として、「振動規制法」上、**誤っているもの**はどれか。

1. 建設工事の目的に係る施設又は工作物の種類を届け出なければならない。
2. 特定建設作業開始の日までに、都道府県知事に届け出なければならない。
3. 届出には、当該特定建設作業の場所の付近の見取図その他環境省令で定める書類を添付しなければならない。
4. 特定建設作業の種類、場所、実施期間及び作業時間を届け出なければならない。

解答 2

解説 特定建設作業開始の 7 日前までに、市町村長に届け出なければならない。（振動規制法第 14 条第 1 項）

例題 2

「振動規制法」上、指定地域内における特定建設作業の規制に関する基準として、**誤っているもの**はどれか。

ただし、災害その他非常時等を除く。

1. 特定建設作業の振動が、日曜日その他の休日に行われる特定建設作業に伴って発生するものでないこと。
2. 特定建設作業の振動が、特定建設作業の全部又は一部に係る作業の期間が当該特定建設作業の場所において、連続して 6 日を超えて行われる特定建設作業に伴って発生するものでないこと。
3. 特定建設作業の振動が、特定建設作業の場所の敷地の境界線において、85 dB を超える大きさのものでないこと。
4. 特定建設作業の振動が、住居の用に供されているため、静穏の保持を必要とする区域内として指定された区域にあっては、夜間において行われる特定建設作業に伴って発生するものでないこと。

解答 3

解説 特定建設作業の振動が、特定建設作業の場所の敷地の境界線において、75dB を超える大きさのものでないこと。（振動規制法施行規則別表第 1　1 号）

9

法規

▶▶ パパっとまとめ

宅地造成に伴う崖崩れ又は土砂の流出による災害の防止のため
必要な規制を行うことを目的とする。宅地造成に該当する土地の
形質の変更で生ずる崖の高さ、土地の面積を覚えよう。

宅地造成に該当する土地の形質の変更

☐ 切土であって、切土をした土地の部分に高さが2mを超える崖を生
ずることとなるもの

☐ 盛土であって、盛土をした土地の部分に高さが1mを超える崖を生
ずることとなるもの

☐ 切土と盛土とを同時にする場合における盛土であって、盛土をした
土地の部分に高さが1m以下の崖を生じ、かつ、切土及び盛土をし
た土地の部分に高さが2mを超える崖を生ずることとなるもの

☐ 切土又は盛土であって、切土又は盛土をする土地の面積が500m²
を超えるもの

地盤について講ずる措置に関する技術的基準

☐ 切土又は盛土をする場合においては、崖の上端に続く地盤面には、
その崖の反対方向に雨水その他の地表水が流れるように勾配を付け
る。

☐ 切土をする場合において、切土をした後の地盤に滑りやすい土質の
層があるときは、その地盤に滑りが生じないように、地滑り抑止ぐ
い等の設置、土の置換えその他の措置を講ずる。

☐ 盛土をする場合においては、盛土をした後の地盤に雨水その他の地
表水の浸透による緩み、沈下、崩壊又は滑りが生じないように、お
おむね30cm以下の厚さの層に分けて土を盛り、かつ、その層の土
を盛るごとに、これをローラーその他これに類する建設機械を用い
て締め固めるとともに、必要に応じて地滑り抑止ぐい等の設置その
他の措置を講ずる。

□ 著しく傾斜している土地において盛土をする場合においては、盛土をする前の地盤と盛土とが接する面が滑り面とならないように段切りその他の措置を講ずる。

許可及び届け出

□ 宅地造成工事規制区域内において行われる宅地造成に関する工事については、造成主は、当該工事に着手する前に、都道府県知事の許可を受けなければならない。

□ 宅地造成工事規制区域内の宅地において、高さが2mを超える擁壁、地表水等を排除するための排水施設又は地滑り抑止ぐい等の全部又は一部の除却の工事を行おうとする者は、その工事に着手する日の14日前までに、その旨を都道府県知事に届け出なければならない。

例題

宅地以外の土地を宅地にするため、土地の形質の変更を行う場合、「宅地造成等規制法」上、**宅地造成に該当しないもの**はどれか。
1. 切土をする土地の面積が300m²であって、切土をした土地の部分に高さが1.5mの崖を生ずるもの
2. 盛土をする土地の面積が400m²であって、盛土をした土地の部分に高さが2mの崖を生ずるもの
3. 切土と盛土を同時にする土地の面積が500m²であって、盛土をした土地の部分に高さが1mの崖を生じ、かつ、切土及び盛土をした土地の部分に高さが2.5mの崖を生ずるもの
4. 盛土をする土地の面積が600m²であって、盛土をした土地の部分に高さが1mの崖を生ずるもの

解答 1
解説 土地の面積が500m²以下の場合、切土をした土地の部分に高さが2mを超える崖を生ずることとなるものが宅地造成に該当する。また、切土をした土地の部分に生ずる崖の高さが2mに満たない切土であっても、土地の面積が500m²を超える場合は宅地造成に該当する。（宅地造成規制法施行令第3条）

9
法規

▶▶ パパっとまとめ

分割できない建設資材を貨物自動車で運搬する際、道路交通法の積載制限を超える場合は、出発地を管轄する警察署長の許可を必要とする。

貨物の積載制限（超えないこと）

☐ 長さ：自動車の長さにその長さの 2/10 の長さを加えたもの

☐ 幅：自動車の幅にその幅の 2/10 の幅を加えたもの

☐ 高さ：原則として 3.8m からその自動車の積載をする場所の高さを減じたもの

貨物の積載方法

☐ 自動車の車体の前後から自動車の長さの 1/10 の長さを超えてはみ出さないこと。

☐ 自動車の車体の左右から自動車の幅の 1/10 の幅を超えてはみ出さないこと。

☐ 車両の運転者は、貨物自動車で貨物を積載しているものにあっては、当該貨物を看守するため必要な最小限度の人員をその荷台に乗車させて運転することができる。

☐ 貨物が分割できないものであるため、積載制限、積載の方法を超えることとなる場合において、出発地警察署長が当該車両の構造又は道路若しくは交通の状況により支障がないと認めて積載重量等を限って許可をしたときは、車両の運転者は、当該許可に係る積載重量等の範囲内で当該制限を超える積載をして車両を運転することができる。

☐ 出発地警察署長の許可を受けた場合は、その貨物の見やすい箇所に、昼間にあっては 0.3m 平方以上の大きさの赤色の布を、夜間にあっては赤色の灯火又は反射器をつけ、車両の前面の見やすい箇所に許可証を掲示すること。

令和 2 年　午後　No.82　改題

　貨物自動車に分割できない資材を積載して運転する際に、「道路交通法」上、当該車両の出発地を管轄する警察署長の**許可を必要とするもの**はどれか。

　ただし、貨物自動車は、軽自動車を除くものとする。

1.　長さ 11m の自動車に、車体の前後に 0.5m ずつはみ出す長さ 12m の資材を積載して運転する場合
2.　荷台の高さが 1m の自動車に、高さ 2.7m の資材を積載して運転する場合
3.　幅 2.0m の自動車に、車体の左右に 0.3m ずつはみ出す幅 2.6m の資材を積載して運転する場合
4.　積載された資材を看守するため、必要な最小限度の人員として 1 名を荷台に乗車させて運転する場合

解答 3

解説 貨物の幅は、自動車の車体の左右から車体の幅の 1/10 の幅を超えてはならない。分割できない資材の場合は、出発地の警察署長の許可を必要とする。(道路交通法施行令第 22 条第 4 号)

平成 30 年　午後　No.82　改題

　貨物自動車を使用して、分割できない資材を運搬する際に、「道路交通法」上、当該車両の出発地を管轄する警察署長の許可を**必要とするもの**はどれか。

　ただし、貨物自動車は、軽自動車を除くものとする。

1.　荷台の高さが 1m の自動車に、高さ 2.4m の資材を積載して運搬する場合
2.　長さ 11m の自動車に、車体の後ろに 1m はみ出す長さ 12m の資材を積載して運搬する場合
3.　幅 2.0m の自動車に、左右に 0.25m ずつはみ出す資材を積載して運搬する場合
4.　資材を看守するため必要な最小限度の人員を、自動車の荷台に乗せる場合

9

法規

解答 3

解説 例題 1 に同じ

索引

さ

284

た

ま

著者プロフィール

吉井 和子 (よしい かずこ)

共立女子大学・中央工学校卒業。株式会社ナチュール、浦和学院専門学校非常勤講師を経て、YOSHII 建築デザイン代表。一級建築士・1 級造園施工管理技士・インテリアコーディネーターなどの資格を持つ。著書に『建築土木教科書 2 級建築施工管理技士［第一次検定］出るとこだけ！』（共著、翔泳社）、『これだけマスター 2 級建築施工管理技士』（共著、オーム社）などがある。

池本 幸一 (いけもと こういち)

東京都立大学工学部建築工学科卒業。株式会社栄設計 代表取締役。技術士（農業部門）・1 級土木施工管理技士・1 級造園施工管理技士の資格を持つ。著書に『建築土木教科書 2 級建築施工管理技士［第一次検定］出るとこだけ！』（共著、翔泳社）、『これだけマスター 2 級建築施工管理技士』（共著、オーム社）がある。

速水 洋志 (はやみ ひろゆき)

東京農工大学農学部農業生産工学科（土木専攻）卒業。株式会社栄設計にて建設コンサルタント・代表取締役を経て、現在速水技術プロダクション代表。また、複数の建設関連会社にて技術顧問も務める。著書に『建築土木教科書 2 級建築施工管理技士［第一次検定］出るとこだけ！』（共著、翔泳社）、『これだけマスター 2 級建築施工管理技士』『これだけマスター コンクリート技士試験』（共著、オーム社）『わかりやすい土木の実務』『わかりやすい 土木施工管理の実務』（単著、オーム社）などがある。

装丁　小口 翔平＋阿部 早紀子（tobufune）
DTP　株式会社シンクス

建築土木教科書

1級建築施工管理技士［第一次検定］出るとこだけ！

2022年8月29日　初　版　第1刷発行

著　者　　吉井 和子・池本 幸一・速水 洋志
発行人　　佐々木 幹夫
発行所　　株式会社 翔泳社（https://www.shoeisha.co.jp）
印刷・製本　株式会社ワコープラネット

ISBN978-4-7981-7605-5　　　　　　　　　　Printed in Japan